JN076457

データ科学×
日本語教育

李在鎬 編

ひつじ書房

は　し　が　き

　データ科学とは、データに基づいてすべての現象にアプローチすることを特徴とする学問領域です。この領域ではデータを収集して、そこから情報を抽出したり、さらにモデルを作ったり、そのモデルを使って未来を予測したりします。研究領域としては、数学、統計学、計算機科学などを基盤にしつつ、医学、社会学、経済学、教育学などの応用領域にも広がりを見せています。こうしたデータ科学の広がりを支えた要因として、次の3つが挙げられます。1990年以降のコンピュータ性能の飛躍的な向上、2000年以降のWebの爆発的な多様化、2010年代以降の人工知能の技術的躍進です。では、こうした技術革新やデータ科学の広がりは日本語教育と、どう関係しているのでしょうか。なぜ、今、日本語教育でデータ科学の問題を考える必要があるのでしょうか。2つの背景から説明したいと思います。

　1つ目の背景に、近年、急速に進んだ教育のオンライン化の問題があります。多くの教育関係者にとって、2020年は記憶に残る1年になったのではないでしょうか。とりわけ「Zoom」や「Moodle」といった優れたWebシステムに戸惑いながらも助けられ、ICTが持つ無限の可能性を実感したのではないかと思います。こうした教育のオンライン化の流れは、今後も加速していくことが予想されています。このオンライン化の恩恵として、私たちは大量の電子データを得ることになり、それをどう処理するのかという新たな課題に遭遇します。例えば「Zoom」のようなWeb会議システムで収集された大量の音声データ、「Moodle」などの学習管理システム (Learning Management System, LMS) に投稿された文字データや学習履歴などの数値データ、Webフォームに記録される評価データをどう活用するかという課題が出てきます。断っておきますが、本書では「Zoom」や「Moodle」の使い方は説明していません。しかし、これらのツールによって集めた音声や文字や数値データの扱い方については詳細に紹介しています。どのようなデータを、どんな手順と、どんなツールで分析するかを具体的に示すことで、上記の課題に対しても示唆を

与えることを目指しています。そして、データの分析によって得られた知見は教育現場の課題解決にも役立つはずです。なぜなら学習者の学びの実態を客観的指標に基づいて捉えることができるからです。

　2つ目の背景に、これまでの日本語教育分野においては「データとは何か」ということに対する理論的考察がなされてこなかった問題があります。『現代日本語書き言葉均衡コーパス』の公開を皮切りに大規模なコーパスを使った研究が広がりを見せており、近年、コーパスに関する入門書、実用書、論文集が次々と公開されています。これに歩調を合わせる形で、統計分析に関する入門書やテキストデータの処理に関する実用書なども公開されるようになりました。こうした努力のおかげで、個別テーマに関する初学者の学習環境・研究環境はかなり整備されてきました。しかし、これらの研究を支える理論的な視点に関しては、共通理解は存在しないように思います。少なくとも日本語教育の分野では、量的研究を支える「データとは何か」という問題に関して、正面から向き合った研究書はなかったように思います。こうした現状を踏まえて、本書では「方法論編」においてデータが持つ属性やその扱い方に関して多様なアプローチを紹介しています。まず、データに基づく科学的研究が何を目指していて、どういう方法を用いているのかについて解説しています。次に、「事例編」においてコーパス、言語テスト、音声、文字語彙、文法、文章、教育史における研究事例を実践的観点から紹介しています。読者の皆さんにおかれましては、こうした研究事例を確認することで「データとは何か」ということに関して、俯瞰的な視点を得ることを期待しています。

　この頃、テレビや新聞などのメディアで人工知能やデジタル変革 (Digital Transformation, DX) の話を聞かない日がないほど、今の私たちはデジタル化をめぐる激変の時代に生きています。そして、こうした変化に対する私たちの姿勢が問われています。社会とともにあろうとする日本語教育にとって、デジタル変革による社会の変化は看過できないものであり、インターネットやICTデバイスがない生活は想像できません。そして、データ科学によって学術研究や教育制度の再編が起きています。こうした変化の波を受け入れないという選択肢はもはや残されていないように思います。このことに賛同する言語教育者、日本語教育の実践者の皆さんにとって、本書が道しるべになる

ことを期待しています。

　最後に本書の刊行において、出版事情の厳しい中、本書の学術的意義を理解し、刊行を快く引き受けてくださったひつじ書房の松本功代表、そして、丁寧な編集作業をしてくださった同社編集部の海老澤絵莉氏には大変お世話になりました。深く感謝申し上げます。

2021年10月12日

李在鎬

第1部

方法論編

1 | データ科学と日本語教育

李在鎬

概要

　本章では、日本語教育に対するデータ科学的アプローチの可能性について
考える。この課題に対してデータ科学が持つ学問的特徴として4つの観点を
説明したあと、日本語教育の現場でどのようなデータが生成されているの
か、データ科学の方法でどのような分析が可能かについて述べる。さらに、
データ科学における4つの典型的な手法を取り上げ、日本語教育の観点から
のケーススタディを示す。

キーワード 現象／データ生成／可視化／コーパス

1.　はじめに：データ科学とは

　本節では、データ科学が持つ学術領域としての特性について考える。具体
的には以下の4つの観点から考察する。

1.　データによって現象を理解する。　2.　複雑な現象を扱う。
3.　多様性への理解を目指す。　　　　4.　分野横断的研究領域である。

　1〜4はデータ科学が持つ特徴を宣言的に表現している。以下の節で、4つ
の観点を順に取り上げていく。

1.1. データによって現象を理解する

　データ科学では、データに基づいてすべての現象を理解する (林2001)。データに基づいて現象を捉えるという行為と対をなすのが理論に基づいて現象を理解する行為である。「理論言語学」と「コーパス言語学」の対比から理論とデータの関係性を考えてみよう。この2つのアプローチはいずれも言語を対象にしている点では共通しているが、その方法は大きく異なる。

　まず、理論言語学では、言語に対する一般的な見方から言語現象を予測することを目指す (李2011、岩崎2020)。例えば、生成文法であれば、言語能力のコアな知識は統語論によって構成されているという視点から統語論を中心に言語の構造面を分析するし、認知言語学であれば、人間が世界をどう概念化しているかという視点から言語現象を捉えるべきと考えており、意味論を中心に言語の機能面を分析する (李2011)。一方、コーパス言語学では特定の理論を仮定することなく、キーワード検索の方法で得られた実際の事例を観察・記述し、言語現象を理解しようとする (石川2012)。このように理論言語学のアプローチは理論が優先され、コーパス言語学はデータが優先される。

　ところで、理論によって現象を理解する姿勢と、データによって現象を理解する姿勢にはどのような違いがあるのか。結論から言うと、目的が異なるということになる。理論で現象を理解する姿勢は、モデル化やそれによる予測が主たる目的になるのに対して、データで現象を理解する姿勢は現象そのものを解明することが目的になる。いわゆる理論で現象を理解する立場では、理論によって生成された仮説をデータでもって検証するということがなされるが、この方法では、仮説の範囲のことしか把握できないことになる。一方、データによって現象を理解する立場では、網羅的にデータを集め、可能な限り分析者の考えが混入されない形で現象を捉えることが重要となっており、現象自体のありのままの姿を把握しようとする。この方法では、調べた範囲のことしか把握できないので、範囲外のものを予測するといったことはできない。このように、理論で現象を捉えるアプローチとデータで現象を捉えるアプローチには、一長一短があるため、一方のアプローチの優位性を主張するのは難しいということを理解してほしい。

1.2. 複雑な現象を扱う

　データ科学では、研究対象や領域の特性により、扱うデータの大きさにおいては差があるものの、扱う現象が複雑であるということに関しては共通している（Borgman2015、林2001）。データ科学では、研究者によって意味づけられた様々な数値データを扱うのであるが、その背後には複数の要因が多層的に絡み合っている。具体例を挙げる。

　李他（2018）では、日本語の表記の揺れとして「私たち」と「私達」の使用情報を「現代日本語書き言葉均衡コーパス」で調べている。「たち」を仮名で書くのか、漢字で書くのかという単純な問題である。このことに関して、文化庁の『言葉に関する問答集』では、複数接尾語として「たち」を使うときは、慣用化によって本来の意味が希薄化している「友達」の場合を除き、「「達」は使わず、「私たち、君たち、学生たち」などのように、仮名書きにするほうが穏当」と述べている。実際、コーパスの使用状況を見ても書籍、新聞、教科書、国会会議録のデータでは93%が仮名で表記されていることが明らかになっている。一方、「Yahoo!知恵袋」では、仮名の使用率は61.8%、「Yahoo!ブログ」では71.3%と、仮名の使用率が低い。この事実は、直感的にはWebの文章が非標準的であり、日本語の乱れであるように思えるのであるが、それだけでは片づけられない問題がある。

　李他（2018）では、コーパスでの全体的な使用状況を踏まえ、公的な文章やかたい文脈の文章では「私たち」が使用され、インフォーマルな文章やくだけた文脈では「私達」が使用されるのではないかと考え、用例を観察している。その結果として、以下のような事例を報告している。

(1) だって〜だったらそこで拒否レバ良いじゃん。。。って感じだよね？笑）
　　でも男の人は私たちの先輩だったので断われ切れなかったんだって〜
(2) せめて、現代に生きる私達が、先人に感謝する気持ちは尊重していただきたいものです。

　（1）と（2）はいずれも「現代日本語書き言葉均衡コーパス」の「Yahoo!知恵袋」の例である。(1) のようなくだけた文脈で、公式表記の「私たち」が

使われ、（2）のようなかたい文脈で、非標準表記の「私達」が使われており、単純には一般化できないことが分かる。これには、おそらくひらがなが持つ柔らかい印象と、漢字が持つ硬い印象の差が関係している可能性がある。また、インターネットのテキストはユーザーが「送信」ボタンをクリックするだけで公開されるという性質を持っており、校閲がないことも関係していると考えられる。このようにいわゆる正書法の問題には、様々な要素が複雑に絡み合っていることが分かる。

　データ科学では、理論や仮説でデータを限定せず、網羅的にデータを収集し、それを探索的な方法で分析する。こうすることで現象が持つ複雑性を明らかにできると考える。

1.3.　多様性への理解

　データ科学では複雑な現象を扱うが、そのことは、別の観点から見ると、多様性に対するアプローチであると捉えることができる。データ科学では、いわゆる統計的アプローチが用いられることが多く、統計モデルでデータを単純化したり、表側に出てくる現象の裏側の要因を探ったりする。

　多様性の理解に対する具体例を示す。李 (2016) は、文章の科学的研究の事例として、リーダビリティの測定を行っている。リーダビリティとは、文章が持つ難易度を測るもので、文の長さや語種の情報を組み合わせた物差しを使って行う。例えば、李 (2016) では (3) の計算式を使って、日本語の文章が持つ難易度を数値化し、6段階（初級前半、初級後半、中級前半、中級後半、上級前半、上級後半）に分けることを提案している。なお、(3) の計算式によって出てくるXの値が大きいほど易しい文章で、小さいほど難しい文章という解釈になる。

(3) $X = \{$平均文長 $\times -0.056\} + \{$漢語率 $\times -0.126\} + \{$和語率 $\times -0.042\} + \{$動詞率 $\times -0.145\} + \{$助詞率 $\times -0.044\} + 11.724$

　文章の難易度を判別するというのは、唯一無二の正解が存在しないような難しいタスクである。このタスクが難しい理由としては2つのことが考えら

れる。1つ目の理由として、文章という単位はコミュニケーションの単位であり、多様な要素が入り混じった複合的単位であること（佐久間（編）2003）、2つ目の理由として、読み手が持っている個人的な特徴（語彙知識の量、過去の読書量、作業記憶の容量など）よっても難易度の判断は変わりうることが挙げられる。こうした多様性に対するアプローチとして、李（2016）は大規模なコーパスから統計的な手法で (3) の計算式を作り、新しい文章に対して、難易度を予測しており、89%の精度で難易度を正しく予測できると述べている。

　文章の難易度に対して、(3) のような計算式で捉えるアプローチは、ある種の単純化であると位置づけることができる。この単純化において重要なことは、平均文長（1文の平均的な長さ）や漢語や和語や動詞や助詞の比率は、先験的に決まっているものではないということである。これらの要素は、公式を作成するために構築したテキストのデータベースから帰納的に導き出されたということである。こうした帰納的アプローチは、伊藤（2002）や村上他（2016）の計量言語学から石川（2012）や李他（2018）のコーパス言語学、さらには、石井・金（編)(2012)や小林（2019）のテキスト・マイニングにおいて継承されている。

1.4.　分野横断的な研究領域

　データ科学は、データから有用な情報を取り出すことを目的とする研究手法の総称である。従って、単層的な領域として捉えることは難しく、多層的であり、分野横断的である。具体的には、統計学、機械学習、データ・マイニング、自然言語処理、計算機工学の知見に基づいて成立している研究領域である。さらに、データ科学の応用領域としては、医学、生物学、工学、経済学、社会学、言語学、教育学など、多岐に渡っていることを理解することも重要である。

　近年、人工知能やロボットといったものが、日常的になりつつある中、データ科学はあらゆる学問分野の再編を促すキーワードになっている。アリストテレスの時代には、すべての学問は哲学を基盤に成り立っていた。そして、ダ・ヴィンチの時代には、すべての学問が数学を基盤にしたが、現代の学問は、データ科学を基盤にしているといっても過言ではない。もっとも、

データ科学は、数学を基盤に成り立っているので、科学研究における進化の一側面として捉えることもできるであろう。同時に、社会背景として私たちの生活の多くが物理空間から仮想空間へと移行したことも関係している。例えば新聞や書籍から情報を得る状況から、インターネットや電子ブックから情報を得る状況に移行したこと、対面で授業や会議をする状況から、Zoomや SkypeのようなWebシステムで交流する状況に移行したことが挙げられる。このように人間の活動の基盤が物理空間から仮想空間に移ったことで、すべての活動がデータ化しやすくなった。こうした流れからデータ科学の存在意義はますます大きくなったと言えよう。こうしたことから現代の私たちの生活環境や学術研究において、データとそれに対する科学的なアプローチの重要性は否定しようがないものになっている。

このことに対しては、日本語教育も例外ではない。いわゆる「教師の勘」に代わるものとして、データとその科学的分析が持つ重要性に多くの教育者が気づき始めている。

2.　日本語教育とデータ科学の接点

日本語教育におけるデータ科学的アプローチの可能性について考えてみたい。まず、押さえておきたい事実は、日本語教育の現場では、日々の教育活動の結果、様々なデータが生成されているということである。

授業の初日に行うプレースメントテストの項目とその得点、出欠に関する情報、学習者の日々の振り返り、学習者が書く作文、会話練習の音声、学習管理システムを経由して行うことばのやり取りなど、様々な種別のデータが毎日のように生成されている。これらのデータは、多くの場合、教師が目視で確認をし、主観的に評価される。

上記の事例に対して、データ科学的アプローチを取り入れるとすれば、次のようなものが考えられる。まず、プレースメントテストの得点をもとに、「箱ひげ図」を書いて、全体の得点分布を把握することができる。また、X軸に文法テストの得点、Y軸に語彙テストの得点を配置し、散布図を書いて、2つのテストの関係性を把握することができる。こうしたグラフを用いた分析はデータ科学の「可視化」の技術を利用していることになる。

次に、学習者が作成した全授業の振り返りをコーパスと見なし、形態素解析をし、どのような特徴語が出現しているかを調べることができる。また、学習者の作文に対して構文解析を行い、文節の係り受け関係を調べることもできる。これらは「テキスト・マイニング」(石井・金 (編) 2012、小林 2019) の技術を利用した分析ということになる。

　最後に、会話練習の音声に対して、音響音声学的分析のソフトウェアにかけ、数値に変換し、多変量解析をすると、「データ・マイニング」(豊田 2008) の技術を利用することになる。

　このように日本語教育の現場で日々生成されていくデータは、データ科学における手法を活用することで、様々な分析ができる。ところで、データ科学的アプローチをとるメリットは何であろうか。このことに対しては 3 つの観点から述べることができる。1 つ目は結果の信頼性、2 つ目は作業効率の良さ、3 つ目は手法の汎用性である。

　1 つ目の結果の信頼性について述べる。教師の主観や勘のようなものによる分析には、どのような工夫を行っても結果の主観性が排除できず、分析者によって差が生じる。なぜなら、分析結果が人に紐づいているからである。このことは、人が変われば、結果も変わってしまうことを意味し、信頼性の点で課題が残る。しかし、データ科学の方法であれば、誰がどこで分析しても、同じデータと同じ手法であれば、結果は変わらない。

　2 つ目の作業効率について述べる。目視による分析はデータの量によって、作業時間が変わる。データの数が増えれば増えるほど時間も労力も使う。しかし、データ科学的分析ではコンピュータを使って、自動化する形で分析を行う。そのため、100 件のデータでも 1 万件のデータでも分析時間はかわらない。この分析効率の良さこそがデータ科学的方法を支持する最大の理由になるのであろう。

　3 つ目の手法の汎用性について述べる。データ科学で用いられる手法は、いわゆる統計的手法である。統計的手法は科学者の共通言語ともいえるようなもので、どの学問分野でも利用されているため、汎用性が高い。こうした汎用性の高さがあることから、複数の研究を比較することも容易というメリットがある。

3. データ科学の方法

　データ科学は、データに基づいて現象を理解し、捉えようとするアプローチである。従って、データの質と量が重要な意味を持つ。

　一言でデータといっても、実際は様々なタイプが存在する。表1では、データ科学の分野で広く知られているデータタイプを挙げ、日本語教育の現場での例を挙げてみた。

[表1]　データタイプと例

	データタイプ	例
数値型	質的データ	学年
	量的データ	試験の得点
非数値型	テキスト型データ	作文、振り返り
	非テキスト型データ	会話の音声

　最初のタイプ分けとして、数値で構成されているものと、数値以外のもので構成されているものに分けられる。次に、数値で構成されているものの中には、2種類のサブタイプが存在する。質的データの例としては、個人の名前に相当する学籍番号や日本語能力を示す日本語能力試験のN1レベル～N5レベルなどが挙げられる。次に、数値で量的データの例としては、各種試験の得点や出席数などが挙げられる。なお、統計学の世界では、これらのデータを特徴づけるため、尺度水準という概念を提唱しており、学年のような名前に相当するものを「名義尺度」、N1～N5のような順番を表すものを「順序尺度」、試験の得点のように値が等間隔であるものを「間隔尺度」、出席数のように間隔と比率に意味があるものを「比例尺度」として分類している。

　次に、非数値型のデータには、文字で構成されているテキスト型のデータと、それ以外のものに分けられる。いわゆる統計分析というのは、数値型のデータに対して行うものであり、非数値型のデータは、そのままでは統計分析ができないため、何らかの手法を使って、数値型に変換する作業を行う。

その詳細は、2章で述べる。

　表1が質の観点からデータを整理したものであるが、量の観点からも整理できる。いわゆるビッグデータとリトルデータの区別である（Borgman 2015）。データ科学では、大規模なデータを扱うことが多いが、小規模なデータであっても、それにあった分析手法があるため、データのサイズを考慮した手法の選択が大切になる。詳細は、2章で述べる。

　さて、以下では、データ科学の方法として、統計分析、可視化、クラスタリング・分類、テキスト・マイニングについて順に述べていく。これらは、データ科学の基礎をなす手法であるため、データ科学の全体像を理解する上で、重要なものである。

3.1.　統計分析

　データ科学の方法は、統計学を基盤にして成立しているといっても過言ではない。統計学に関してはたくさんの優れた書籍が刊行されており、本章では詳述しない（教育研究に特化した統計学の書籍としては中谷（編）(2012)、島田・野口 (2017) 小林他 (2020) が、コーパスデータの統計学については石川他（編）(2010)、小林 (2019) が推薦できる）。ただ、データと統計学の関係性に関するトピックとして、統計学は何を分析する学問なのか、ということについて考えてみたい。

　言語学は、自然言語における様々な言語現象を分析し、何らかの制約を明らかにする学問である。物理学は、自然界の物理現象を分析し、何らかの法則を導き出す学問である。では、統計学は、何を分析する学問であろうか。表面的には、数字を分析する学問のようにも思えるが、数字を分析することは手法であって目的ではない。筆者の理解では、「分布」である。統計学は、数字をもとに様々な現象の分布を分析する学問である。

　統計学が「分布」を分析する学問であることを理解すると、統計学で行うt検定や分散分析といった推測統計の方法や、コレスポンデンス分析やクラスター分析といった多変量解析の方法に対するより深い理解を得ることができる。

　では、「分布」とは何であろうか。統計学の世界で広く知られている事例として、「正規分布」と呼ばれる理論分布がある。「正規分布」は、統計的な有

意差を調べるための検定や平均値などの代表値を理解するための基準になるものである。なお、世の中の多くの現象が正規分布に従っていると言われている。多くの現象が正規分布に従うとは、どういうことであろうか。このことを端的に示すものとして、「正規分布」は英語では normal distribution と言うが、その名前のとおり「普通」の分布であるということである。具体例を示す。

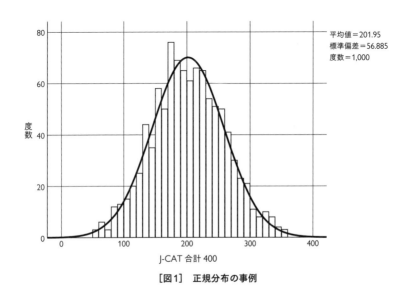

[図1] 正規分布の事例

　図1は、迫田他 (編)(2020) の学習者コーパス「I-JAS」の調査協力者1,000名の言語テスト「J-CAT」の総合得点をヒストグラムというグラフにしたものである。横軸は、J-CAT の総合得点を示すもので、0 (最低点)〜400 (最高点) になる。縦軸は、度数であるが、この場合は、当該得点をとった人数ということになる。

　図1は、山の形になっているが、このことが重要な意味を持つ。このグラフにおいて注目すべきは、4点である。1点目として、左端の棒が伸びていなくて、短いことである。この左端に分布しているのは、100点未満の日本語

能力が低い調査協力者であるが、棒の短さから人数が少ないことが分かる。2点目として、右端の棒も伸びておらず、短いことである。この右端に分布しているのは、300点以上の日本語能力が高い調査協力者であるが、棒の短さから人数が少ないことが分かる。3点目として、真ん中に注目してほしい。真ん中に分布しているのは、200点前後の調査協力者であるが、棒が伸びており、人数が多いことが分かる。このように、両端が短く（人数が少なく）、真ん中が長い（人数が多い）分布を正規分布と言う。4点目として、左右対称になっていることが分かる。左右対称である故に、半分に折ると真ん中が平均値になる。

　図1は、1,000人の学習者に対して行った調査の結果であるが、実は、20〜30名のクラスで調査しても同じ形になると言われている。読者の皆さんが過去に経験しているクラスを想像してみてほしい。非常に能力が高く、勉強が得意な学生は、普通は数名程度である。また能力が低く、あまり勉強が得意でない学生も、普通は数名程度である。多くはまあまあできるというタイプの学習者である。こうしたことから、横軸に得点、縦軸に人数を布置すると、結果的には、図1の形になり、これこそが正規分布と呼ばれる所以である。なお、人間の生物学的な測定値（身長、体重、腕の長さ、寿命）の多くも正規分布に従うと言われている。

　正規分布の存在は、日本語教育の研究でよく見る平均値の解釈にとっても重要な意味を持つ。平均値のことを、記述統計の世界では代表値という言い方をするが、これは、データの分布を代表する値、という意味である。平均値がデータの代表値として意味を持つのは、正規分布をしている場合に限られる。なお、平均値はデータの散らばり度を示す指標である標準偏差や分散値と一緒に示すのが良い（島田・野口2017）。

3.2.　可視化

　可視化とは、数値情報を「グラフで見える化する」手法である。世界初のグラフは、1786年に出版されたイギリスの経済学者ウィリアム・プレイフェア（William Playfair）によって執筆された "The Commercial and Political Atlas"（1786）の中に登場する棒グラフである。

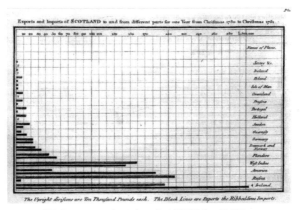

［図2］ Playfair（1786）による世界最古の棒グラフ

　図2は、1781年のスコットランドと17カ国との間の輸出入を表している。
図2を見て分かるように、基本的な構造は、現在のものとほとんどかわって
いない。そして、19世紀になり、医学関連の報告書において、円グラフや
レーザーチャートなどが提案され、20世紀になり、多様な視覚的要素を使っ
たグラフが提案されるようになる（森藤・あんちべ2014）。こうした動きが学術研
究においても普及し、点や線や棒といった要素を使って、情報を可視化する
ことが一般的になった。
　一般的に可視化に関わる研究は、1990年頃から盛んになったとされている
が、その背景には、コンピュータの普及や可視化のためのプラットフォーム
が整備されてきたことが挙げられる。具体的にはMicrosoft社のExcelのよう
な表計算ソフトが普及し、誰でも簡単にグラフを書くことができるように
なった。このことにより、数値情報が持つ複雑さを視覚的に表現できるよう
になったのである。
　データ科学の観点からは、グラフは何を表しているのかを理解することが
重要である。グラフとは、簡単に言えば、数字を絵にしたものである。しか
し、この定義だと、様々な種類のグラフが存在する理由が説明できない。な
ぜなら、数字を絵にするだけなら、棒グラフでも、折れ線グラフでも、円グ
ラフでも、差はない、ということになる。しかし、現実には、時系列を示す
場合は、折れ線グラフを使うし、比率を示す場合は、円グラフを使うといっ

[表2] ナ形容詞の出現パターン

No.	語彙素	読み	ナ形容詞＋な＋名詞	ナ形容詞＋の＋名詞	総計
1	色々	イロイロ	1,388	10	1,398
2	可成	カナリ	13	553	566
3	可能	カノウ	821	17	838
4	肝心	カンジン	63	94	157
5	高度	コウド	231	104	335
6	最適	サイテキ	129	45	174
7	様々	サマザマ	3,335	78	3,413
8	十分	ジュウブン	501	8	509
9	純粋	ジュンスイ	145	12	157
10	好き	スキ	871	79	950
11	正式	セイシキ	76	38	114
12	相当	ソウトウ	117	9	126
13	多様	タヨウ	576	14	590
14	当然	トウゼン	18	689	707
15	透明	トウメイ	140	65	205
16	同様	ドウヨウ	116	572	688
17	独自	ドクジ	20	566	586
18	特殊	トクシュ	407	20	427
19	独特	ドクトク	84	353	437
20	特別	トクベツ	461	246	707
21	特有	トクユウ	28	270	298
22	不可欠	フカケツ	118	42	160
23	不要	フヨウ	98	17	115
24	真っ白	マッシロ	104	9	113
25	身近	ミヂカ	230	6	236
26	良質	リョウシツ	76	72	148
27	僅か	ワズカ	302	8	310

た「選択」がなされる。この選択を動機づけるのは、グラフは、主張を持っているという事実である。つまり、グラフは、数字を絵にしたものではなく、「主張」を絵にしたものと捉えるべきである。グラフはそれ自体が主張を持っているということを理解することが重要である。具体例を示す。

表2は「現代日本語書き言葉均衡コーパス」の「出版・書籍」レジスターに対して「ナ形容詞」のあとに、「ナ＋名詞」になるパターン（例：高度な方法）と「ノ＋名詞」になるパターン（例：高度の専門知識）になるパターンを収集したものである。なお、検索には「中納言」(https://chunagon.ninjal.ac.jp/、2021年1月)を使用した。検索条件としては「形状詞－一般」＋「な」＋「名詞－普通名詞－一般」と「形状詞－一般」＋「の」＋「名詞－普通名詞－一般」で検索した。集計条件としては高頻度順にソートをしたあと、（形態素解析のエラーがあることを想定して）どのパターンでも頻度5以上で合計頻度が100以上のものをまとめた。このように収集したデータに対して、3つのグラフを示す。

図3a〜cはいずれも表2のデータから書いたものである。図3aは見出し語の読みの情報をもとにソートし、棒グラフにした。図3bは合計頻度の高い順から低い順になるようにソートし、棒グラフにした。図3cは差異係数を使って、どちらのパターンでより多く出現するかを示した。

図3の3つのグラフは、それぞれが違う主張を持つことに注目してほしい。図3aはナ形容詞のナによる共起とノによる共起には、「様々」のように突出して高頻度なものがあることや頻度が高いものと低いものでばらつきがある

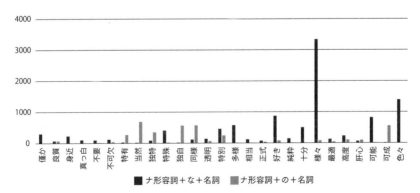

[図3a] 見出し語の読みの順で示した棒グラフ

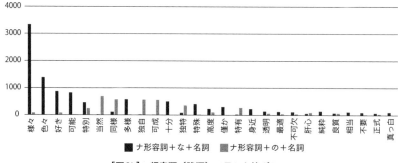

[図3b]　頻度順（降順）で示した棒グラフ

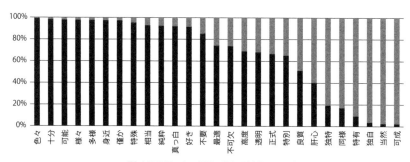

[図3c]　差異係数で示した100%積み上げ棒グラフ

ことを示す。図3bは、頻度が高いものから低いもので散布するとL字型の分布になることを示す。そして、図3cに注目すると、ナによる共起とノによる共起は、連続的であることが分かる。つまり、「色々」や「十分」のようにナによる共起が多い事例から、「可成(かなり)」や「当然」のように、ノによる共起が多い事例が両極に存在する一方で、「不可欠」や「透明」のように、ナもノもよく共起する事例が存在することを示す。

　グラフが持つ主張を捉えるためには、それぞれのグラフが得意とする概念との対応を理解することが重要である。次項の表3に注目してほしい。

　まず、折れ線グラフはデータの「変化」を表すのにもっとも適したグラフである。特に時系列に基づく変化を示す際、有効である。次に、棒グラフは

[表3] グラフと概念の対応

	相関	内訳	変化	散らばり	多少
折れ線グラフ			○		△
棒グラフ		△			○
散布図	○			△	
箱ひげ図				○	△
円グラフ		○			△
レーダーチャート			○		○

数の多少や規模の大小を表すのに適したグラフである。次に、散布図は2つの要素間の相関を表すのに適したグラフであるが、散らばりを直感的に把握する上でも役立つ。次に、箱ひげ図は複数の統計量を利用したグラフであり、全体の散らばりを把握するのにもっとも適したグラフであるが、最大値や最小値や中央値などが表示されるので、多少を表すにも有効である。次に、円グラフは内訳を示すのに適したグラフである。最後に、レーダーチャートは棒グラフと折れ線グラフを融合したようなグラフで、変化と多少を同時に表現できるグラフと言える。

3.3. クラスタリング

データ科学では、グラフを使った可視化に加えて、統計的な手法を使ったグループ化を行う。いわゆる統計的有意差の有無をもとめる古典的な統計分析に加えて、クラスタリングと呼ばれる手法を使って、分類をするということも頻繁になされている。

クラスタリングとは、入力データの特徴から集団を作る分析である（Romesburg 1989）。集団を作るという研究行為は、カテゴリー化に相当するもので、決して新しいものではない。例えば、助詞「デ」の用法を、「場所のデ」「理由のデ」「手段・方法のデ」「時間のデ」といったものに分類するといった行為は、日本語学や日本語教育学の研究でも広くなされていることである。ただ、データ科学においては、こうした分類を、数値データと統計分析を用い

て行っているのである。助詞「デ」の用法についてであれば、コーパスから
キーワード検索で、様々な「デ」の用法を収集し、その前後に出現する語で
もって、個々の用法を特徴づけ、それをクラスター分析のような多変量解析
の方法で分析するといったことができる。

クラスタリングは、データを分けることが目的であるが、分けるために
は、2つのことが前提になる。1つ目は、まとまりを抽出すること、2つ目
は、情報をコンパクトに要約することである。この2つのことが前提になり、
データを分けることができ、最終的には、データから現象が分かるようにな
る、というロジックになっている。

データ科学では、1.2節で述べたように複雑な現象を扱い、1.3節で述べたよ
うに多様性を考察するものである。その手法のコアになるのが、クラスタリン
グというもので、とりわけ多変量解析と呼ばれる手法によって実行される。具
体例として、本書の8章（滝島）、12章（三谷）におけるクラスター分析や11章
（村田）におけるコレスポンデンス分析、15章（田中）における主成分分析などが
代表的な多変量解析の手法であり、各事例研究を通して確認してほしい。

3.4. テキスト・マイニングとコーパス

データ科学の対象は、数値データに限定されない。文字や文章を対象にし
たデータ科学の方法をテキスト・マイニングという。テキスト・マイニング
とは、テキストに対して発掘を意味するマイニング（mining）という語がくっ
ついたもので、1990年頃から用いられるようになったと言われている（石井・
金（編）2012）。なお、2節で出たデータ・マイニングという用語は、数値デー
タに対するマイニングの総称であり、テキスト・マイニングとデータ・マイ
ニングは扱うデータタイプが文字型か数値型かの違いによるものである（豊田
2009、石井・金（編）2012）。こうしたことからテキスト・マイニングはテキスト
を対象とするデータ・マイニングとして位置づける見方もある（小林2019）。

さて、テキスト・マイニングにおいては、マイニングという表現を用いて
いることに大きな意味がある。これは、データの山から分析者にとって価値
のある情報を発掘する・掘り出す、という意味である。このことがテキス
ト・マイニングにおいて、いつ分析をやめるのか、ということの判断基準に

なる。いわゆる *t* 検定や分散分析のような推測統計の世界では、有意な差があるかどうかで分析を続けるかやめるかの判断をする。しかし、テキスト・マイニングにおいては、3.3節で示した多変量解析を行うことで、無限に分析を続けることができる。従って、どこで分析を終えるかが重要になるが、テキスト・マイニングでは、分析者にとって意味があると思われる情報が得られた時点で分析をやめれば良いことになっている。

　テキスト・マイニングと日本語教育の問題を考える上で、コーパスは重要である。近年、「現代日本語書き言葉均衡コーパス (Balanced Corpus of Contemporary Written Japanese: BCCWJ)」(山崎（編）2014) や「多言語母語の日本語学習者横断コーパス (International Corpus of Japanese as a Second Language: I-JAS)」(迫田他（編）2020) のようなデータが誰でも簡単に入手できるようになり、大規模なテキストデータを得ることはそう難しくない状況になっている。しかし、それをどう分析し、有用な情報を取り出すのかが重要になるが、そこで、登場するのがコーパス研究である。

　表4は、李 (2020) がまとめているもので「母語話者コーパス」「学習者コーパス」「自作コーパス」を日本語教育学の中でどう位置付けるべきかを示している。

　表4に示した3つのコーパス例について順に考えていきたい。まず、1の例として、BCCWJのような大規模コーパスに対する調査分析が考えられる。こうした調査分析を行うことで、日本語教師は日本語の生きた姿を把握できる。そこで得た知見から教師は日本語学習者にどんな語彙やどんな文法項目を、いつ教えるかについての優先順位を決めることができる。

[表4]　日本語教育学におけるコーパス研究

No.	コーパスの種類	データサイズ	日本語教育学における利用目的	教育的示唆
1	母語話者コーパス	大規模	日本語の使用実態の正確な把握	学習項目の選定 学習項目の提示順の決定
2	学習者コーパス	中規模・小規模	学習者の言語使用の理解	学習者の理解状況を踏まえた授業デザイン
3	自作コーパス	小規模	特定の目的の解決	タスクベースの学習 社会につながる教育の実現

次に、2の例としてI-JASや「日本語学習者作文コーパス」(李他2013)のような学習者コーパスに対する調査分析が考えられる。こうした調査分析を行うことで、日本語教師は学習者の習熟度 (proficiency: 鎌田他2008) に応じた日本語の使用状況を知ることができる。そこで得た知見から教師は、日本語学習者に学習項目をどのように教えるのかを決めることができる。

最後に、3の例として個別の目的に特化して分析者が作成した小規模コーパスに対する調査分析が考えられる。こうした調査分析を行うことで日本語教師は、言語的タスクと日本語の対応を詳細に把握することができる。そこで得た知見から教師はタスクに応じた語彙や文法項目を特定することができ、教授資料を作成できる。

4. 終わりに

本章では、データ科学と日本語教育の接点を模索するため、データ科学が持つ4つの観点を示した上で、日本語教育の現場で生成されるデータの例を示した。そして、それらをデータ科学の方法で分析すると何が分かるか、どのような可能性が生まれるかを概略的に示した。さらに、データ科学の方法として、統計分析、可視化、クラスタリング、テキスト・マイニングとコーパス、という視点から述べた。

伝統的に日本語教育の分野では、「教師の勘」を大切にし、教育や研究がなされてきた。教師としての経験からどのような学習者に、どのようなコンテンツが必要かを判断し、教育を展開するというアプローチである。こうした「教師の勘」は、教育実践においては間違いなく大切な要素である。一方、現代のように社会全体が複雑化し、個々の要素が有機的に関係している状況においては、「教師の勘」のような主観的な要素よりは、「データ」のような客観的な要素がより求められる。可視化が難しい「教師の勘」よりは、可視化しやすい「データ」のほうがより説得力があるということである。

───────

●さらに勉強したい人のために
Borgman, L.C. (2015) *Big Data, Little Data, No Data*. The MIT Press.（佐藤義則・小山憲司（訳）

(2017)『ビッグデータ・リトルデータ・ノーデータ』勁草書房）

データ科学の意義や科学研究として位置づけ、データ科学の応用分野、さらにはデータの政策的側面についても述べており、データ科学の全体像を俯瞰的に把握するのに有効である。

松本健太郎（2017）『グラフを作る前に読む本』技術評論社

学術書ではないが、グラフを用いた可視化の実践事例が豊富に掲載されており、可視化に関する実践的な技術を身につけるのに有効な一冊である。

●付記

本研究はJSPS科研費19H01273、19K21637の助成を受けたものです。

●参考文献

Borgman, L.C. (2015) *Big Data, Little Data, No Data*. The MIT Press.（佐藤義則・小山憲司（訳）(2017)『ビッグデータ・リトルデータ・ノーデータ』勁草書房）

林知己夫（2001）『データの科学』朝倉書店

石川慎一郎（2012）『ベーシックコーパス言語学』ひつじ書房

石川慎一郎・前田忠彦・山崎誠（編）(2010)『言語研究のための統計入門』くろしお出版

石井基広・金明哲（編）(2012)『コーパスとテキスト・マイニング』共立出版

伊藤雅光（2002）『計量言語学入門』大修館書店

岩﨑永一（2020）『言語科学と言語哲学―生成文法基礎論と意味論』金星堂

鎌田修・嶋田和子・迫田久美子（2008）『プロフィシェンシーを育てる―真の日本語能力をめざして』凡人社

小林雄一郎（2019）『ことばのデータサイエンス』朝倉書店

小林雄一郎・濵田彰・水本篤（2020）『Rによる教育データ分析入門』オーム社

李在鎬（2011）『認知言語学への誘い』開拓社

李在鎬（2016）「日本語教育のための文章難易度研究」『早稲田日本語教育学』21: pp. 1–16.

李在鎬（2020）「日本語教育学の課題に対して計量分析は何ができるか」『計量国語学』32 (7): pp. 372–386.

李在鎬・宮岡弥生・林炫情（2013）「学習者コーパスと言語テスト―言語テストの得点と作文のテキスト情報量の関連性」『言語教育評価研究（AELE）』3: pp. 22–31.

李在鎬・石川慎一郎・砂川有里子（2018）『新・日本語教育のためのコーパス調査入門』くろしお出版

村上征勝・金明哲・土山玄・上阪彩香（2016）『計量文献学の射程』勉誠出版

森藤大地・あんちべ（2014）『エンジニアのためのデータ可視化［実践］入門』技術評論社

中谷安男（編）(2012)『英語教育学の実証的研究法入門』研究社

Romesburg, Charles. H. (1989) Cluster analysis for researchers. Lulu Press.（西田英郎・佐藤嗣二（訳）(1992)『実例クラスター分析』内田老鶴圃）

迫田久美子・石川慎一郎・李在鎬（編）(2020)『日本語学習者コーパスI-JAS入門―研究・教育にどう使うか』くろしお出版

佐久間まゆみ（編）(2003)『朝倉日本語講座〈7〉文章・談話』朝倉書店

島田めぐみ・野口裕之（2017）『日本語教育のためのはじめての統計分析』ひつじ書房

豊田秀樹（2008）『データ・マイニング入門』東京図書

山崎誠（編）(2014)『書き言葉コーパス―設計と構築（講座日本語コーパス）』朝倉書店

2 | データとは何か

李在鎬

概要

本章では、情報学における研究成果を紹介しながら、データとは何かという問題を考える。具体的には、データが持つ基本的な性質として、4つの特徴を述べる。そして、データを作る上でどのような点に注意すべきかについて述べたあと、具体的な研究例を紹介する。

キーワード DIKWピラミッド／観察・観測／構造化・非構造化

1. はじめに

日本語教育学は、言語領域、教育領域、社会領域を横断する複合的な研究領域であり、様々なものが「データ」として用いられる。学習者にかかわるデータ、教室の学習活動にかかわるデータ、教師にかかわるデータ、日本語そのものにかかわるデータ、社会の変化にかかわるデータなど、様々であるが、データを得ることから研究がスタートする故、データの重要性は言うまでもないことである。しかし、そもそも「データ」とはどのような性質を持っているのであろうか。この点に関する議論は少なくとも日本語教育分野ではほとんどなされてこなかったように思う。

本章では、データ科学と日本語教育の接点を模索するための最初のステップとして、データとは何かということを考えてみたい。データとは何かを知ることで、データ科学としての日本語教育学の姿を捉えることができる。

2. データが持つ4つの性質

本節ではデータが持つ特性として以下の4点に注目する。

1. データは無色透明なものである。
2. データは観察や観測の結果を記録したものである。
3. データには構造化データと非構造化データがある。
4. 最適なサイズの見極めが重要である。

　上記の4点はデータとは何かを理解する際の起点となる視点であると同時に、データを作成する際、常に意識する点でもある。以下では、この4つの特徴について順に見ていく。

2.1. データは無色透明なもの

　データとは、私たちを取り巻く経験世界を切り取ったものである。切り取ったあと、文字や数字や画像といったシンボルで表現されているが、データはそれ自体としては、何の主張も持たない。つまり、データは、それ自体としては無色透明であると言える。Rowley (2007) はデータとは何かという問いに対して、情報学における様々な先行研究を整理し、以下のように総括している（Rowley 2007: 170）。

1. Data has no meaning or value because it is without context and interpretation. （データは、文脈や解釈がないので、意味も価値もない。）
2. Data are discrete, objective facts or observations, which are unorganized and unprocessed, and do not convey any specific meaning. （データとは、離散的で客観的な事実や観察であり、整理されておらず、処理されていないものであり、特定の意味を伝えるものではない。）
3. Data items are an elementary and recorded description of things, events, activities and transactions. （データ項目は、物質、出来事、活動、取引についての基礎的な記述である。）

上記の記述のとおり、データを特徴づけるものとして、それ自体としては意味も価値もない事実の集合体であり、基礎的な記述であることが挙げられる。

　データが持つ上記の特徴に加えて、研究という文脈でデータの存在を考えた場合、研究プロセスの構成要素の1つであるという性質を持っている。このプロセスの一部という観点でデータを位置づけるための手掛かりとして、DIKWピラミッドを取りあげる。

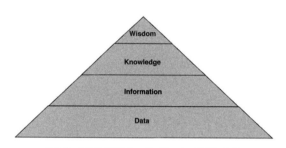

[図1]　DIKWピラミッド（Rowley 2007: 164）

　図1に示したDIKWピラミッドは情報学の分野で広く知られているモデルである。「データ（Data）」から「知恵（Wisdom）」までの4つの層で構成されている。「データ（Data）」から何らかの基準で整理され、抽出されたものが「情報（Information）」であり、情報をさらに、体系化・一般化し、何らかの法則を導き出したのが「知識（Knowledge）」の層で、知識をさらに応用し、行動規範として一般化したのが「知恵（Wisdom）」である。

　図1のDIKWピラミッドで述べている4つの層の存在については、多くの研究で一致しているが、層と層を移動するプロセスに関しては、必ずしも共通の見解が存在するわけではない。しかし、データがもっとも下位に位置することについては、異論はなく、共通認識が存在する。図1の知見に基づくならば、データを分析するという行為の第一の目的は、情報を抽出することになる。

　以上の事実を踏まえると、データは特定の理論や視点は可能な限り排除

し、無色透明であるべきという帰結が得られる。

2.2. データは観察や観測の結果

　データを理解する重要な概念として、何らかの記号を用いて「記録されたもの」であることが挙げられる。この記録を生み出す科学の行為として、「観察」と「観測」があり、これらは研究の方法論を理解する上で、重要な概念である。

　池内 (1997) は、科学の出発点は「自然の観察」であると述べている。観察とは、その名のとおり「よく注意してくわしく見る」ことである。この観察という行為をとおして、規則性を記述することを定性的研究という。一方、観察からさらに一歩進んだ科学の行為が「観測」である。観測は詳しく見るだけでなく、何らかの「尺度」を使って「測る」という行為である。いわゆる定量的研究を支える基盤となるのが「観測」である。この「観測」という行為においては何らかの「尺度」が用いられる。

　ところで、「尺度」にはどのようなものがあるのか。目に見えるものを観測する場合は、「大きさ」や「重さ」といったものが尺度になる。目に見えないものを観測する場合は、現象をもとに構成概念を定義し、尺度を作る必要がある。日本語教育の事例でいえば、学習者の言語能力が良い例である。言語能力は目に見えるものではないため、直接的に大きさを測ったり、重さを測ったりはできない。一般的にはテストを使って間接的に測ることになる。つまり、テストの得点を尺度にして、言語能力を観測するのである。

　尺度は、変数、属性といった概念に通じるもので、次節で述べる構造化データを理解する上でも重要な概念である。どのような尺度を用いるかは、データの作り方から分析に至るまでのあらゆるプロセスにおいて関わってくる。

2.3. 構造化データと非構造化データ

　Excelのような行と列が決まったタイプのデータを「構造化データ」と呼び、文字や音声などのデータを「非構造化データ」と呼ぶ。非構造化データは、構造化されていないすべてのデータを指すため、対象としても、概念としても広範囲にわたっている。構造化データの場合、非構造化データをもとに表形式に加工したものを指すため、狭い範囲の概念であると言える。

　データ科学の直接的な分析対象は、構造化データである。コーパスで検索した事例やインタビューの文字データはそのままでは分析ができず、何らかの方法で構造化データに変換する作業が必要である。例えば、形態素解析などはその1つの例になる。

(1) 頓所くんは，毎日，学校に行きます。

　(1) の文はデータのタイプとしては非構造化データということになり、これを構造化するため、形態素解析を行う。

[表1]　構造化データの例

ID	書字形	語彙素	語彙素読み	品詞（大分類）	語種
1	頓所	トンショ	トンショ	名詞	固
2	くん	君	クン	接尾辞	漢
3	は	は	ハ	助詞	和
4	，	，		補助記号	記号
5	毎日	毎日	マイニチ	名詞	漢
6	，	，		補助記号	記号
7	学校	学校	ガッコウ	名詞	漢
8	に	に	ニ	助詞	和
9	行き	行く	イク	動詞	和
10	ます	ます	マス	助動詞	和
11	。	。		補助記号	記号

(1) の文を形態素解析すれば、表1が得られる。(1) の文と表1を比べて
ほしい。両者は、情報の量も質も違う。(1) は文字が並んでいるだけで、こ
れといった構造を持っていないが、表1は、構造を持っている。具体的に
は、1行目に「ID、書字形、語彙素、語彙素読み、品詞 (大分類)、語種」とい
う見出しがある。そして、2行目に項目が入っている。1行目の見出しを「変
数」と呼び、2行目以降のものを「ケース」と呼ぶ。

　(1) のような文 (非構造化データ) を表1のような表形式のデータに変化する
作業を「構造化」と呼ぶ。この構造化の際、どのような変数を用いるかは非
常に重要である。一般的に良い変数というのは、ケースの類似性と非類似性
を表現できるものが良いとされている。表1の例でいえば、書字形と語彙素
と語彙素読みについては、(1) を分解する形で11のケースの非類似性を表現
している。しかし、品詞 (大分類) と語種については、様子が異なる。品詞 (大
分類) は「頓所」、「毎日」、「学校」が「名詞」であること (類似性) を表現しつ
つ、「行く」は「動詞」で、「ます」は「助動詞」であること (非類似性) を同
時に表現している。また、語種に注目すると、「くん」、「毎日」、「学校」が漢
語であること (類似性)、「頓所」は固有語で、「行く」は和語であること (非類
似性) を表現している。

　最後に、データ科学の世界では、一般的には表1のような構造化データが
(分析の対象として) 好まれる。その理由として、次の2点が考えられる。1点目
に、構造化データの方がより多様な分析ができる。(1) の文のような非構造
化データの場合、目で見て理解する程度の分析しかできないが、表1のよう
な構造化データの場合、項目を数えたり、数え上げた項目の頻度の有意差を
調べたりすることができる。2点目に、構造化データの場合、データ量の影
響を受けることなく、一貫した方法で分析できる。(1) のような非構造化
データを目視で分析する場合、データが増えれば、その分だけ分析の負担も
増える。一方の表1のような構造化データの場合、コンピュータツールを
使って集計するため、データが増えたとしても数える作業そのものは同じで
あるため、負担は増えない。

2.4. 最適なデータサイズの見極め

　データを作成する作業において、データサイズの問題は非常に重要である。結論を先取りすると、分析対象の特徴や用いる分析手法に合わせて最適なデータサイズを、分析者が責任をもって決めることが大切である。しかし、もう一方の議論として、データサイズに関しては、原則としては大きいほうが良いという考え方がある。

　なぜ大きいデータが良いとされているのであろうか。大きいデータであることの最大のメリットは目的に応じて、柔軟にデータを選択できるところにある。つまり、大きいデータあれば、そこから選択的に小さいデータを (研究目的に応じて) 作ることができるが、その逆は難しいのである。ただし、データが大きくなることのデメリットもある。データが大きくなればなるほど、ノイズを含む可能性が高くなる。情報工学の分野でも、単純なモデルあれば、いわゆるビッグデータは不要であるという考えがある (Skiena 2017: 14)。大きいデータが持つ利点を理解した上で、最適なサイズのデータを作ることが重要であると言える。

　データの規模に関して、もう一つ指摘しておきたい点がある。日本語教育の初学者にありがちな誤解として、統計的分析は千単位の (大きい) データでないと (統計モデルに基づく) 処理ができないという考えである。それは違う。大規模であれば、様々な統計分析ができるというメリットは確かにあるが、小規模データであっても、統計分析は可能である。大切な点は、大規模データに合った統計分析モデルと小規模データに合った統計分析モデルを選択的に使う姿勢である。

3.　データ作成時の留意点

　ここでは、コンピュータを使った分析のために、データファイルを作成する際、どのような点に留意したら良いかについて述べる。4つの観点から説明する。

(1) 変数は横列に、ケースは縦列に入れる。

(2) 見出し行は必ず1行目で納める。

(3) 属性は一貫性のある情報を入れる。

(4) できるだけ汎用的なファイル形式を使う。

3.1. 変数は横列に、ケースは縦列に

2.3節で、構造化データと非構造化データを説明した。構造化データは、表1に示した形式である。表1において、注目してほしいのは、次の2点である。1点目として、1行目にある「ID、書字形、語彙素、語彙素読み、品詞 (大分類)、語種」の変数は横方向に配置されていること。2点目として、これらの変数に対して、ケース (表1の場合は、語) が縦方向に配置されている。

横に変数、縦にケースという形式は、データファイル作成時の鉄則である。このフォーマットでデータを作っておくと、様々なソフトウェアで読み込みや分析作業ができる。基本的なことであるが、ここの部分でつまずく初学者も少なくないので、常に意識してほしい。

3.2. 見出し行(変数行)は1行

横に変数が、縦にケースが配置される構造に加え、もう1つの大切なポイントとして、見出し行 (変数行) は1行で収める形で、データファイルを作ることである。具体例を示す。

[表2] 見出し行が複数になっているデータファイル (改善が必要な例)

協力者	性別	言語環境		学習歴	
		家での使用言語	学校での使用言語	母国での学習歴	日本での学習歴
Aさん	女性	中国語	日本語	1年	6か月
Bさん	男性	ベトナム語	日本語	3年	6か月

表2は、横に変数が並び、縦にケースが並んでいる点では良いが、見出し

行（変数行）が、1行に収まっているもの（性別）と2行になっているもの（言語環境、学習歴）が混ざっている点で改善が必要である。具体的には表3の形式に書き換えるのが良い。

［表3］　見出し行を1行にしたデータファイル（改善された例）

協力者	性別	言語環境_ 家での使用言語	言語環境_ 学校での使用言語	学習歴_ 母国での学習歴	学習歴_ 日本での学習歴
Aさん	女性	中国語	日本語	1年	6か月
Bさん	男性	ベトナム語	日本語	3年	6か月

　表2の例は、比較的に単純なものである故、表3のような形に書き換えることはそれほど難しくないが、実際は、こういうふうに単純にはいかない場合が多い。見出し行（変数行）を1行にすることもデータファイルを作る上で大切なプロセスであり、分析手法に合わせて工夫する必要がある。この作業が完了しないと、コンピュータを使った自動集計や統計分析はできないと思ったほうが良い。

3.3.　属性は一貫性のある情報

　2節でも述べたように、データとは現実世界を切り取って、文字や数字で抽象化したものである。現実世界は非常に多様であり、それをデータ化するとなると、例外的な事例に遭遇することも少なくない。例えば、表2や表3のAさんを考えてみよう。仮にAさんが、家でのメインの使用言語は中国語であるが、英語もかなり使っている、というケースもありうる。そういう時、よく使われるのが、（　）で補足情報を入れ、「中国語（英語も頻繁に使用）」のような形式でデータファイルを作る方法である。しかし、このような方法は、しないほうが良い。なぜなら、（　）で補足情報を入れるということを始めてしまうと、制御されていない情報が増え、全体として一貫性のないデータファイルを作ってしまうことになる。どうしても補足情報を入れたいのであれば備考欄を追加するなどして新しく変数を追加するのが良い。

データ作成時に心掛けるべきものとしては、1つのマスに入る情報はできるだけ最小限にし、見出し行（変数行）で決めたもの以外は入れないという姿勢に徹することである。

3.4.　汎用的なファイル形式

　コンピュータを用いて行われるデータ分析作業では、様々なソフトウェアが使われる。複数のソフトウェアを有機的に連携させながら分析するため、データ形式に関しても工夫が必要である。

　いわゆるファイルの読み込みやインポートと呼ばれる作業をスムーズに行うため、特定のソフトウェアに依存しない形式でデータファイルを作るのが良い。例えば、Microsoft社のソフトウェアやIBM社のソフトウェアでしか開けないファイルはできるだけ作らないほうが良いということである。

　特定のソフトウェアに依存しない汎用的なファイル形式として、おすすめできるのがテキストファイルである。テキストファイルとは、txtという拡張子がついているファイルで、文字情報だけで構成されたシンプルなファイルである。Windowsでも、MacOSでも簡単に作成や開封ができ、大きなファイルであっても高速で作業が行える。また、表形式の場合は、csvという拡張子がつくこともあるが、ファイルの中身はテキストデータである。なお、csvというのは「Comma Separated Value」の頭文字で、「コンマ区切りテキストファイル」と呼ばれることもある。

4.　データ収集に関する関連研究

　日本語教育分野でよく用いられるデータとしては、インタビューデータ、テストの得点データ、コーパスデータがある。これらのデータをどう収集するかについては、すでにたくさんの先行研究がある。

　まず、インタビューデータは、いわゆる質的研究において重視されており、質問の構造化の有無によって構造化インタビュー、半構造化インタビュー、非構造化インタビューに区分けされている。構造化インタビューは、調査協力者に聞きたいことが決まっている場合に用いるが、半構造化イ

ンタビューや非構造化インタビューは質問が固定的でなく、調査協力者に教えてもらうためのインタビューである。具体的な方法や手順は波平 (2016) や野村 (2017) が詳しい。

　次にテストの得点データは、テストを実施し、受験者の反応を数値データとして得るというものである。得点データであるため、構造化データであり、量的データとして収集することになる。テストの得点データの場合、テストを作る作業、作ったテストを実施する作業、集めた得点データを分析する作業に分かれる。テストを作る作業については関・平高 (編)(2013) が詳しい。テストを実施する作業については近藤 (2012) や李 (編)(2015) が参考になる。テストの得点データを分析する作業については。本書の 5 章や島田・野口 (2017) が参考になる。

　最後にコーパスデータについては、コーパスを作る作業からスタートする場合もあれば、すでに公開されたコーパスから用例を取り出す作業からスタートする場合がある。コーパスを作る作業については、本書の第 3 章および李他 (2018) が参考になる。すでに公開されたコーパスをデータとして使う場合については、石川 (2012) が詳しい。そして、コーパスデータの統計分析については、小林 (2019) が詳しい。

5.　終わりに

　本章では、データ科学の基礎として、データとはどのような性質を持っているのか、どのような方法で作成するのが良いかについて述べた。どのようなデータを用いるのかは、どのような研究をし、どのような成果をあげるのかに直結するものである。本章で取り上げたデータの 4 つの性質や作成時の留意点を踏まえながら、自身の研究にとって最適なデータを構築してほしい。

●さらに勉強したい人のために

Rowley, Jennifer. (2007) The wisdom hierarchy: representations of the DIKW hierarchy, *Journal of Information Science* 33 (2), pp. 163–180.
　情報学の分野で、データや情報といった概念がどのように捉えられてきたかを包括的に論じており、データの位置づけをより深く理解できる論文である。

Skiena, Steven. (2017) *The Data Science Design Manual*, Springer.（小野陽子（監修），長尾高弘（翻訳）(2020)『データサイエンス設計マニュアル』オライリージャパン）
データ科学の理論と方法を網羅的に示した書籍である。データ科学が何を目指す学問であるのかやどのような方法をデータを分析するのかについても述べている。データ科学の教科書的書籍である。

●付記

本研究はJSPS科研費19H01273、19K21637の助成を受けたものです。

●参考文献

池内了（1997）『科学の考え方・学び方』岩波書店
石川慎一郎（2012）『ベーシックコーパス言語学』ひつじ書房
小林雄一郎（2019）『ことばのデータサイエンス』朝倉書店
近藤ブラウン妃美（2012）『日本語教師のための評価入門』くろしお出版
李在鎬（編）(2015)『日本語教育のための言語テストガイドブック』くろしお出版
李在鎬・石川慎一郎・砂川有里子（2018）『新・日本語教育のためのコーパス調査入門』くろしお出版
波平恵美子（2016）『質的研究 Step by Step（第2版）』医学書院
野村康（2017）『社会科学の考え方―認識論、リサーチ・デザイン、手法』名古屋大学出版会
Rowley, Jennifer. (2007) The wisdom hierarchy: representations of the DIKW hierarchy, *Journal of Information Science* 33 (2): pp. 163–180.（https://doi.org/10.1177/0165551506070706）
関正昭・平高史也（編）(2013)『テストを作る』スリーエーネットワーク
島田めぐみ・野口裕之（2017）『日本語教育のためのはじめての統計分析』ひつじ書房
Skiena, Steven. (2017) *The Data Science Design Manual*, Springer.（小野 陽子（監修）、長尾高弘（翻訳）(2020)『データサイエンス設計マニュアル』オライリージャパン）

3 | 小規模コーパスの構築方法

村田裕美子

概要

　本章では、コーパス研究で必要となるコーパス構築について、筆者が代表で開発を進めている主にドイツ語話者を対象とした話し言葉と書き言葉の2つの学習者コーパスを紹介する。具体的には、それぞれの学習者コーパスの特徴、データ収集方法、現在公開されているコーパスのデータサイズなどを述べ、今後、増えていくであろう小規模コーパスの一例として記す。

キーワード GLJコーパス／学習者コーパス／話し言葉／書き言葉

1. はじめに

　日本語学習者コーパスにおいては、近年開発が進み、今日まで様々なコーパスが作成、公開されている。また、情報通信技術の急速な進展から、小規模であれば、個人でもコーパスを構築することが可能になり、マイノリティ言語や特定の用途に応え得る独自のコーパス開発が実現できるようになった。本章で紹介するコーパスもその小規模コーパスの1つである。

　これまで公開されてきた日本語学習者コーパスに目を向けると、2020年に「多言語母語の日本語学習者横断コーパス（International Corpus of Japanese as a Second Language：以下、I-JAS）」（迫田他（編）2020）が完成するまでは、対象とする日本語学習者は限られたものであり、中国語や韓国語、英語を母語とする学習者が多く、その他の言語を母語とする学習者コーパスは少なかった。本章で紹介す

るドイツ語話者を対象としたコーパスに関しても存在しない状態が長く続いていた。そのため、コーパスを用いたドイツ語話者の日本語の使用実態を明らかにする研究は未だに十分ではなく、統計的手法を用いた誤用研究や習得研究が進んでいないのが現状である（村田・李2017、村田2021予定）。

　こうした問題意識のもとで、筆者はまずは自身が従事しているドイツの日本語教育を発展させていくことを目的に、ドイツ語話者に特化した学習者コーパスの開発に着手した。さらに、開発したコーパスは、以下2点の目的のもとで、データを広く公開することにした。

(1) 多くの研究者に利用してもらうこと
(2) 日本国外、すなわちドイツから日本語教育の成果を発信すること

　1つ目は、一人でも多くの研究者に利用してもらうことである。これにより、個人では限界のあるドイツ語圏の日本語学習者の言語使用の実態が様々な視点から明らかになることを期待する。そして、2つ目は、日本語教育の様々な研究成果を、ドイツから発信することである。これにより、まずはドイツの日本語教育の指導法や教授法の改善に、そして、同じような環境にある日本国外の日本語教育現場の改善につなげられることを期待する。

　以上の目的のもと、ドイツ語話者を対象とした学習者コーパスを構築し、2017年に話し言葉コーパスの第一次データを公開し、2021年に書き言葉コーパスの第一次データの公開を始めた。本章では、筆者が代表となって現在構築している2つの学習者コーパス、話し言葉コーパスと書き言葉コーパスについて紹介する。

　なお、本コーパスに収録されている話し言葉と書き言葉については、音声データを文字化した音声言語のことを話し言葉、PC、あるいは手書きで記述した文字言語のことを書き言葉として示す。

2.　ドイツ語話者日本語コーパス　話し言葉編

　本節では、学習者の話し言葉コーパスとして、「ドイツ語話者日本語学習者コーパス（German Learners' Corpus of Japanese Language：以下、GLJコーパス）に収録され

ている話し言葉コーパスを紹介する。現在公開しているコーパスは、Version1.0であり、2014年7月〜2015年6月に収集したものである（http://german-opi.jpn.org/、2020.11.09閲覧）。

2.1. 調査デザイン

2.1.1. 調査協力者

　調査協力者はドイツ語圏に在住するドイツ語を母語あるいは、第一言語とする日本語学習者である。主に、ドイツの大学で日本学を主専攻とし、日本研究のために日本語を勉強している学生に依頼した。調査協力者への依頼は、授業外に行い、日本語を話したり書いたりする活動に興味のある学生にお願いしたため、成績には反映されないなどの配慮をしている。

2.1.2. 調査方法

　本コーパスデータの収集方法は次の（3）から（6）である。

(3) 調査の趣旨を説明し、調査同意書の内容を確認したあと調査協力者から署名をもらう。
(4) 学習者の背景を調査し、a.母語、b.日本語学習歴、c.日本滞在歴、d.性別を確認する。
(5) OPI（Oral Proficiency Interview：以下OPI）に基づき約30分のインタビューを行う。音声は録音しておく。
(6) 客観テストの「SPOT（Simple Performance-Oriented Test：以下SPOT）」を受けてもらう。

　まず、（5）のOPIとは、ACTFL（American Council on the Teaching of Foreign Languages）によって開発された汎用的会話能力テストであり、学習者の会話のタスク達成能力を、対面のインタビュー方式で判定するテストのことである。OPIのレベル判定は、超級、上級、中級、初級という主要レベルが4つ、超級以外のレベルはさらにそれぞれ、上中下の下位レベルが設けられている。インタビューの時間は、レベルによるが1人20分から長くても30分である（鎌田他

（編）2020）。調査終了後、録音したインタビューの音声ファイルを文字化し、言語データとしてテキストファイル（文字コードANSI）で保存した。文字化の方法は、同じくOPI基準の方法で収集されている鎌田修氏・山内博之氏が中心となって構築した「KYコーパス」（山内2009）などの既存のコーパスの文字化の方法を参考にした。現在、公開しているのは、学習者背景、SPOTの結果、そして、この文字化したインタビューデータである。

　(6) のSPOTは、日本語の自然な発話速度の読み上げ文を聞きながら、解答用紙に書かれた同文の各1文につき1箇所のひらがな1文字分の空欄に穴埋めディクテーションするというテストである（小林2015: 112）。なお、本調査ではオンラインで利用できるSPOT-Web版の90問で構成されたSPOT90を使用している（https://ttbj.cegloc.tsukuba.ac.jp/、2020.11.09閲覧）。

2.1.3.　コーパスの特徴

　GLJコーパス話し言葉編の特徴は、以下 (7) から (11) のとおりである。

(7)　OPI準拠である。
(8)　客観テストを実施している。
(9)　学習者背景を示している。
(10)　データを無料で配布している。
(11)　均衡性を考慮したデータ数にしている。

　まず、(7) OPI準拠であることについてであるが、本コーパスでOPIを採用した理由は、既存のコーパスと収集方法を合わせることで、コーパス同士の比較、分析を可能にするためである。これにより、KYコーパスや野山広氏が中心となって構築した「日本語学習者会話データベース縦断調査編」（https://mmsrv.ninjal.ac.jp/judan_db/index.html、2020.12.19閲覧）との比較を可能としている。
　次に、(8) 客観テストを実施していることについてであるが、本コーパスは、主観テストであるOPIに加え、SPOTを実施し、客観テストによる言語能力の測定を行っている。OPIによる判定基準では、産出データそのものを用いて熟達度を判断しているが、SPOTによる判定基準では、産出データではなく、別の言語テストを用いて判断している。これにより、1つの判断に

偏らないように留意しているほか、SPOT を利用して収集されている I-JAS との比較を可能にしている。

次に、(9) 学習者の背景を示していることについてである。学習者の背景では、a.学習者の日本語学習歴や b.日本滞在歴、c.母語及び教育を受けた言語の情報などをセットで公開した。これにより、言語実態と学習者背景の関連性について調査することを可能にしている。

次に、(10) データの無料配布を展開している点についてであるが、様々な分野の研究者に利用していただき、ドイツ語話者の日本語教育に還元できるようにするため、ウェブサイトを通して無料で配布している。

最後に、(11) データの均衡性については、小規模ではあるが、現在公開しているデータ数を頻度などが比較できるように、初級、中級、上級各レベル 15 名に揃えている。

2.1.4.　GLJ コーパス話し言葉編のデータサイズと発話のサンプル

現在公開されている Version1.0 の調査協力者情報を表 1 に示す。習熟度は OPI テスターの資格を持つ筆者が OPI 基準に基づき、判定したものである。

[表1]　GLJ コーパス話し言葉編の調査協力者情報

習熟度 OPI判定	協力者数	SPOT 平均得点	SPOT得点 標準偏差	学習時間 平均（ヶ月）
初級	15	40.07	10.72	13.80
中級	15	66.33	5.04	34.67
上級	15	78.33	4.70	53.13

表 1 のとおり、レベルが上がるにつれ、SPOT の得点も上がり、学習時間も増加する傾向にあることが確認できる。

続いて、表 2 では、コーパスのデータサイズとして、文字化資料の延べ語数、総文数を示す。なお、発話データであるため、「文」の断定は難しいが、一発話の長さを測る指標を作るため、文字化の際に発話時のポーズやイントネーションなどを手がかりに、1 つの発話が終わったと感じられたところに

句点を入れていった。また、文字化は複数人で行うと判断が分かれることがあるため、1人で行った。

[表2] GLJコーパス話し言葉編のデータサイズ

習熟度 OPI判定	協力者数	延べ語数	総文数
初級	15	67,751	4,216
中級	15	83,107	3,789
上級	15	95,837	3,233

延べ語数はUniDic+MeCabの解析結果に基づいて計算テスターの発話を含んだ数値

　表2のとおり、レベルが上がるにつれ、延べ語数が増加傾向にあること、すなわち発話量が増えていくことが確認できる。

　以下、学習者の発話例を一部紹介する。

　発話例のなかに出てくる記号類について、Sは学習者を、Tはテスターを表す。そして、〈　〉内はテスターの発話で、発話例の末尾に記されている( )内のアルファベットと番号は学習者番号である。アルファベット3文字の1つ目は、その被験者の母語を表している (GはドイツのG)。2つ目は、OPIの判定結果を表し、Aは上級 (Advanced)、Iは中級 (Intermediate)、Nは初級 (Novice) を示す。そして、3つ目は、サブレベルを表している。Lは「─下 (low)」、Mは「─中 (mid)」、Hは「─上 (high)」を示す。最後の2桁の数字は、同じ母語で同じレベルのデータのID番号である。データ収集時期の早い順で番号が振られている。

　まずは、初級の発話例である。

(12)「月曜日から金曜日まで何をしますか」という質問に対して
　　S：あー，月曜日，私は，休みです。あん，私，は，あん，んー，
　　　　Unterricht は，日本語で何ですか。[中略] あん，月曜日は休みで
　　　　す。あん，あーん，火曜日，から，金曜日，私は，日本語，と，
　　　　フランス語，の，えー，Vorlesung です。(GNH07)

(13) はロールプレイでのテスターとのやりとりである。これはバスで隣り合わせになった見知らぬ日本人が読んでいた本が気になって声をかけた場面である。

(13) ロールプレイ
　　S：えー，すみません，この本は，どうですか。
　　T：あ，面白いですよ。
　　S：うん。えーと，なん，なんご，あなたは，読みますか。
　　T：なんご？
　　S：なんご，英語，と，あん，日本語，ですか。
　　T：あ，これは日本語の本です。
　　(GNH05)

　初級レベルの特徴として、まず、文レベルの発話が維持できていないことがあげられる。(12) では、Unterricht (授業)、Vorlesung (講義) などのように、ところどころにドイツ語も用いられていた。このように、初級では、単語や句の羅列、暗記した表現を使った最低限のコミュニケーションができるのが特徴である。
　続いて、中級学習者の発話例である。

(14)「キームゼーについてどんなところか教えて下さい」という質問に対して（「キームゼー」とは、ドイツ語で Chiemsee という、バイエルン州にある湖「キーム湖」のこと）
　　S：あのー，例えば，キムゼーの中に，あの，島が，さん，あのー，さん，あります。〈うん〉あのー，フラウエンキムゼーという，そして，ヘルンキムゼーという，〈ええ，ええ〉それに，クロイタインゼルという島，です。〈ええ〉それに，あのー，ヘレンキムゼーの，島に，あのー，有名な城，が，あります。〈へー〉ちょっと，ベルサイユみたいな城です。(GIH08)

　(15) はロールプレイでのテスターとのやりとりである。ロールプレイで

は、仕事を始めたばかりなのに、急用で4時間早退しなければならない場面
で、上司にその状況を説明するというタスクを出した。(15) はその発話の
一部である。

(15) ロールプレイ
　　S：あのー，ちょっと，問題があります。
　　T：あ，はいはい。どうしましたか？ええ。
　　S：あの，質問があります。
　　T：はい。
　　S：えー，今，ほんとに，急な，えー，電話，電話。弟は，電話，電
　　　　話をしました。〈はいはい〉ほんとに，急に，問題が，あります。
　　T：あー，はいはい。
　　S：あのー病院に，行った，えー，い，病院に行けなかった，あ，い
　　　　え，行かなければなりませんでした。
　　T：あら，大変ですね。ええ。
　　S：そう。あの，俺の質問は，あの，今日，よん，よん時，あー，あ
　　　　の，今日，早く，えー，仕事を，で，出たらいいですか。
　　(GIH08)

　中級レベルの特徴として、正確さや流暢さには問題があるものの、日常的
な活動や身近な話題であれば文を作ることができる点をあげる。(15) のロー
ルプレイを見ると、学習者の日本語に慣れた人であれば、状況が理解できる
ため、目標言語の話されている環境で生活するための必要最低限のことがで
きるのが特徴である。
　最後に、上級学習者の発話例である。

(16) 心理学の本について、その中のあるセラピーについての説明をしている
　　ところ
　　S：例えば，その，あの，精神分析とその似ている？あのセラピーは，
　　　　例えば，過去に起こったことについてけっこう話しますが，〈は
　　　　い，はい〉行動セラピーは，もっと今の現在，を基にして，今の問

題について話すセラピーです。(GAM13)

　(17) はロールプレイでのテスターとのやりとりである。ロールプレイは、部屋の窓ガラスが割れたため、管理人に連絡して状況を説明し、早急に対処してもらえるように依頼するタスクである。(17) はその発話の一部である。

(17) ロールプレイ
　　S：あ，私は，あの，私のアパートの窓？が〈あ，はいはい〉壊れてしまって，あのー，外に遊んでる子供が，ボールを，あのー，そうですね，ボールを，んー，ボールを使って，えー，そのボールが，窓に，ぶつけて，ぶつかってしまって，今，窓が壊れているので，あの電話をします。
　　T：あ，はいはい。大丈夫ですか。
　　S：あ，そうですね。あのー，んー，えー，あのー，早くそれを，えーと，あー，それを，せい，せい，整理していただけませんか。
　　(GA13)

　上級レベルの特徴として、詳しい説明や叙述ができること、段落で話せること、予期していなかった複雑な状況にも対応できることなどがあげられる。また、突然の状況では、「正確さ」が安定していないところも見受けられるが、中級と比べ、外国人の日本語に慣れていない人でもわかる程度になっている。

2.1.5.　GLJコーパス話し言葉編の関連資料

　GLJコーパス話し言葉編を用いた研究としては、李他 (2015)、村田・李 (2015、2016、2017) があげられる。村田・李 (2017) は、2015年8月にミュンヘン大学で開催されたドイツ語圏日本研究者会議 (http://www.japanologentag.org/index.htm、2020.12.10閲覧) の日本語教育セクションで発表した内容を論文にまとめたものである。ここでは、主にドイツ語圏で活動されている日本語教師、日本語教育の研究者に向けて、村田が代表で開発している本コーパスの開発・構築について述べ、コーパスを用いた研究の可能性について指摘した。

続いて、李他 (2015)、村田・李 (2015) は、開発の最終段階の時期にまとめたものであるが、GLJコーパスを用いて、客観テストであるSPOTの成績が日本語学習者の発話データをどの程度、説明できるかを調査し、本コーパスには学習者コーパスとしての妥当性があることを明らかにした。

　さらに、コーパスを利用した研究の1つとして、村田・李 (2016) では、同じOPIの手法で収集しているKYコーパスのデータと比較し、異なる学習環境で日本語を習得した学習者の発話にどのような特徴が現れるかを特に助詞の出現傾向に注目して調査したものである。その結果、自然な日本語のインプットが多いJSL環境（日本語学習者と母語話者との接触があるような地域で「第二言語としての日本語 (Japanese as a Second Language: JSL)」を習得する環境）の学習者のほうが、JFL環境（目標言語が話されていない地域で「外国語としての日本語 (Japanese as a Foreign Language: JFL)」を習得する環境）で学ぶ日本語学習者よりも、助詞の省略化や終助詞の習得が進んでおり、学習環境や日本滞在歴が言語の習得に大きく影響することを明らかにした。

3. ドイツ語話者日本語コーパス　書き言葉編

　本節では、学習者の書き言葉コーパスとして、GLJコーパスに収録されている書き言葉コーパスを紹介する。現在公開しているコーパスは、Version1.0であり、2017年5月〜2020年11月に収集したものである。GLJコーパスはコーパス名に「ドイツ語 (German)」を入れている。それは、開発初期の目的がドイツの日本語教育の発展にあったためであり、そしてドイツで学ぶ日本語学習者を対象としたものであったためである。ただし、この書き言葉編は現在、母語の影響についても比較研究できるようにセルビア語話者、日本語話者のデータも収集、公開している。

3.1. 調査デザイン

3.1.1. 調査協力者

　GLJコーパス書き言葉編の調査協力者は、ドイツ語を母語、またはドイツ語で教育を受けた日本語学習者、セルビア語を母語、またはセルビア語で教

育を受けた日本語学習者、そして日本語を母語、または日本語で教育を受けた大学生および大学院生を対象としている。調査協力者への依頼はGLJコーパス話し言葉編の収集時と同様であるため、2.1.1を参照してほしい。

3.1.2. 調査方法

　本コーパスデータの収集方法は基本的に次の（18）から（21）のとおりである。

（18）調査の趣旨を説明し、調査同意書の内容を確認したあと調査協力者から署名をもらう。

（19）学習者の背景を調査し、a.教育言語または母語、b.日本語学習歴、c.日本滞在歴などを確認した。

（20）「書く」課題のテーマを提示した。提示した内容は、次のd.からh.である。d.課題提示はその国の言語で行い、e.分量は400字から1,000字までとし、f.提出はコンピューターを使って自宅で書いたテキストをGoogleフォームを使用し、オンラインで提出してもらった。さらに、g.期間は課題提示後1週間以内に提出することとした。ただし、課題にかける時間制限は設けなかった。また、日本語学習者には、h.辞書などの使用は認め、日本人の友人や知人には手伝ってもらわないことを条件とした。

（21）日本語学習者のみ、客観テストのSPOTを受けてもらう。

　調査は、SPOTを受けてもらうところで一旦終了するが、日本語学習者には後日、作文のフィードバックを行った。

3.1.3. コーパスの特徴

　GLJコーパス書き言葉編の特徴は、以下（22）から（26）のとおりである。

（22）様々なレベルの学習者が扱えるテーマを提示している。

（23）高等教育を受けている大学生に適した社会的なテーマを扱っている。

（24）客観テストを実施している。

(25) 学習者背景を示している。

(26) 母語の異なる学習者データも収集している。

　まず、(22) 書く課題のテーマについてであるが、課題は「住みやすい国の条件とその理由」というテーマに設定した。このテーマに設定した理由は、どのようなレベルでも何か表現できるのではないかと考えたからである。例えば、「○○に××があります」といった存在文や「〜からです」といった理由文であれば、初級の早い段階で教科書に出てくるため、初級であっても初級の学習者なりに文を産出させることができる。さらに、習熟度があがるにつれて、抽象的な内容でも述べることができるため、様々なレベルの学習者に扱えるテーマなのではないかと考えたからである。

　次に、(23) 社会的なテーマを扱っていることについてであるが、「住みやすい国の条件とその理由」というテーマは、政治面からも、経済面からも、そして文化面からも記述することが可能である。本コーパスは対象者が大学生以上であるため、日本語は初級であっても、課題自体はやや抽象的であるほうが興味を持ってもらえるはずであるという点を考慮している。

　次に、(24) 客観テストを実施していることについては、本コーパスでもGLJコーパス話し言葉編と同様に、SPOT (2.1.3参照) を実施している。作文自体にレベル判定を行っていないため、本コーパスでは、このSPOTの判定基準をもとに習熟度を設定した。SPOTを利用している他の学習者コーパス、例えば、金澤裕之氏が中心となって公開されている『日本語教育のためのタスク別書き言葉コーパス』(金澤 (編) 2014) やI-JAS、伊集院郁子氏が中心となって構築している「日本・韓国・台湾の大学生による日本語意見文データベース」(伊集院・高橋2012) などとの比較も可能になる。

　(25) 学習者背景を示していることについては、2.1.3を参照してほしい。

　最後に、(26) 母語の異なる学習者データについてであるが、現在、この趣旨に賛同し、協力してくれているセルビア語を母語あるいは、第一言語とする日本語学習者、日本語を母語あるいは、第一言語とする大学生にも対象を広げ、コーパスデータを大きくしているところであり、「ドイツ語話者」という単一国の対象者から徐々に広げている。

3.1.4. GLJコーパス書き言葉編のデータサイズとサンプル

現在公開している Version1.0 のコーパスサイズを表3に示す。習熟度に関して、SPOT得点の解釈は初級36–55点、中級56–75点、上級76点以上である。

[表3] GLJコーパス書き言葉編の調査協力者情報

言語	習熟度 SPOT判定	協力者数	SPOT 平均得点	SPOT得点 標準偏差	学習時間 平均（ヶ月）
ドイツ語	初級	20	50.85	3.15	9.65
	中級	20	66.65	4.62	33.60
	上級	20	79.45	2.18	45.90
セルビア語	中級	20	67.35	4.46	45.30
日本語	／	20	／	／	／

　第2節で示したGLJコーパス話し言葉編が各レベル15名ずつ収録しているのに対して、GLJコーパス書き言葉編は、ドイツ語話者は初級、中級、上級の3レベルの日本語学習者、そして、セルビア語話者は中級日本語学習者、日本語話者の各20名ずつ合計100名分の作文が収録されている。また、表3のとおり、SPOTの平均得点をみると、ドイツ語話者の場合、初級から上級へとレベルが上がるにつれて、得点も上がる傾向にあり、セルビア語話者の中級レベルはドイツ語話者の中級レベルとほぼ同程度であることが確認できる。一方、学習時間の平均をみると、ドイツ語話者の初級と中級間の差は中級と上級間の差よりも広がっていることがわかる。

　続いて、表4では、コーパスのデータサイズとして、作文の延べ語数と総文数を示す。

[表4] GLJコーパス書き言葉編のデータサイズ

言語	習熟度SPOT判定	協力者数	延べ語数	総文数
ドイツ語	初級	20	5,076	417
	中級	20	7,310	393
	上級	20	7,544	366
セルビア語	中級	20	4,853	279
日本語	／	20	6,759	261

延べ語数、総文数は、UniDic+MeCabの解析結果に基づいて計算延べ語数は記号、空白、未知語は除いて算出した

　表4のとおり、ドイツ語話者の場合、初級から上級へとレベルが上がるにつれて、延べ語数が増えるのに対して、総文数が減少しているため、一文が長くなっていることを示している。セルビア語話者の場合、ドイツ語話者の中級と比べると全体的に産出量が少ない。そして、日本語話者の場合は、延べ語数と総文数の割合を見ると、学習者に比べ、一文が長いことがわかる。

　以下、ドイツ語話者の学習者の作文の例を一部紹介する。(27) は初級学習者の、(28) は中級学習者の、そして (29) は上級学習者の発話サンプルである。下線は筆者が読みにくさを考慮し、訂正した箇所、[　] は訂正後の語を示す。(　) 内は学習者ID番号、「Ger」はGermanyの略である。

(27) ドイツ語話者初級日本語学習者作文 (Ger70)

　　　国のいい生活の条件がたくさんあります．政治は親切です．経済はよいで，人はお金があります．冬に天気はさむくて，夏に暑いです．町はきれいです．町に公園や図書館や大学や美術館などが色々あります．町の座賃 [家賃] は安いです．国でお祭りがあります．人は多くないですが，生産的です．人は月曜日から金曜日まで働いて，週末遊んでします [遊びます]．人の中でだれも悪いで，人々は親切です．外国と国の繋がりは平和的です．大自然はきれいです．水を飲むことができます．食べ物がたくさんあって，高くないです．動物は権利があります．動物虐待はいけません．そして，無機肥料の使用はいけません．やさいと果物の輸入はいいですが，食べ物は季節的．戦争がありません．尊重はとても大切ですよ．子どもは学校へ行きますが，点 [成績] がありません．生

徒の奨励は個性的です．学校は終わってから，生徒は大学に入ってもい
いです．心境［宗教］の自由と国権は国の基本です．人々は政治のパー
テイシペーションをすることができます．毎度，住民投票があります．
需用［重要］ですが，人権です．

　初級レベルの作文の特徴は、存在文「〜があります」や名詞文「〜です」
など単純な文が多い。指示詞などもほとんど使われておらず、文の羅列が特
徴である。加えて、日本語で打つことに慣れていないため、中級や上級と比
べてキーボードで打つ際の誤りが多いところが特徴としてあげられる。ド
イツ語と日本語では、キーボード上の文字の配列が異なり、yとzの位置が逆で
あるからであることから、「家賃」が「座賃」になるような誤りも確認でき
た。

(28) ドイツ語話者中級日本語学習者作文 (Ger11)
　　人生が良い国の条件
　　それは独立していて、強い経済を持っているべき国です。経済が強くな
　　ると、賃金も上昇したり、下層の生活水準も中産階級とだんだん横並び
　　になるので、ほとんどの人々が消費財［消費税］や、高級品や、ろくな
　　［十分な］アパートを買えります［買えます］。それや［それに］便利な
　　インフラや選択の自由や言論の自由や意思の自由などは満足している社
　　会にとって必要です。政府に嫌なことをさせられてはいけないので、国
　　民も政府も人権で法律を守るべきで戦争に参加しないほうがいいだと思
　　います。そして、学のある人々によって経済が強くなれるし、大規模な
　　（環境や社会や外交についての）問題を解決できるし、国を豊かな未来
　　に導けるしから、いい教育は非常に重要なことです。もちろん、きれい
　　な自然や、モダーンな施設とビルや、最先端の技術などのようなことも
　　大切ですが、上述したことより日常的だと思います。では、この条件を
　　満たす国があったら、ぜひ荷物を荷作りして、そこに住みたいです。

　中級レベルの作文の特徴は、文法的な誤りはあるものの、「ので」や「べ
き」「にとって」などの機能語を多用し、一文を長くしているところである。

「させられてはいけないので」といった複雑な表現も用いられるようになっているところが初級とを分ける特徴である。

(29) ドイツ語話者上級日本語学習者作文 (Ger08)
　　　私が生活したい国では自然がたくさんあります。政府が自然を守って、大切にします。家族と旅行したい時にどこでも旅行できます。どの場所が体にいいか悪いか心配したくないです。その理想の国には心配しなくてもいいです。他の国家と戦争しない方がいいです。国民が心配しないで平和に暮らせるのは一番大切です。平和に次ぐのは健康です。いい病院や保険などがないといけません。平和や健康は最も大切なことだと思います。病気にかかるならいつでも医者に診察<u>されられたり</u>［してもらったり］、治療をもらったりできます。基本権利もかえりみるべきです。例えば自由にどこでも働いたり、引っ越ししたり、旅行したりすることが大切だと思います。言論の自由もとても大事なことです。国民が政府を批判できた方がいいだと思います。批判できるのは改善や発言権の意味だと思います。その国で社会がかんだいで、外国人を受け入れます。女性が同じ仕事で同じ給料をもらったり、同じように部長や社長になったりできます。国の会社は自然を大切にして、会社員は休日が十分あるはずです。仕事を探す人は簡単に仕事を見つけます。子どもがいれば政府からお金をもらった方がいいです。そして、学校で子どもがよく助長されます。子どもが将来に国の首脳になりますから国家が将来にもよく働くはずなら学校教育は大事です。

　上級レベルの作文の特徴は、確実に正確さが向上しているところである。しかし、表現では日本語母語話者とは異なる言い回しなど、母語の影響が出ていると思われる表現も散見されるところが上級の特徴であると言える。

3.1.5.　GLJコーパス書き言葉編の関連資料
　GLJコーパス書き言葉編を用いた研究としては、村田（2018、2019、2021予定）、村田他（2020）があげられる。
　まず、村田（2021予定）は、2018年8月にベルリン自由大学で開催されたド

イツ語圏日本学会議の日本語教育セクションで発表した内容を論文にまとめたものである。ここでは、本コーパスの開発・構築について述べ、コーパスを用いた研究の1つとして、ドイツ語話者の書き言葉を習熟度ごとに比較し、特に文頭、文末に表れる言語的特徴を調査した。

次に、コーパスを利用した研究の1つとして、村田 (2018) では、GLJコーパス書き言葉編の一部のデータを利用し、習熟度ごとにどのような言語的特徴が現れるのかを統計的な手法を用いて調査した。その結果、文構造の特徴として、文の長さでは習熟度による有意な差が、文の複雑さでは有意な傾向が見られた。語彙の使用では中級レベルからバリエーションが増えていく傾向が見られた。誤用数は習熟度が上がるにつれて減り、語彙や文法、文体が正しく使用されていくことが明らかになった。

次に、村田 (2019) では、初級と中級の作文に見られる言語形式、特に結束性に着目し、接続表現、指示表現、メタ言語がどのように用いられているのかを調査した。その結果、習熟度によって、使用される表現と誤用のタイプが異なることが明らかになり、レベルに適した指導の必要性を示唆している。

最後に、村田他 (2020) では、本コーパスを用いて、社会的背景の異なるドイツ、セルビア、日本の学生が「住みやすい国の条件とその理由」をどのように捉えているのか、国による違いがどのような形で現れるかを定量的に分析し、「ことば」の裏に潜むある国の歴史や人々の背景を読み解いていく調査を行った。その結果、同じ課題でもそこに書かれた内容や用いられた表現は、彼らの教育を受けた環境やそれまでに得た経験によって異なることが明らかになった。具体的には、ドイツの大学生の作文では、現在の移民や難民の受入れや政治の右傾化などが、セルビアの大学生の作文では、2000年ごろになって、ようやく共産主義から資本主義へと移行した社会の不安定さが、そして、日本の大学生の作文では、留学生という立場を経験したことなどが反映されていた。このような研究成果をふまえ、異文化間能力を育成するための活動にコーパスを教材として利用することを提案している。

4.　今後の展開

今後の展開として、調査協力者を増やし、データを発展させていくために

以下の3点を考えている。

(30) 同一調査協力者による同一テーマの話し言葉と書き言葉のデータ収集
(31) 他言語を母語とする日本語学習者のデータ収集
(32) コーパスを利用した研究

　まずは、(30) GLJコーパス話し言葉編と書き言葉編で、同一調査協力者による同一テーマで収集したデータを揃えていくことを検討している。現在、GLJコーパス話し言葉編は、他のコーパスとの比較を可能にするためにOPIの手法でデータを集めている。しかし、「話す」と「書く」という産出活動の違いを比較するには、データ収集時の条件を揃え、同一調査協力者から、同一のテーマを用いて採取する必要があると言われている (Drieman1962、投野2008)。そのため、今後は、調査協力者には、可能な限り話し言葉と書き言葉の2種類のデータ収集に協力してもらい、書き言葉と同じテーマでの話し言葉のデータを収集し、公開していく予定である。次に、(31) 様々なレベルのデータや、ドイツ語やセルビア語以外の言語を母語とする日本語学習者のデータを収集していくことを検討している。ドイツ語話者を対象として始めたデータ収集であるが、現在、セルビア語、日本語と少しずつ言語を増やしている。現地の日本語教育の専門家の方々の協力なしには続けられないが、今後もコーパス構築を継続していきたい。また、(32) コーパスを利用した研究を行い、公開していくことが重要である。コーパス開発は、量的分析を行うために始めたものである。量的分析と質的分析は互いに相補的な関係であるべきであり、量的分析で得られた結果から仮説を立て質的分析を行う、あるいは質的分析で得られた結果から量的分析を行い実証するといった両分析手法を行き来しながら研究を深めることが重要である (小林2010、樋口2014、李 (編) 2017)。この指摘に従い、今後は、コーパスを利用し、質的分析と量的分析の両分析を活性化させていきたい。

5.　終わりに

　本章では、コーパス研究に必要なコーパスの構築について、その一例とし

て、筆者が代表となり開発しているコーパスを2つ紹介した。コーパスを用いた研究は、1990年代以降、PCなどの技術的な発展により、個人でも容易に扱える環境が整ったことから、英語教育を始め、日本語教育でもコーパス開発とコーパスを用いた研究が進んでいる。技術的には容易になったとはいえ、コーパス開発に関して言えば、学習者の言語データを大量に収集するのは簡単なことではない。I-JASは、12言語、1,000人の言語データが収録されている貴重なコーパスであるが、開発には時間とコスト、そして国内外の多くの研究者が携わった大規模プロジェクトである。12言語の異なる母語の学習者を対象としている点は、これまでの学習者コーパスの母語が中国語や韓国語に偏っていたことを考えると非常に画期的なものである。しかし、それでも世界を見渡すと、その12言語に含まれない母語をもつ日本語学習者も大勢いるはずである。筆者のように海外で日本語教育に従事している教師が、日々接している学習者の言語データに注目すれば、それは紛れもなく貴重なデータであり、少しずつ収集していくことで、いずれ利用価値の高いコーパスになるはずである。筆者が開発しているコーパスも、まだ十分とは言えないが、その小規模なコーパスの見本になりうるものと考えている。

●さらに勉強したい人のために

李在鎬・石川慎一郎・砂川有里子（2018）『新・日本語教育のためのコーパス調査入門』くろしお出版
　本書の特徴は、コーパスが何であるか、どのようなコーパスがあるか、データの活用方法、コーパスを利用した研究事例、コーパスの作り方などが詳しく、そして平易な言葉で分かりやすく書かれている、タイトル通りの入門書である。

迫田久美子・石川慎一郎・李在鎬（編）(2020)『日本語学習者コーパス I-JAS入門』くろしお出版
　I-JAS（多言語母語の日本語学習者横断コーパス）は、2020年現在、日本語学習者コーパスとしては最大のデータを収集した大規模コーパスである。本書では、I-JASの構築理念・構築過程および収集したデータの概要が書かれ、日本語習得研究・日本語教育への応用可能性について解説されている。

●付記

本章は、令和2年度に東京都立大学大学院人文科学研究科に提出した博士学位論文『「話し言葉」と「書き言葉」をめぐるコーパス研究と実践―ドイツ語圏の日本語教育を対象として―』の一部に加筆・修正を行ったものです。博士論文執筆にあたりご指導くださった主査の奥野由紀子先生、副査のダニエル ロング先生、長谷川守寿先生に心から感謝申し上げます。また、データ収集にご協力くださったセルビア大学のディヴナトリチコヴィッチ先生、早稲田大学の李在鎬先生、および各機関の学生のみなさまに厚くお礼申し上げます。

●参考文献

Drieman, G.H.J.（1962）Differences between written and spoken language: An exploratory study. In *Acta Psychologica* 20: pp.36–57.

樋口耕一（2014）『社会調査のための計量テキスト分析―内容分析の継承と発展を目指して』ナカニシヤ出版

伊集院郁子・高橋圭子（2012）「日本・韓国・台湾の大学生による日本語意見文の構造的特徴―『主張』に着目して」『東京外国語大学国際日本研究センター日本語・日本学研究』2: pp.1–16, 東京外国語大学国際日本研究センター

鎌田修・嶋田和子・三浦謙一（編）(2020)『OPIによる会話能力の評価―テスティング、教育、評価に生かす』凡人社

金澤裕之（編）(2014)『日本語教育のためのタスク別書き言葉コーパス』ひつじ書房

小林典子（2015）「SPOT」李在鎬（編）『日本語教育のための言語テストガイドブック』pp.110–126, くろしお出版

小林雄一郎（2010）「テキストマイニングによる学習者作文における談話能力の測定と評価」『STEP BULLETIN』22: pp.14–29.日本英語検定協会

李在鎬（編）(2017)『文章を科学する』ひつじ書房

李在鎬・村田裕美子・小林典子・酒井たか子（2015）口頭発表「日本語学習者の発話量と言語テストの得点の関連性について」計量国語学会第59回大会

村田裕美子（2018）「ドイツ語を母語とする日本語学習者の作文に見られる言語的特徴―習熟度の差は産出にどう現れるのか」『第二言語としての日本語の習得研究』21: pp.61–76, 第二言語習得研究会

村田裕美子（2019年9月6日）口頭発表「書き言葉の習得―作文の分析からみえる言語使用の現状と課題」第32回日本語教育連絡会議（オーストリア、ウィーン大学）

村田裕美子（2020）「『話し言葉』と『書き言葉』をめぐるコーパス研究と実践―ドイツ語圏の日本語教育を対象として」東京都立大学大学院人文科学研究科博士論文（未公刊）

村田裕美子（2021予定）「ドイツ語話者の書き言葉コーパスの開発」Beiträge zum Japanologentag 2018 in Berlin, Sektion Japanisch als Fremdsprache: Schriften der Gesellschaft für Japanforschung.

村田裕美子・トリチコヴィッチ ディブナ・李在鎬（2020年9月19日）口頭発表「異文化間能力の育成を目指す計量テキスト分析―ドイツ・セルビア・日本の学生を対象に」第64回計量国語学会（オンライン開催）

村田裕美子・李在鎬（2015）「言語テストに基づくドイツ人学習者の対話型コーパス構築」『ヨーロッパ日本語教育』20: pp.195–200, ヨーロッパ日本語教師会

村田裕美子・李在鎬（2016）ポスター発表「JFL環境におけるドイツ人日本語学習者の「助詞」の特徴」2016年度日本語教育学会秋季大会

村田裕美子・李在鎬（2017）「ドイツ語話者の話し言葉コーパスの開発」Beiträge zum Japanologentag 2015 in München, Sektion Japanisch als Fremdsprache: pp.1–19, Schriften der Gesellschaft für Japanforschung, Band 2.

迫田久美子・石川慎一郎・李在鎬（編）(2020)『日本語学習者コーパス I-JAS入門』くろしお出版

投野由紀夫（2008）「NICT JLE VS. JWFLL:n-gramを用いた語彙・品詞使用の発達」『英語コーパス研究』15: pp.119–133.

山内博之（2009）『プロフィシェンシーから見た日本語教育文法』ひつじ書房

4 仮説に基づいた最適・最短なコーパス頻度解析

様態と結果の副詞の動詞句内における定位置と動詞との共起パターン

玉岡賀津雄

概要

　本章では、仮説を検証するための統計的な解析法を紹介する。様態と結果の副詞は動詞句内に定位置があるといわれている。まず、動詞句内の定位置を検討するために、毎日新聞の9年間分のコーパスを使って検索した。そして、カイ二乗分布を利用した独立性の検定と適合度の検定で頻度を解析した。その結果、様態の副詞は動詞句内の目的語の前と動詞の前の両位置に位置し、結果の副詞は動詞の前に位置することが示された。さらに、両副詞と動詞の共起パターンをエントロピーと冗長度の指標で示し、独立したサンプルの t 検定で比較した。そして、様態の副詞は多様な動詞と、結果の副詞は特定の動詞と共起し易いことを示した。さらに、動詞との共起パターンには様態と結果という分類では示せない副詞があることをクラスタ分析で記述的に描いて示した。

キーワード　独立性の検定／適合度の検定／エントロピー／クラスタ分析

1.　はじめに：コーパス頻度を使った仮説検証

　どんな研究でも同じであろうが、コーパス頻度を利用した研究においても、著者が最も重要だと思うのは、理論的な仮説を持っているかどうかである。つまり、何のためにコーパスを使って頻度を調べるのかという理由である。ある理論に基づいた仮説があれば、それを証明するために、「最適」な

コーパスを使って頻度を調べ、最も端的な統計解析により「最短」で証明ができる。

　コーパス頻度は、基本的に正規分布を仮定しないノンパラメトリックなデータである。そこで、まず著者が行ったコーパス頻度のデータをそのまま適用した研究を紹介する。それは、動詞句内の様態と結果の副詞の位置についての仮説を証明した研究である（難波・玉岡 2016a）。この研究では、カイ二乗分布を使った独立性の検定と適合度の検定を使っている。さらにこの研究は、様態と結果の副詞がどのような動詞と共起するかをエントロピーと冗長度の指標で示し、t検定で比較している（難波・玉岡 2016b）。さらに、様態と結果の副詞のエントロピーと冗長度を算出して、クラスタ分析を行い、二次元の散布図に描いている。本章では、これらの一連の研究を詳細に紹介する。

2.　様態と結果の副詞の動詞句内の位置の検証

　計量的な分析を使った研究では、仮説が前提となる。そのためには、先行研究をしっかりと検討しておかなくてはならない。本章では、研究の例として、様態と結果の副詞に関する仮説を説明する。

　Cinque（1999）は、特定の副詞が特定の機能範疇の指定部に生起するとして、英語を含むロマンス諸語の副詞類の階層的配列順序を提案している。こうした機能範疇の階層構造は、日本語にも反映されているとして、日本語の副詞類の階層的配列順序が示されている（孫・小泉 2011）。これらの副詞のなかで、小泉・玉岡（2006）は、心理言語学分野の文処理の実験で測定した反応速度から、様態と結果の副詞は、SAdvOV（Sは主語、Advは副詞、Oは目的語、Vは動詞）あるいはSOAdvVの両者が基本語順であるとした（詳細は、小泉・玉岡の論文を参照のこと）。そして、これらの副詞は、動詞句内に生起するとし、動詞句副詞であると呼んだ。しかし、これらの副詞は、さらに動詞句内での定位置あるいは無標の位置がより厳密に限定されるのではないかと思われる。具体的には、様態の副詞はSAdvOVであり、結果の副詞は動詞との関係が密であるためSOAdvVが定位置ではないかという仮説が立てられる。難波・玉岡（2016a）は、この仮説を検証した研究である。

2.1. コーパスの選択とコーパスサイズ

　様態と結果の副詞が文中、とくに動詞句内で使われる頻度を調べるために、まず使用するコーパスとサイズ（語数あるいは形態素数）を決めなくてはならない。様態と結果の副詞と共起して動詞が主語（省略も含む）と目的語をとる条件の文を検索するとすれば、かなり大規模なコーパスが必要になる。そこで、難波・玉岡（2016a）は、1991年から1999年に発行された毎日新聞の9年間分のコーパスを使用した。このコーパスサイズは、273,541,662形態素数（以下、約2.74億サイズと示す）である。なお、『和布蕪』MeCab 0.996（工藤他 2004）で解析される形態素は、言語学で定義するところの意味上の最小単位とは異なる。たとえば、固有名詞の「愛知時計電機」は、「愛知」「時計」「電機」で3語であるが、形態素1つとして数えられる。そのため、形態素数2.74億というコーパスサイズは、言語学で定義される形態素で数えた場合よりも大きい。

　参考までに、コーパス研究に頻繁に使用される『現代日本語書き言葉均衡コーパス』（BCCWJ、国立国語研究所、http://pj.ninjal.ac.jp/corpus_center/bccwj/ を参照）は、約1億語である。ただし、このBCCWJと呼ばれるコーパスは、書籍（約6,270万語）が最も多く、約63％を占める。書籍は、特定の著者によって書かれており、特定の著者が持つ個性の影響を受けやすい。一方、新聞は政治、経済、芸能、スポーツ、刑事事件、法律、クッキング、インターネット、コンピュータ、ファッションなど多様な内容の記事が多数の新聞記者によって一般大衆に向けて書かれている。新聞記事は、標準的な日本語表現で書くことが意図されていると考えられる。BCCWJ よりも、2倍以上のコーパスサイズの毎日新聞コーパスを使用することは、難波・玉岡（2016a）の仮説検証によく合致しているといえる。

2.2. 検索対象の副詞の選択

　小泉・玉岡（2006）では様態の副詞を23語、結果の副詞を24語採用して実験を行っている。難波・玉岡（2016a）でも、これらすべての副詞を検索対象とすべきであろう。しかし、結果の副詞に「白く」「U字型に」などがあり、他に類似した「黒く」「V字型に」が容易に想定される。これらの類似語をどこ

まで検索対象とするかの判断は難しいので、難波・玉岡 (2016a) では検索対象から除外している。また、先行研究の小泉・玉岡 (2006) では、「熱心に」といった副詞句や形容詞「細かい」「細い」の連用形「細かく」「細く」といった副詞的要素も含まれているので、これらも検索に含んだ。なお、ここでは厳密には副詞に分類されないような副詞的表現も含んで、一般に「副詞」と呼ぶ。最終的に、様態の副詞23語、結果の副詞17語を検索対象の副詞として検索している。様態の副詞と結果の副詞には語数の差があるが、カイ二乗分布を使った検定では、独立性の検定は比率を使い、適合度の検定では副詞別の頻度を分析するので、結果に影響しない。なお、カイ二乗分布を使った検定については、具体的な頻度を使って本章の分析のところで詳細に説明する。最終的に毎日新聞の約2.74億サイズで検索した副詞は、以下のとおりである。

様態の副詞 (n=23)：ゆっくり、ちびちび、こっそり、そっと、もりもり、さっさと、テキパキ、ペラペラ、せっせと、ころころ、すばやく、ボキッと、きっぱり、こわごわ、ぼんやり、じっと、のんびり、さらりと、どんどん、難なく、うまく、のろのろ、熱心に

結果の副詞 (n=17)：こなごなに、かちかちに、ペシャンコに、細かく、細く、星形に、ばらばらに、人肌に、柔らかく、かたく、パリパリに、びしょびしょに、どろどろに、カリカリに、熱く、まるく、ピカピカに

2.3.　毎日新聞の検索エンジン『茶漉』

　あまり知られていないようであるが、共起頻度が検索し易いように設定されたパデュー大学の『茶漉』(http://tell.cla.purdue.edu/chakoshi-wiki/) と呼ばれるコーパス検索エンジン (Linux上でC言語を使用) がある (深田 2007)。『茶漉』の製作者は、パデュー大学教授の深田淳である。言語コーパスを検索可能なデータファイルに変換する段階で形態素解析システム『茶筌』(奈良先端科学技術大学院大学自然言語処理学研究室で開発) を用いていたが、茶筌を用いて立てたお茶 (データ) から必要な情報のみを漉し取るシステムという意味で『茶漉』と命名したそうであ

る。ただし、現在の『茶漉』の形態素解析にはMeCabが使われている。

　『茶漉』のサイトに入ると、「茶漉一般公開サイト」がでてくる。これをクリックすると、ユーザーネームもパスワードも入力することなく検索サイトに入れる。ただし、ここで検索できるのは、「青空文庫」と「名大会話コーパス」のみである。「青空文庫コーパス」は、青空文庫 (http://www.aozora.gr.jp) に収録されている文学作品のうち、現代語で書かれているものを許諾の上、選んでコーパス化したものである。コーパスに収録されている作品は、サイトの説明に挙げられている。もちろん、著作権の無くなった小説のコーパスであるため、現代語だけを選んでいるとはいえ、やや古い日本語表現になる。

　一方、「名大会話コーパス」は、2001年から2003年頃に名古屋大学の大曾美惠子先生が研究代表者であった「科学研究費基盤研究（B）」の一環として作成されたものである。2名から4名の話者による約100時間の雑談 (女性が161名、男性が37名) が収録されている。日本語の会話を文字化したデータであり、このコーパスは無料で自由に使用できるので貴重である。『茶漉』サイトの左上に「パデュー大学茶漉サイト」というのがある。これはアクセス制限があり、ユーザーネームとパスワードが必要である。このサイトへのアクセスについては、深田淳氏に直接メールで問い合わせて許可を得なくてはならない。条件を満たせば、無料で使用できるはずである。ここにアクセスすると、さまざまなコーパス検索ができる。『茶漉』で検索できるコーパスとサイズは表1に示したとおりである。すべてを検索すると約6.65億形態素数になる。

　『茶漉』では、毎日新聞の検索したい年を選ぶことができる。たとえば、図

[表1]　『茶漉』で検索できるコーパスとサイズ

コーパスの出典	形態素数
名大会話コーパス	2,025,113
青空文庫（小説集）	8,589,963
CASTEL-J（講談社ブックス等）	3,061,913
CASTEL-J（寅さんシナリオ）	767,746
毎日新聞20年分	650,821,986
合　　計	665,266,721

1のように2008年から2010年を選んでクリックすると3年間のコーパスから検索することができる。様態と結果の副詞についても、すべてを検索することも可能であるが、検索数が多いと、後ですべてを目視で確認するのが大変である。そこで、1991年から1999年に発行された毎日新聞の9年間分として検索した。なぜ2000年以降のコーパスを使用しなかったかというと、難波・玉岡 (2016a) の研究のためにコーパス検索を行った2015年5月当時は、『茶漉』でまだ2000年以降の毎日新聞の検索ができなかったからである。

コーパス指定: 🔘

☐ 名大会話コーパス【利用上の注意】

☐ CASTEL-J (講談社ブックス等)

☐ CASTEL-J (寅さんシナリオ)

☐ 青空文庫(小説集)【詳細】

毎日新聞				
☐ 1991年	☐ 1992年	☐ 1993年	☐ 1994年	☐ 1995年
☐ 1996年	☐ 1997年	☐ 1998年	☐ 1999年	☐ 2000年
☐ 2001年	☐ 2002年	☐ 2003年	☐ 2004年	☐ 2005年
☐ 2006年	☐ 2007年	☑ 2008年	☑ 2009年	☑ 2010年
全部選択	全部選択解除			

[図1] パデュー大学『茶漉』の検索エンジンサイト

2.4. コーパス頻度の集計とカイ二乗分布を使った検定

日本語は主語が頻繁に省略される空主語言語 (empty subject language; null subject language) である。そのため、主語のない文が多い。難波・玉岡 (2016a) の研究では、動詞句内における様態と結果の副詞の語順を考察することを目的としている。主語の有無は、様態と結果の副詞の動詞句内の頻度検索には影響しない。そこで、目的語の前後に生起する副詞については、主語を伴うものおよび主語が明示されていないものも頻度計算に含んでいる。表2には、(S) *Adv*OV あるいは (S) O*Adv*V と示した。(S) は、主語の省略を意味する。ま

た、動詞と目的語がなくては動詞句内の位置が判定できないので、これらの2つは必須要素とした。以上のアプローチで、様態と結果の副詞を含む文を『茶漉』で検索した結果、対象となった目的語を伴う他動詞の文の数は、様態の副詞が6,800文、結果の副詞が1,125文であった。これらの文をすべて目視で語順を確認して、様態と結果の副詞の文中での生起位置の頻度を調べた。頻度とその割合は表2に示したとおりである。

[表2]　他動詞と共起する副詞の基本語順の頻度とその割合

副詞の種類	*Adv*SOV		(S) *Adv*OV		(S) O*Adv*V	
	頻度	割合 (%)	頻度	割合 (%)	頻度	割合 (%)
様態 (*n*=23)	114	1.7	3,288	48.4	3,398	50.0
結果 (*n*=17)	15	1.3	202	18.0	908	80.7

　副詞の種類が2つ、語順が3つなので2×3のクロス集計表になる。具体的には、様態の副詞は、主語の前にくる*Adv*SOVの語順が114件 (1.7%)、主語の後で目的語の前にくる (S) *Adv*OVの語順が3,288件 (48.4%)、他動詞の直前にくる (S) O*Adv*Vの語順が3,398件 (50.0%) あった。一方、結果の副詞は、主語の前が15件 (1.3%)、主語の後で目的語の前が202件 (18.0%)、他動詞の直前が908件 (80.7%) であった。ただし、表2の頻度をみると、主語の前に副詞がくる*Adv*SOVの語順は2%未満である。この段階で、すでにこの語順は稀であることがわかる。もともと難波・玉岡 (2016a) で問題にしているのは、動詞句内の定位置なので、様態と結果の副詞の (S) *Adv*OV と (S) O*Adv*V の語順として、表2の灰色部分の2×2のクロス集計表として検証するのが目的と合致している。
　カイ二乗検定と呼ばれる検定には、独立性の検定と適合度の検定の2種類がある。まず独立性の検定について説明する。2つの事象が同時に存在し、それらの事象がともに関係なく独立した関係であることが、独立性の検定の帰無仮説である。つまり、2種類の副詞と2種類の語順がお互いに影響せず、副詞によって語順に偏りがないという意味である。2つの事象が独立してい

る場合の期待確率は、2つの事象の積になる。具体的には、様態と結果の副詞の頻度の比率は、様態が0.8576（6,686回/7,796回、小数第5位で四捨五入）であり、結果が0.1424（1,110回/7,796回）である。また、(S) *Adv*OVと (S) O*Adv*Vの語順の比率は、(S) *Adv*OVが0.4477であり、(S) O*Adv*Vが0.5523である。様態で (S) *Adv*OVになる期待確率は、両者の比率の積で、0.8576×0.4477=0.3839となり、期待確率は、38.39%となる。そして、期待度数は2,993回（小数第1位四捨五入）となる。しかし、実際の頻度（観測度数）は3,288回なので、かなり多い。同様に、残りの3つの組み合わせについても期待頻度を計算する。そして、実際の観測頻度と比較した場合に、有意な違いがない場合は、副詞と語順が独立していることになる。

　ここでは、IBM SPSS Statisticsによる分析を簡単に示す。メニューから「分析」→「記述統計」→「クロス集計表」で行列に副詞と語順の変数を入れて（行列はどちらに入れても結果は同じ）、「統計量」で「カイ二乗」を選択して実行する（詳細は、SPSS統計ソフトの使用法を書いたテキストやWebサイトを参照のこと）。カイ二乗分布を使った独立性の検定の結果、[$\chi^2(1) = 369.49, p < .001$] であり有意であるため、2つの事象は独立していないことがわかる。つまり、様態と結果の副詞で、動詞句内の生起位置（語順）が異なることを示している。そこで、様態と結果の副詞を別々に、カイ二乗分布を使った適合度の検定で検証する。

　小泉・玉岡（2006）の文処理の実験では、様態および結果の副詞はいずれも動詞句内に生起すると仮定された。それはコーパス頻度であれば、(S) *Adv*OVと (S) O*Adv*Vの語順において、ほぼ同じ頻度で生起することが予想され、いずれも50%の期待確率であると仮定される。これを帰無仮説とする。適合度の検定では、帰無仮説における期待頻度である50%に対して、実際のコーパス頻度の当てはまりの良さを検定する。難波・玉岡（2016a）では、様態の副詞は、(S) *Adv*OVが3,288回で、(S) O*Adv*Vが3,398回である。50%の期待確率だと、(S) *Adv*OVも (S) O*Adv*Vも3,343回になる。この違いが偶然であるかどうかを検討するのが適合度の検定である。

　計算をIBM SPSS Statisticsで行うとすれば、メニューから「分析」→「ノンパラメトリック検定」→「過去のダイアログ」→「カイ二乗」を選択して、変数を決めて、「全てのカテゴリが同じ」で実行する。その結果、様態の副詞については、[$\chi^2(1) = 1.81, p = .179, ns$] であり有意ではなく、帰無仮説が採

択された。これは (S) *Adv*OV も (S) O*Adv*V の頻度に違いがないことを示す。つまり、小泉・玉岡 (2006) の様態の副詞についての実験結果は、コーパス頻度でも支持されたことになる。同様に、結果の副詞についても同じ分析をすると、[$\chi^2(1) = 449.04$, $p < .001$] で、結果の副詞は (S) *Adv*OV ではなく、(S) O*Adv*V の位置に圧倒的に多く生起することが示された。つまり、結果の副詞は、(S) O*Adv*V の語順で多くみられることがわかった。

　ここで分析結果を要約すると、主語の前にくる *Adv*SOV の語順は様態と結果の副詞の基本語順ではないことは表2から容易に判断される。様態の副詞は、(S) *Adv*OV と (S) O*Adv*V の両者の語順がほぼ同じ頻度となった。これは、小泉・玉岡 (2006) の心理言語学的な文処理の結果と同じである。つまり、動詞句内であれば、(S) *Adv*OV または (S) O*Adv*V のいずれの語順も取り得ることを示している。一方、結果の副詞は、(S) O*Adv*V の語順が、(S) *Adv*OV の語順よりも頻繁にみられた。結果の副詞については、(S) O*Adv*V の語順が好まれる語順であり、動詞の直前が定位置であることが示された。

2.5.　検証結果の解釈

　カイ二乗分布を使った独立性の検定と適合度の検定によって、様態と結果の副詞で動詞句内での定位置が異なることが示された。それでは、結果の副詞は動詞句副詞 (Koizumi 1993、小泉・玉岡 2006) とされながら、なぜ (S) O*Adv*V の語順が頻繁にみられたのであろうか。

　影山 (2001) は、結果述語 (結果の副詞) と共起する動詞は、かなり慣習化していることを指摘している。慣習化の例として、「カリカリに揚げる」「カチカチに固まる」などが挙げられている。このように、結果の副詞は、ある行為の結果起こった状態を具体的に述べるため、動詞との結びつきが強く、(S) O*Adv*V の語順を取るのだと考えられる。また、長谷川 (1999) も、結果句 (結果の副詞) には共起する動詞に制限があるとしている。これらの研究から、結果の副詞が慣習化して使用される傾向があることが裏付けられる。小泉・玉岡 (2006) の心理言語学的な文処理実験では、基本語順を1つに限定できなかったが、大規模な新聞コーパスの検索により、影山 (2001) や長谷川 (1999) では、結果の副詞の基本語順が (S) O*Adv*V であることが示された。

一方、様態の副詞の基本語順は、(S) O*Adv*V と (S) *Adv*OV がほぼ同じ頻度で生起した。つまり、小泉・玉岡 (2006) の心理言語学的な文処理の結果と同じで、動詞句内副詞として、SO*Adv*V と S*Adv*OV の両方が基本語順と考えられる。様態の副詞は、抽象的であり、激しさ、早さ、強さなど動作のさまざまな局面に言及することができ、共起する動詞の種類が多くなる傾向がある (仁田 2002)。そのため、様態の副詞には多様性があり、目的語の名詞句の前にきて S*Adv*OV の語順を取ったり、動詞との結びつきが強い場合は (S) O*Adv*V の語順となったりする傾向があるのではないかと考えられる。分析の結果から先行研究と照らして、以上のような考察ができた。

2.6. 共起頻度の指標化

　さて、ここまで紹介した難波・玉岡 (2016a) の研究には続きがある。この研究を基にして、さらに 2 つの仮説が浮かび上がる。第 1 に、結果の副詞が動詞の前に生起して、動詞との結びつきが強いのであれば (影山 2001、長谷川 1999)、特定の動詞と頻繁に共起するのではないか。また、様態の副詞が多様な局面を示すのであれば (仁田 2002)、さまざまな動詞と共起するのではないか。つまり、動詞との共起において、両副詞が異なるパターンを示すのではないかという仮説である。第 2 に、様態と結果の副詞という 2 分類では、これらすべての副詞を完全に区別できないのではないかという仮説である。これらの 2 つの仮説を検討したのが難波・玉岡 (2016b) である。ここでは、それを詳細に解説する。

　第 1 の仮説については、難波・玉岡 (2016a) が、結果と様態の副詞が動詞と共起する異なり頻度 (type frequency) と延べ頻度 (token frequency) を数えて、エントロピーと冗長度を使って共起頻度を指標化 (玉岡 2011) することで、両副詞の動詞との共起パターンを比較することができる。手順としては、動詞との共起頻度が低かった結果の副詞の 2 語を外して、様態の副詞 23 語と結果の副詞 15 語の合計 38 語が動詞と共起して出現するすべての文を抽出し、個々の副詞と共起する動詞の異なり頻度と延べ頻度を数える。そして、個々の副詞について、エントロピー (entropy) と冗長度 (redundancy) を算出する。

　エントロピーは情報量の尺度の一つであり、何が起こるか予測がつかない

という曖昧さや乱雑度の増減を示す指標である。また、冗長度は一つの情報が繰り返し用いられる程度を示し、表現の多様性と使用頻度から一つの値を算出して、無駄の程度を表すことで出現の偏重性を示す指標である（有本 1980; 言語研究への応用は、玉岡 2011、2016、玉岡他 2003、Tamaoka et al. 2004、玉岡他 2011 を参照）。エントロピーと冗長度は、出現頻度に比較的左右されることなく、一つの数値で共起パターンを示すことができる。ただし、あまりに共起頻度が少ない場合は数値が歪んでしまうので注意しなくてはならない。難波・玉岡 (2016a) の個々の副詞についての計算結果は表3 (エントロピーの大きい順に表示) に示した。なお、両指標については、玉岡 (2011) が Excel を使った計算方法を詳細に解説しているので参照のこと。

　エントロピー(H) は、Claude E. Shannon が『通信の数学的理論 (A Mathematical Theory of Communication)』(1948) で発表した概念であり、以下の式で求められる。

$$H = -\sum_{j=1}^{j} \frac{\text{ある動詞の頻度}}{\text{延べ頻度}} \times log\,2\,\frac{\text{ある動詞の頻度}}{\text{延べ頻度}}$$

　また、冗長度 (R) は、表現の種類と使用頻度に基づいて無駄の程度を表す指標である。情報の偏重性の指標とも解釈できる。冗長度 (R) は、エントロピーとエントロピー最大値 (最も不規則な状態) で、以下の式で求められる。

$$R = \left(1 - \frac{\text{エントロピー}}{log\,2\,\text{動詞の異なり頻度}}\right) \times 100$$

　なお、エントロピーと冗長度が同じ指標でないかという議論もある。そこで、全副詞的表現 (N=38) について、両指標のピアソンの積率相関係数を計算した。その結果、相関係数は低く (N=38, r=0.03 ns)、この値は有意ではなかった。両指標の関係が無いことがわかった。副詞と動詞の共起パターンについて、エントロピーと冗長度は異なる側面の特性を示す指標であると考えられる。したがって、エントロピーと冗長度を異なる指標として扱っても問題はない。

[表3] 様態と結果の副詞の動詞との共起パターン（エントロピーと冗長度）

種類	副詞	共起動詞数	共起頻度	エントロピー	冗長度（%）
様態 (*n*=23)	どんどん	1,044	3,639	8.64	13.86
	ゆっくり	942	3,696	8.30	15.94
	そっと	362	854	7.79	8.35
	こっそり	269	488	7.62	5.56
	さっさと	184	359	6.71	10.87
	せっせと	160	308	6.65	9.24
	熱心に	301	1,349	6.64	19.33
	すばやく	105	143	6.53	2.67
	難なく	124	226	6.39	8.16
	うまく	1,062	8,867	6.05	39.77
	のんびり	165	536	6.00	18.51
	じっと	234	1,704	5.65	28.20
	さらりと	87	218	5.40	16.13
	ぼんやり	78	280	5.16	17.98
	こわごわ	40	55	5.09	4.44
	きっぱり	96	471	4.68	28.96
	テキパキ	29	44	4.63	4.63
	のろのろ	16	25	3.64	8.92
	ころころ	17	66	2.72	33.43
	ペラペラ	9	31	2.66	15.96
	もりもり	7	18	2.14	23.75
	ちびちび	5	10	1.96	15.55
	ボキッと	3	6	1.46	7.94
	平均	232	1,017	5.33	15.57
結果 (*n*=15)	細かく	48	388	3.95	29.30
	ばらばらに	17	28	3.77	7.74
	柔らかく	10	11	3.28	1.33
	熱く	10	16	3.13	5.93
	細く	18	61	2.68	35.72
	人肌に	5	5	2.32	0.00
	パリパリに	5	5	2.32	0.00
	こなごなに	6	12	2.28	11.64
	ピカピカに	10	28	2.28	31.35
	かたく	5	9	2.06	11.33
	星形に	4	4	2.00	0.00
	ペシャンコに	4	11	1.49	25.44
	まるく	2	2	1.00	0.00
	カリカリに	2	8	0.95	4.56
	どろどろに	2	4	0.81	18.87
	平均	10	39	2.29	12.21

2.7. 様態と結果の副詞の動詞との共起パターンの比較

　様態と結果の副詞と動詞の共起パターンを比較する。表3の共起する動詞数と共起頻度指標をみると、様態の副詞が平均で232の動詞と1,017回共起し、結果の副詞が平均で10の動詞と39回共起するので、頻度だけをみると様態の副詞のほうが多様な動詞と頻繁に共起するようにみえる。しかし、エントロピーと冗長度は、共起する動詞の種類や共起頻度の両方を考慮して動詞の共起パターンを指標化している。そのため、必ずしも絶対的な頻度で比較するわけではないので、分析して確かめてみなくてはならない。

　まず、様態と結果は異なる副詞群の独立したサンプルであると想定される。なお、コーパス頻度と違い、エントロピーと冗長度は、正規分布に近くなる。ここではエントロピーと冗長度の値で独立したサンプルのt検定を使って比較する。IBM SPSS Statisticsで行う場合、メニューから「分析」→「平均の比較」→「独立したサンプルのt検定」で「検定変数」を選び、「グループ化変数」に副詞の種類を選んで実行する。その結果、やはり頻度から予想されるように、様態の副詞のほうが結果の副詞よりも有意にエントロピーが大きかった［$t(36) = 5.297, p<.001$］。しかし、冗長度には有意な違いがみられなかった［$t(36) = .916, p=0.366, ns$］。エントロピーの値から、様態の副詞のほうが結果の副詞より多様な動詞と共起していることがわかった。

2.8. 様態と結果の副詞の動詞との共起パターンの分類

　ここまでは、様態と結果の副詞をグループ全体として比較した場合である。しかし、個々の副詞と動詞の共起パターンが、様態と結果の副詞という2分類で規定されるとは限らない。つまり、継続研究 (難波・玉岡 2016b) の第2の仮説である。そこで、階層的クラスタ分析 (以下、クラスタ分析) を使って個々の副詞を記述的に分析してみる。まず、クラスタ分析を行うには、変数の指標が同じでなくてはならない。個々の副詞のエントロピーと冗長度を、平均が0、標準偏差が1のz値で標準化してから、様態の副詞23語と結果の副詞15語の合計38語をクラスタ分析で分類した。クラスタ間の距離 (クラスタ化の方法) ではウォード法あるいはグループ内平均連結法が、個々の副詞間の距離

には平方ユークリッド距離が用いられることが多い。難波・玉岡 (2016b) では、グループ内平均連結法と平方ユークリッド距離の組み合わせで分析している。これは、判別分析を用いて比較した結果、グループ内平均連結法と平方ユークリッド距離の組み合わせが、他の組み合わせの方法よりも判別的中率 (97.4%) が高く、正確に分類されていたからである。本章では、クラスタ分析の結果について、判別分析を使って判別的中率を計算する方法については述べないが、張 (2021) で詳しく説明されているので参照のこと。

IBM SPSS Statistics でクラスタ分析を行う場合、メニューから「分析」→「分類」→「階層クラスタ分析」で、エントロピーと冗長度の「変数」を選び、「ケースのラベル」として副詞を選ぶ。そして、「作図」で「デンドログラム」を選んで、「クラスタ化の方法」で「グループ内平均連結法」を、副詞間の距離の測定方法は「平方ユークリッド距離」を選んで実行する。その結果、25 ポイントのスケールの 19 ポイントで区切れば、3 つのクラスタが得られる。どこで区切るかは、研究者の判断に委ねられている。図 2 は、個々の副詞をエントロピーと冗長度で平面上にプロッティングして、クラスタ分析の結果を重ねて描いたものである。個々の副詞をエントロピーと冗長度の尺度で散布図に描くことで、例外があることが視覚的にみてとれる。このように、このように、グループ間比較の統計手法では見えないような例外を、散布図を描き、その図にクラスタ分析で得られた様態と結果の副詞の分類を加えることで、異なる視点で見ることができるようになる。

ここからは 3 つのクラスタの説明になる。クラスタⅠ (n=12) は、高エントロピー、低冗長度のクラスタである。多様な動詞と不規則に共起する副詞である。それらは、図 2 に示したように、「どんどん」「ゆっくり」「そっと」「こっそり」「せっせと」「すばやく」「難なく」「さっさと」「熱心に」「のんびり」「さらりと」「ぼんやり」である。このクラスタには 12 語の様態の副詞が含まれ、結果の副詞はまったく含まれていない。やはり、様態の副詞の動詞との共起パターンが多様であることを示している。

クラスタⅡ (n=17) は、低エントロピー、低冗長度の副詞である。すなわち、限られた動詞と規則的に共起する副詞である。様態の副詞は「ボキッと」「ちびちび」「テキパキ」「ペラペラ」「こわごわ」「のろのろ」の 6 語で、結果の副詞は「人肌に」「星形に」「パリパリに」「カリカリに」「こなごなに」「かたく」「ま

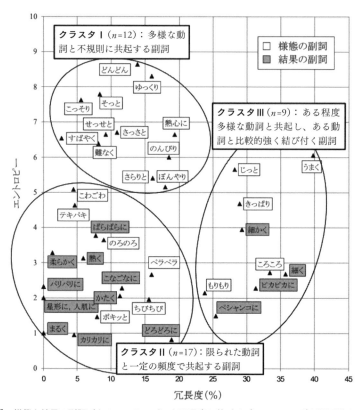

[図2]　様態と結果の副詞ごとのエントロピーと冗長度に基づくプロッティングと階層的クラスタ
　　　　分析による分類の結果

るく」「ばらばらに」「どろどろに」「柔らかく」「熱く」の11語である。つまり、
クラスタⅡには、15語中11語の結果の副詞が含まれ、やはり結果の副詞
は、動詞に対する選択制限が厳しいことを示唆している。しかし、様態の副
詞も23語中6語が含まれており、様態の副詞の中にも、選択制限の厳しい副
詞があることがわかる。

　クラスタⅢ（n=9）は、クラスタⅠほどエントロピーが高くなく、またクラ
スタⅡほどエントロピーが低くもない、中くらいのエントロピーである。た
だし、冗長度は高い副詞である。クラスタⅢに属する副詞は、ある程度、多

様な動詞と共起するが、ある動詞と比較的強く結びつく副詞であるといえよう。様態の副詞の5語（「きっぱり」「もりもり」「じっと」「うまく」「ころころ」）、結果の副詞4語（「細かく」「ペシャンコに」「ピカピカに」「細く」）が含まれている。

　また、エントロピーが結果と様態の副詞をよく区別していることが、独立したサンプルのt検定でわかっている。そこで、図2のエントロピーが4のところで区切ってみると、エントロピーが4以下の部分にすべての結果の副詞が含まれることがわかる。やはり、結果の副詞は、動詞との共起に多様性がなく、ある特定の動詞と共起していることが窺える。一方、エントロピーが4以下である様態の副詞が6つある。これらは、様態の副詞としては例外であることがわかる。また、残りの17の様態の副詞のエントロピーは高く、多様な動詞と共起する典型的な様態の副詞であるといえよう。

2.9.　エントロピーと冗長度を指標としたクラスタ分析から見えてくるもの

　図2を概観すると、様態の副詞は3つのクラスタに散らばっているのに対し、結果の副詞はクラスタIIに集中している。クラスタIIは特定の動詞と頻繁に共起する副詞である。これは、結果の副詞と共起できる動詞が、様態の副詞ほど多様ではないこと、すなわち選択制限があることが読み取れる。しかし、クラスタIIに含まれなかった結果の副詞もあり、すべての結果の副詞15語が同じ共起パターンを持っているわけではないことが確認できた。

　一方、様態の副詞は、図2の全体に広く分布していた。影山（2001）は、結果の副詞は動詞が含意する結果を補足することに対し、様態の副詞は結果の副詞のように共起する動詞の含意とは関係なく、多様な動詞との共起が可能であるとしている。影山（2001）では「賢三が悲しげに話す」という例を挙げている。「話す」という動詞には「主語が悲しくなる」という意味は含意されておらず、「悲しげに」は意味的に、動詞の「話す」から独立して、「話す」の様態を表している。また、仁田（2002）は、様態の副詞は動きの展開過程に関わる諸側面に言及できるという意味で雑多で多様な存在であるとしている。影山（2001）および仁田（2002）の見解から、様態の副詞は多様な動詞と共起できることが考えられる。多くの様態の副詞が図2のクラスタIに分布していることは、影山（2001）および仁田（2002）で述べられていることを裏付け

ているといえよう。ただし、クラスタⅡにも、様態の副詞が含まれているので、すべての様態の副詞が多様な動詞と共起するわけではないこともわかる。クラスタⅡに含まれる様態の副詞については、各副詞の個別の意味と意味拡張の関係を考察することでクラスタⅠおよびⅢとの様態の副詞との違いを明らかにできるであろう。

3. おわりに：仮説の検証から得られた結果

　副詞にも文中での基本的な生起位置が存在すると仮定される (Koizumi 1993; 小泉・玉岡 2006)。難波・玉岡 (2016a) は、大規模コーパスで、目的語を伴って出現する他動詞と共起する副詞を検索した。そして、コーパスで得られた頻度を、カイ二乗分布を利用した独立性の検定と適合度の検定で検証した。そして、様態の副詞は目的語の前後に等しく生起しているのに対し、結果の副詞は目的語の後で動詞の前に有意に多く生起することを示した。さらに、難波・玉岡 (2016b) は、副詞と共起する動詞の多様性の違いが様態と結果の副詞にも反映されていると仮定して、動詞との共起パターンをエントロピーと冗長度の2つの指標で示し、独立したサンプルの t 検定で比較した。その結果、様態の副詞は結果の副詞よりもエントロピーが有意に大きいことが示された。結果の副詞は特定の動詞と共起するが、様態の副詞は選択制限が緩やかで、より多様な動詞と共起することがわかった。

　さらに、エントロピーと冗長度の2つの指標を z 値で標準化して、階層的クラスタ分析を行って、3つのクラスタを得た。そして、様態と結果の副詞38語の動詞との共起パターンを3つのクラスタと共に散布図に描いた。各クラスタをみていくと、多様な動詞と共起するクラスタは様態の副詞で占められ、限られた動詞と共起するクラスタには結果の副詞が多く含まれていた。個々の副詞の共起パターンでみても、様態の副詞は選択制限が緩く、結果の副詞は厳しいことが示された。ただし、様態の副詞は、選択制限が緩やかなものから厳しいものまで広範囲であることもわかった。様態と結果の副詞の動詞との共起パターンをエントロピーと冗長度の指標で計量的に分析し、同じ動詞句内に生起する副詞であっても、様態と結果の副詞は異なった特性を持つことが実証された。

副詞は動詞を修飾する品詞であり、日本語の表現を多様で豊かにする特性がある。本章では、コーパス検索で得られた頻度データを総括的（カイ二乗分布を利用した独立性と適合度検定および独立したサンプルのt検定）かつ個別的（エントロピーと冗長度およびクラスタ分析）で解析し、副詞と動詞の共起に関する特性を明らかにした研究例を紹介した。難波・玉岡（2016a、2016b）のように、ある理論に基づいた明瞭な仮説が設定されていれば、それを証明するための「最適」なコーパスを使って、証明のために最も端的な統計解析により「最短」で仮説が証明できることがわかるであろう。

●さらに勉強したい人のために

小泉政利（編）(2016)『ここから始める言語学プラス統計分析』共立出版
　これから言語学の勉強や研究を始めようという方や、言語学を始めてからまだ日が浅い方が、「実験を用いた言語研究」の立場から言語について学び、科学的な研究を行えるようになるための入門書である。言語学、心理学、脳科学など多様な観点からの研究が取り上げられており、最先端の研究に触れながら言語学の基礎を学び、統計的な視点を養うことができる。とくに、第6章の音韻論（那須川訓也 著）では、本章で扱ったカイ二乗分布を利用した独立性の検定と適合度の検定を使った連濁研究について詳細に解説されている。

玉岡賀津雄（編）(2021)『外国語としての日本語の実証的習得研究』ひつじ書房
　これまで日本語や外国語の習得研究は、事例を使った「直感」的な研究が多かった。しかし、特定の表現だけで現象を説明しようとすると、視点が偏りがちになる。この本では、「直感」で推論された仮説を、コーパス、テスト、実験などで集めたデータを統計的に解析して「実証」するというアプローチの研究が、詳細な解説を含んで8つ掲載されている。とくに、第8章（張婧禕 著）では、本章で扱ったクラスタ分析およびクラスタの的中率を計算するための判別分析についても解説されている。

中本敬子・李在鎬（編）(2011)『認知言語学研究の方法ー内省・コーパス・実験』ひつじ書房
　認知言語学の代表的研究法として、作例と内省による研究、コーパス研究、心理実験・調査を紹介した入門書である。各研究方法の特色や実際の研究の進め方を具体的に解説している。また、最先端の研究を例に、実際の研究がどのように行われたかを紹介している。とくに、第9章（玉岡賀津雄 著）では、本章で扱ったエントロピーと冗長度のExcelを使った計算方法が、語彙的・統語的複合動詞のコーパス頻度を例に詳細に示されている。複合動詞のコーパス頻度をエントロピーで示した場合の分布が正規分布に近くなることもヒストグラムと正規曲線で示されている。エントロピーと冗長度を使って研究を行うための基本的な解説があるので有用である。

●参考文献
有本卓（1980)『確率・情報・エントロピー』森北出版
Cinque, Guglielmo. (1999) *Adverbs and Functional Heads: A Cross-Linguistic Perspective*. Oxford: Oxford University Press.
長谷川信子（1999)『生成日本語学入門』大修館書店

深田淳 (2007)「日本語用例・コロケーション情報抽出システム『茶漉』」『日本語科学』22: pp. 161–172.（国立国語研究所）

影山太郎 (2001)『日英対照―動詞の意味と構文』大修館書店

Koizumi, Masatoshi. (1993) Modal phrase and adjuncts. *Japanese/Korean Linguistics*, 2: pp. 409–428.

小泉政利・玉岡賀津雄 (2006)「文解析実験による日本語副詞類の基本語順の判定」『認知科学』13: pp. 392–403.

工藤拓・山本薫・松本裕治 (2004)「Conditional Random Fields を用いた日本語形態素解析」『情報処理学会研究報告 自然言語処理（NL161）』47: pp. 89–96.

難波えみ・玉岡賀津雄 (2016a)「コーパス検索による様態と結果の副詞の基本語順の検討」『言語研究』150: pp. 173–181.

難波えみ・玉岡賀津雄 (2016b)「様態と結果の副詞的表現と動詞の共起パターンに関するエントロピーと冗長度を指標にした検討」『計量国語学』30: pp. 195–209.

仁田義雄 (2002)『新日本語文法選書3: 副詞的表現の諸相』くろしお出版

Shannon, Claude E. (1948) A Mathematical Theory of Communication. *Bell System Technical Journal*, 27: pp. 379–423 (Part1) and pp. 623–656 (Part2), New York, NY, USA: American Telephone and Telegraph Company (AT&T).

孫猛・小泉政利 (2011)「副詞と主語の語順から見た中国語左方周縁部の階層構造」影山太郎・沈力（編）『日中理論言語学の新展望1：統語構造』(pp. 85–107), くろしお出版

玉岡賀津雄 (2011)「コーパス分析の研究例2―複合動詞の計量的解析」中本敬子・李在鎬（編）『認知言語学研究の方法―内省・コーパス・実験』(pp. 181–195), ひつじ書房

玉岡賀津雄 (2016)「共起表現研究のためのコーパス検索入門」『レキシコンフォーラム』7, pp. 239–264.

玉岡賀津雄・宮岡弥生・林炫情 (2003)「エントロピーと冗長度で表現の多様性と規則性を表す試み―韓国語系日本語学習者の敬語表現を例に」『日本語科学』14: pp. 98–112, 国立国語研究所

玉岡賀津雄・木山幸子・宮岡弥生 (2011)「新聞と小説のコーパスにおけるオノマトペと動詞の共起パターン」『言語研究』139: pp. 57–84.

Tamaoka, Katsuo, Hyunjung Lim and Hiromu Sakai. (2004) Entropy and redundancy of Japanese lexical and syntactic compound verbs. *Journal of Quantitative Linguistics,* 11: pp. 233–250.

張婧禕 (2021)「第8章：語彙習得における外国語としての日本語学習者の特性分類―IBM SPSS Statistics と R によるクラスタ分析の紹介」玉岡賀津雄（編）『外国語としての日本語の実証的習得研究』(pp. 157–186), ひつじ書房

5 言語テストの分析方法

小野塚若菜

概要

　本章では、言語テストの質の検証とその結果による改善について考える。まず良質なテストにおいて重要とされる信頼性と妥当性について論じ、公的な大規模言語テストが信頼性と妥当性を担保するためにどのような分析を行っているかを紹介する。その上で、日本語の授業で行うテストを定量的に分析する方法を取り上げ、それをどのようにテスト改善に生かすかを考察する。

キーワード 評価と測定／テストの信頼性と妥当性／項目分析

1. はじめに

1.1. 言語テスト研究について

　言語テストに関する研究が対象とする領域は、人は言語をどのように運用しているか、言語をどのように学習するかということであるが、教育現場では教授または学習過程の評価という側面にまでその範囲が広がっている。Oller (1979: 13) は、言語テストに関する研究が取り扱う問題として、次の4つを挙げている。

(1) 言語運用能力のレベル、言語学習の段階、二言語使用の程度、言語能力

の定義

(2) 言語学習の諸段階をどのように区別するか

(3) 教授（またはその他の環境的要因）が言語学習に及ぼす効果をどのように測定するか

(4) 言語能力が教育の現場での知識の獲得にどのように関連しているか

　そして、言語テストに関する研究は、言語テストそのものを研究対象とするもの、発話・反応を誘出する手段として言語テストを用い、学習者の特性を調査研究対象とするもの、言語を基盤とするいろいろな作業において言語運用の際に働く心理言語学的要素や社会言語学的要素についての仮説を調べるために言語テストを研究の手段として使うこと、の3つの視点に分けられると述べている。本章が対象としているのは、テストが測定しようとする能力をそのテストは実際に測定しているのか、また、テストの測定結果はどの程度安定しているのか、すなわち、Oller (1979) の言う視点のうち、測定ツールとしての言語テストそのものに焦点を当てるものである。

　言語教育を担う教員が、言語評価についてのリタラシーを持つことの利点について、小泉他 (2017: iv) は以下の5点を挙げている。

1. 評価の適切な方法や手順を選んだり、決めたりできるようになる
2. 校内テストや外部テストを適切に実施・採点し、テスト結果を解釈できるようになる
3. テスト結果を使って、個々の生徒や指導、カリキュラムについて判断できるようになる
4. 評価の結果を、生徒・保護者・教育関係者などに効果的に説明できるようになる
5. 適切でない評価方法や手順、使い方に気づけるようになる

　本章の内容は、2番目や5番目の点に特にアプローチし、適切な言語テストの作成や改善に生かすものである。

1.2. 測定と評価

　中村 (2002) は、言語テストで得られるテストデータは測定と評価それぞれ
に関する2つの側面を持つとしている。測定の側面とは、測定ツールとして
のテストあるいはテスト項目の特性に関するもので、評価の側面とは、測定
の結果に意味づけを行う際に必要となる、受験者の特性に関するものであ
る。一般に、教育評価 (Educational Evaluation) とは、学習者に対してはどこまで
理解できているか、どこが間違っているかといった情報を与えたり、教授者
に対しては個々の学習者への教授法が適切であるかという情報を得たり、あ
るいは管理や研究を目的として行うもので、「測定や質的記述の結果に価値判
断を加えること」(岸 2010) である。これに対し、教育測定 (Educational Measurement)
は、教育評価のための客観的な情報を得ることで、定量的に表されるもので
ある。つまり、「測定された結果に意味づけや価値判断をすることで重みづけ
がなされ、評価となる」(岸 2010) のである。
　言語の評価と言語教育との関わりについて、李 (2015: 9) は、アセスメント
(assessment) としての評価 (学習の成果を確認する目的で行われる評価) は、教育に関わ
るあらゆる活動において日常的に行われているとし、「「教える」ことと「評
価する」ことは不可分の関係にあり、両者の効率的な循環は教育の成果に直
結する」と述べている。近年、日本の学校教育においても「指導と評価の一
体化」が学習指導要領の要諦のひとつとされているが、これを進めるために
は、「評価活動を、評価のための評価に終わらせることなく、指導の改善に生
かすことによって、指導の質を高めることが一層重要」(文部科学省 2000: 5) とな
るのである。
　以上のことから、言語教育においても、学習者の言語能力を正しく「評価」
し、学習者や教授者に価値ある情報をフィードバックするためには、「測定」
によって客観性の高い情報を得ることが極めて重要であると言えよう。

2. テストの信頼性と妥当性

2.1. テストの信頼性

　テストの信頼性は次節で述べる妥当性とともに測定の質を表す概念のひとつであり、同じ受験者が同様の条件下で、難易度、質、量が同等のテストを行った場合に同じ結果が出るかどうかという、測定の安定性を表す指標である。同じ受験者が、能力に大きな変化が生じない程度の期間内で測定を繰り返した場合に、1回目と2回目で測定値が一貫しているとき、そして同じテスト作成デザインに基づいて作成したテストの複数のフォームの間で得点が一貫しているとき、その測定値は信頼性が高いといわれる (南風原 2002)。

　テストの信頼性を検証するために、信頼性係数を定義する。信頼性係数を推定する方法は、単一の受験者にテストを2度繰り返して実施して推定する方法と、受験者集団に1度だけ実施して、項目の間の一貫性を測定する方法がある (Alderson et al. 1995、繁桝 1998、野口・大隅 2014)。比較的よく用いられるのが、一度だけ実施してテスト得点がどの程度一貫性があるかを評価することによって信頼性係数を推定するというものである。この指標はクロンバックの α 係数と呼ばれ、テストが n 項目から構成されている場合に、各項目の得点を X_j (j=1, ···, n)、その合計点 (テスト得点) を X とすれば (1.1) 式で表される。ここで $s^2(X_j)$ は項目 j の得点の分散、$s^2(X)$ は合計点 (テスト得点) の分散を表す。

$$\alpha = \frac{1}{n-1}\left\{1 - \frac{\sum_{j=1}^{n} s^2(X_j)}{s^2(X)}\right\} \qquad (1.1)$$

　α 係数を用いて信頼性係数を推定する場合、α 係数は信頼性係数の下限であることが知られており、α 係数が大きいことは信頼性係数も高いことを保証するものである (繁桝 1998)。α 係数は0から1の間の数値となり、1に近いほど信頼性が高いと解釈できる。言語テストでの目安は0.8以上で、0.9を超えればかなり信頼できるテストと見なされている (中村 2002、岸 2010など)。ただし (1.1) 式を見てもわかるように、出題する項目数が多ければ高い数値が出やすい傾向があり、α 係数の数値には絶対的な大きさの基準はない。

2.2. テストの妥当性

　テストの妥当性は、テストで測ろうとしているものと実際に測っているものがどれほど一致しているかといった概念である。米国における心理・教育測定に関するガイドラインとも言えるAERA et al. (1999) のStandards for educational and psychological testingにおける妥当性の定義では、「実証研究や理論によって、意図されたテストの使用目的に見合ったスコア解釈が裏付けられる度合い」とされている。テスト得点を使用したり、テスト得点から合否の判定や人事評価をしたりする場合、その正当性を主張するためには、テストの妥当性を検証することが必要である。なお、妥当性の概念およびその歴史的変遷については、小泉 (2018) に詳しい。

　テストの妥当性を検証する方法には、専門家が主観的にそれを判断する方法や、同一目的の既存のテストなど外的基準との相関係数を求める方法、テストに含まれる項目群の因子分析を通して測定を意図した構成概念とは無関係の要因が含まれていないか (構成概念妥当性) を検証する方法などがある。

2.3. 信頼性と妥当性の関係

　繁桝 (1998) は、測定の最終的な目標は妥当性を持つことであり、その意味では、妥当性のほうが信頼性よりも重要であるが、安定性の欠けている測定値に妥当性を望むことはできず、信頼性は、妥当性の必要条件と位置付けることができると述べている。

　言語テストを作成する際に問題になるのは、高い信頼性を確保するために妥当性を犠牲にしなければならず、妥当性を高めようとすれば信頼性を犠牲にしなければならないということである。これは、2.1節で述べたように、α 係数はテスト得点がどの程度一貫しているかを表すが、それはつまり、内容ができるだけ似通った項目を集めれば内部一貫性が高まり信頼性が高まるが、測定したい特性には一定の概念幅 (帯域幅、band width) があり、妥当性を高めるには、その概念幅をできるだけカバーするような項目を作成するのがいいことになる。この場合は、構成概念の広範囲を測定できることになるが、内部一貫性 (忠実度、fidelity) は低くなる。これを「帯域幅と忠実度のジレンマ」

と呼び、信頼性と妥当性の双方を同時に満たすことの難しさを表している。しかしながら、信頼性のない妥当性というのはありえない。測定においては、信頼性のある尺度を使って、妥当性の高いデータを得ることが重要である。

　ところで、言うまでもなく、テストの信頼性と妥当性は、その測定対象能力が受容技能（読解、聴解など）か産出技能（会話、論述など）かによって、検証の前提が異なる。後者を会話や作文の課題によって評価する際には、その課題が学習者が日常で出会う場面において使う能力を測定しているかという真正性（authenticity）が重視される。また、評価者の採点の安定性（評価者内信頼性）や評価者間の一致度（評価者間信頼性）がテストの信頼性の中で大きな要因を占める（野口・大隅 2014）。

　本章では主に受容技能を測定するテストに基づき、信頼性や妥当性を検証するためのデータの扱いや方法について論じる。

3.　テストの分析の目的

　日本語テストにおいても、コンピュータを利用したものや、生活者の日本語支援のための能力評価を目的としたものなどが創設されるなど、言語能力を測定するテストは近年多様化が進んでいる。一般に、テストにおいて重要とされるのがここまで述べてきた信頼性と妥当性である。世界最大の非営利テスト開発機関である、米国のETS（Educational Testing Service）は、テスト開発理念として、制作・提供されるテストが信頼性、妥当性、公平性を満たしているかを統計分析の専門家によって分析・検証し続けるということを掲げている（国際ビジネスコミュニケーション協会「ETSのブランドクオリティ」　https://www.iibc-global.org/toeic/toeic_program/philosophy_03.html、2021.2閲覧）。

　テストの公平性についてETSは、TOEIC（Test of English for International Communication）プログラムにおいて、「特定の国・地域独自の言い回しや文化的背景への理解がなければ解答できないような問題は出さず、世界共通語としての英語能力を公平に評価できるよう配慮」すると述べている。ある特性を測定するテストにおいて、同じ能力水準を有するが異なる下位集団（たとえば国籍や出身地、性別等）に属する受験者同士を比較したとき、その属する下位集団の違いによって特定のテスト項目の難易度に差異が認められる場合、そのテスト項目につ

いて特異項目機能 (Differential Item Functioning: DIF) が生じていると言う (Angoff 1993)。我が国におけるテスト・スタンダード（日本テスト学会（編）2007）の基本条項6.2では、「文化的な背景の違いなどにより、特定の受検者が著しく不利にならないような措置を講じるべきである」と記されており、DIFはテストの公平性にかかわる概念のひとつとして位置づけられるが、DIFの要因が測定を意図した構成概念とは無関係のものであるなら、それは構成概念妥当性を脅かしていると言える。

　日本語学校や大学をはじめ多くの日本語教育の現場でも、学習者のクラス分けに用いるプレースメントテストや授業内で行う到達度テストが行われている。このようなテストは主に担当する教員が作成して実施し、一定の基準に基づいて採点し、結果を学習者に返却している。しかし、実施後にテストの質を分析して改良を行っているケースは多いとは言えない。

　そこで次節以降では、テストの信頼性、妥当性の一側面に焦点を当て、学習者の日本語能力を適切に評価・測定することを目的とした定量的な分析方法について述べ、その分析結果をテスト改善に生かす方法について考察する。

4. 言語テストの分析方法

4.1. 項目分析(Item analysis)

　テストの質の検証においては、受験者の解答データから得られる項目情報（選択肢や正答・誤答の情報など）が貴重な手がかりとなる。Livingston (2006) によると、測定の過程の中で項目分析が行われるポイントが3つあり、どのポイントで行うかによって目的や結果の使われ方が異なるという。

項目分析①　本テストを受験する人と似た受験者グループに対して事前テストを実施することによって、本テストで実際に使うテストのフォームに含める前に欠陥項目を特定したり直したりすることができる。
項目分析②　採点から除外する項目を特定する。事前テストを行わないテストについて特に重要であり、どんなテストにとっても有用な品質管理のステップである。

[図1] 項目分析の実施ポイント (Livingston 2006: 423–424 を基に筆者作成)

項目分析③ 将来のテストフォームで再利用するための項目を選ぶ助けとなる。

　Livingston (2006) はまた、項目分析によって得られる項目情報として、古典的テスト理論における項目難易度、識別力の情報である双列相関係数 (biserial correlation) あるいは点双列相関係数 (point-biserial correlation)、また、項目反応理論 (Item Response Theory: IRT) における困難度パラメタおよび識別力パラメタ、そしてDIFがある、としている。

　本章では、日本語の授業における日常的なテストで、図1の項目分析②あるいは③で利用することを想定し、古典的テスト理論における項目難易度、項目識別力、また、DIF分析の手法を取り上げる。

4.1.1. 項目難易度

　古典的項目難易度 (以下、単に項目難易度という) は、受験者のうち何パーセントが正答したかという、正答率を目安にする。つまり、全受験者のうち正答した受験者の割合である。したがって、全受験者が正答した場合の項目難易度は1.0である。分析するテストの目的が教授内容の理解度を測定する定期テストのようなテストであれば項目難易度1.0は望ましい結果であるが、プレースメントテストのような、受験者の能力によってグループ分けしたいテストであれば、全員が正答する項目ばかりでは差がつけられず、能力別のクラスに受験者を分けるための材料とはならない。後者のテストの場合は、さまざまな難易度の項目が必要となる。

4.1.2. 項目識別力

　項目識別力は、各項目に受験者の能力を識別する機能がどの程度あるかを示すものであり、プレースメントテストや選抜テストなど、受験者の能力差

を測定することを目的としたテストの項目に求められる。古典的項目識別力（以下、単に項目識別力という）を表す点双列相関係数は、その項目の得点とその項目が含まれているテストの総合点との相関係数である。この点双列相関係数で示される指標は、その項目がそのテストで測定している特性をどの程度とらえているか、つまり測定の内部一貫性を表すものである。ある項目の得点がテスト全体で測ろうとしている能力の高さを反映しているならば、点双列相関係数はある程度高い正の値を示すはずである。そうでなければ、測定対象となっている能力以外の要素を測定しているなど、その項目が正常に機能していないことが疑われる。一般的に点双列相関係数の値は 0.2 以上が望ましいとされることが多い（ただし、2.3節で述べた帯域幅と忠実度のジレンマに注意が必要）。

4.1.3. DIF分析

　テスト項目の難易度は、受験者をその属性により分類して得られる下位集団ごとに変化することがある。一般に、下位集団ごとに観測される項目特性の差異はDIFと呼ばれるが、日本語テストにおいては性別（男・女）や居住地（日本国内・国外）によるDIFは、一部の受験者にとって不利益をこうむるDIFすなわちバイアスである可能性が高い（小野塚 2016）。また、バイアスの特定だけでなく、DIFの検証によって特定の下位集団における日本語学習の特徴を明らかにすることができ、日本語教育の実践にも資する。

　定量的なDIF分析の方法はいくつかあり、各方法・指標はそれぞれに異なる特徴を持っているものの、DIFを検出する方法として決定的なものはなく、複数の方法・指標を併用することが望ましいとされている（渡辺・野口 1999）。その中で、比較的分析の実行が容易であり、サンプルサイズの小さいデータ、歪みの強いデータにも対応可能なのがMantel-Haenszel検定法を用いた分析である。Mantel-Haenszel検定法は、母集団の正規分布を仮定しないノン・パラメトリック法に分類される方法である。受験者を得点のレベルによって数段階のグループに分け、テスト項目ごとに得点グループ別の焦点集団と参照集団それぞれの正答数と誤答数をカウントし、下位集団と正誤の2×2の分割表を作成する。これらの分割表が全体として同じ傾向を示すか否かを、Mantel-Heanszel統計量を用いて検定する。具体的には、各得点グループに共通のオッズ比（M-H Odds Ratio）の推定値を求め、各得点グループで下位集団と

正誤が独立であるという帰無仮説が支持されるかを、χ^2値を用いて検定する。ETSで用いられ、DIFの大きさを表す統計量ΔMHを用いてもよい。検定の詳細な手続きについては野口・大隅 (2014) 等を参照されたい。

4.1.4. 設問回答率分析図

　設問回答率分析図は、多肢選択肢形式のテストに用いられる分析手法である。この図は、例えば図2–1に示すように、総得点にしたがって受験者を複数の群に分けたものを横軸にとり、当該群ごとの正答率と各選択肢の選択率を縦軸にプロットしたものである。植野他 (2007) は、設問回答率分析図について、正答選択肢の選択率、すなわち正答率が低得点群ほど低く、高得点群であるほど高ければ、当該項目は測ろうとする能力を測定するための識別力があることの強い傍証となるとしている。同時に、誤答選択肢に関しては、少なくとも能力の最も高い群では、その選択率が正答選択肢の選択率を下回っていることが望まれる。

　設問回答率分析図によって、受験者がどの選択肢をどの程度選択しているか、また、群ごとにどの選択肢を選びやすい傾向があるか、そして識別力の度合い（どの群を敏感に識別しているか）などが確認でき、出題内容が妥当であったかどうか、すなわち適正な項目であるかを検証することが可能となる。例として、四肢選択肢形式のある日本語テストにおける設問回答率分析図の典型的な例を図2–1、2–2、2–3に示す。

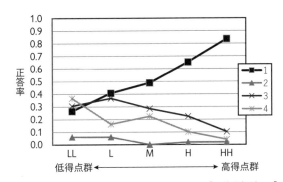

[図2–1]　設問回答率分析図の例（1）読解問題［正答選択肢：1］

図2–1は正答選択肢1の選択率（正答率）が高得点群（横軸のLLが最低得点群でHHが最高得点群）になるにつれて増加しており、増加の程度も直線的であるため、受験者の能力の識別に有効なテスト項目であると言うことができる。また、誤答選択肢の選択率については、おおよそ高得点群になるにつれて減少しており、誤答選択肢も有効に機能していることがわかる。

図2–2は正答選択肢3の選択率のプロットが折れ曲がり、最低得点群よりも中間得点群の正答率が低いテスト項目である。また、中間得点群の誤答選択肢2の選択率が前後の群と比べて高くなっている。これにより、中間得点群が誤答選択肢2を選択しやすい特有の原因があることが示唆され、設問や内容の検討を要する。

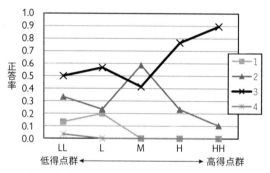

[図2–2] 設問回答率分析図の例（2）読解問題 ［正答選択肢：3］

図2–3は正答選択肢3の選択率が最低得点群と最高得点群でほぼ同率で、間の得点群の選択率がそれよりも低くなっており、受験者の能力を識別しにくいテスト項目である。項目難易度が高く、最高得点群でも正答率が0.4未満である。このような項目の場合、何らかの要因で高得点群の受験者が正答することを阻害する要因が働いており、設問や内容に受験者が読み違えたり誤解したりしやすい、あるいはケアレスミスを起こしやすい原因があったことが考えられ、検討を要する。

以上、テストの定量的な分析の方法を、項目分析の観点に沿って整理し

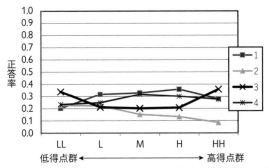

[図2-3] 設問回答率分析図の例（3）聴解問題［正答選択肢：3］

た。次節では、具体的な分析例を挙げる。

4.2. 項目分析の例

　ここでは、筆者が行ったビジネス日本語能力を測定するテストにおける分析の中から、項目分析によって問題点が確認された例を紹介する。当該テストは受験者のビジネス日本語能力の熟達度を測ることを目的としている。そのため、テスト項目には受験者の能力差を測定する機能が求められた。

　なお、DIF分析については性別による差異を、4.1.3節に述べた検定により検証した例である。また、問題が生じた要因の一端を探るため、数名の受験者に対してどのようなプロセスで解答に至ったかをインタビュー調査（以後、受験者調査と言う）によって明らかにした。

4.2.1. 聴解問題の例

【設問】（音声情報：女声）
取引先から見積もりを送ってほしいと電話がありました。送り先の担当者名を尋ねます。何と言いますか。

【視覚情報】

【選択肢】（音声情報：女声）
1.　どこにお送りいたしましょうか。
2.　だれにお送りいたしましょうか。
3.　どなたにお送りいたしましょうか。
4.　どっちにお送りいたしましょうか。

（正答：3）

【項目分析】
項目難易度：0.700　　項目識別力：0.194　　DIF：女性受験者に有利

【設問回答率分析図】

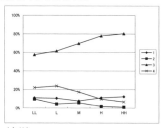

（全体）

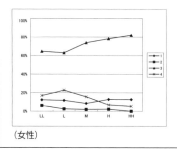

（女性）　　　　　　　　　　　　　　　　（男性）

このテスト項目は、写真を見ながら音声を聴いて質問に答える形式で、解答時間が5秒と短いため、瞬時に状況を判断して適切な表現を選ぶ必要がある。項目難易度は0.700で比較的易しめであった。項目識別力は0.194で、目安となる0.2をやや下回っている。設問回答率分析図（全体）を見ると、低得点群（LL）でも6割程度が正答しており、高得点群になるにつれて正答率が高くなっていることがわかる。ただし、増加の程度は控えめで、受験者の能力を識別する機能が高いとは言えない。また、誤答選択肢の選択率を見るとどれもあまり有効に機能していないことがわかる。

　DIF分析の結果は、女性の受験者のほうが有意に正答率が高いことが確認された。設問回答率分析図（男性）を見ると、誤答選択肢2「だれに」や4「どっち」の選択率が女性と比べて高いことからも、男性受験者は「どなたにお送りしましょうか」というのが取引先の相手に対する使い方として適切であると瞬時に判断できなかったことが考えられる。受験者調査では、男性受験者から、"どなた"は勉強したが、使ったことはない、というコメントも見られた。

　以上の分析結果から、このテスト項目は一定の機能を果たしていると言えるが、誤答選択肢の一部を中高得点群にも機能するものに修正することで、より能力を識別できる項目に改善することができると考えられる。DIFに関しては、この性差がバイアス（目的に照らし合わせて不適切なDIF）であるか検討が必要である。いずれにしても、特に男性学習者に対し、「どなた」が取引先の相手に対する使い方であることを明示的に指導することが考えられる。

4.2.2.　語彙問題の例

【設問】（文字情報） 受注工事のかなりの部分が架空であり、売り上げや利益を水増しする＿＿＿ものであった。 【選択肢】（文字情報） 1. ための　　2. ほどの　　3. ことの　　4. あまりの （正答：1）
【項目分析】 項目難易度：0.332　　　項目識別力：0.052　　　DIF：男性受験者に有利

【設問回答率分析図】

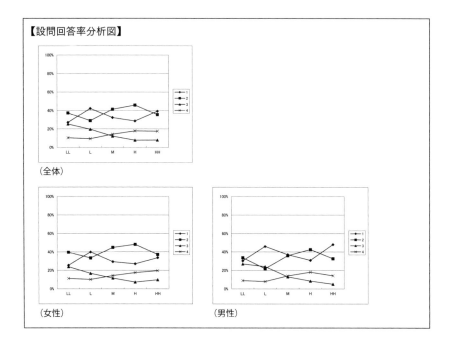

（全体）

（女性）
（男性）

　このテスト項目は、「受注工事」「架空」「水増し」と、比較的難易度の高い語彙が使われている文章を読んで、文章の前件と後件の関係を考えながら理由・原因の「ための」を選択する形式であり、項目難易度は0.332と低く、難易度の高い項目である。また項目識別力が0.052で目安となる0.2を大きく下回っており、受験者の能力の識別がしにくい項目であることがわかる。設問回答率分析図（全体）を見ても、正答選択肢の選択率が高得点群になるにつれて高くなるという状況が見られない。DIF分析に関しては、女性受験者のほうが有意に正答率が低いが、設問回答率分析図の比較から女性受験者が不利になった要因を探るのが困難である。また、受験者調査で得られたコメントからも、性別のDIF検出の要因に迫ることはできなかった。

　以上のことから、このテスト項目は、設定された4つの選択肢から適切なものを選べるかという測定の範囲を超え、難易度の高い語彙の知識を問うものになっている可能性があり、妥当性の低い項目である可能性が示唆される。設問文を変更する、あるいは出題自体を見直す必要があると考えられる。

4.2.3. 読解問題の例

【設問】（文字情報）
取引先から次のような文書が届きました。商品について、何をしてほしいと言っていますか。

【視覚情報】

〇〇〇〇年〇月〇日

□□商事株式会社
営業部業務課調査係御中

△△株式会社
販売部販売促進課顧客サービス係

拝啓　貴社ますます御清栄のこととお喜び申し上げます。
　さて、この度は、弊社製品『炊飯器・たけるくん』をお買い上げいただきまして、心より御礼申し上げます。
　先日も直接お話を致しました通り、おかげ様で多くの皆様にご愛好いただき、大変、ご好評をいただいております。品質に関しましても、絶対の自信を持っておりまして、弊社では、日本のみならず海外にもお勧めしております。
　今後も、同製品の品質改良には、たゆまぬ努力を続けて参る所存でございますが、同製品につきまして、使い勝手等、ユーザー各位に評価いただくと共に、ご要望等、お伺いしたいと思います。
　つきましては、別添のアンケート用紙にご記入の上、ご返送いただけましたら幸いでございます。
　今後とも変わらぬご支援、ご愛顧を賜りますよう宜しくお願い致します。
　取り急ぎ、お買い上げの御礼かたがたご挨拶申し上げます。

敬具

【選択肢】（文字情報）
1.　調査を海外で実施してほしい
2.　調査の報告をしてほしい
3.　調査に協力してほしい
4.　調査結果を集計してほしい
（正答：3）

【項目分析】
項目難易度：0.656　　　項目識別力：0.439　　　DIF：男性受験者に有利

【設問回答率分析図】

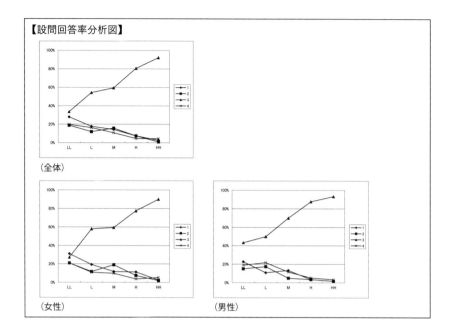

（全体）

（女性）　　　　　　　　　　　　　　　（男性）

　このテスト項目は、文書を読んで文書の発信者が何をしてほしいと言っているかを読み取る形式である。項目難易度、項目識別力ともに適当である。設問回答率分析図（全体）を見ても、高得点群になるにつれて正答選択肢の選択率が高くなっており、その程度もほぼ直線の勾配であり、受験者の能力の識別に有効なテスト項目であることがわかる。

　このテスト項目は性別のDIFが検出されており、男性受験者のほうが有意に正答率が高い。設問回答率分析図を比べると、低〜中得点程度の女性受験者は、同程度の男性受験者と比べ、誤答選択肢1や2を選択している割合が高いことがわかる。文書中の「つきましては〜」の一文から正答選択肢「調査に協力してほしい」を選ぶものだが、その対象が誰であるかは、その前のパラグラフにある「ユーザー各位に評価していただく」が指す内容を特定しなければならない。つまり、「ユーザー」という語が重要なキーワードになるわけだが、受験者調査で得られたコメントから、コンピュータやゲーム等で日常的にこの語を目にすることの多い男性受験者と比べ、女性受験者はなじみが薄いため、常識的な判断から「ユーザー」が文書の受信者でなくその顧

客であると考えた可能性が示唆される。ただし、「ユーザー」という語彙の知識に性差があったとしても、昨今のビジネス活動において男女問わず必要であると判断されれば、テスト項目の修正という対応ではなく、授業内で「ユーザー」の使用場面を取り上げ、特に女性学習者に対して理解を促すよう意識することが考えられる。したがって、以上の分析結果から、このテスト項目は一定の機能を果たしており、修正が必要とされる証拠は見られなかった。

5. 分析結果の生かし方

5.1. テストの質の保証

　ETSでは、実施するテストにおいて、4.1節でLivingston (2006) が挙げたすべての項目情報を得て、厳格な審査基準を満たしたテスト項目のみを出題しているという (ETS「How ETS Approaches Testing」https://www.ets.org/understanding_testing、2021.2閲覧)。そしてこれらの作業を行うことによって、信頼性と妥当性が確保されテストの測定の精度と質を高めているとしており、換言すれば、出題項目ごとの詳細な分析を行うことで、ETSの実施するテストの質の保証を図っていると言える。

　日本語のテストでも質の保証のために同様の分析を行っている。国際交流基金は、実施する日本語能力試験 (JLPT) について、2002年度から試験の改訂を行う前の2009年度実施分まで毎年、『分析評価に関する報告書』を刊行し、出題項目の分析・評価を公表していた (国際交流基金・日本国際教育支援協会 2011)。また、BJT ビジネス日本語能力テスト (1996年に日本貿易振興機構：JETRO が創設・実施、2009年以降は、2011年上半期の中断を挟んで、公益財団法人日本漢字能力検定協会が実施) では、日本語教育や教育測定の専門家委員で構成されるフィードバック委員会を設置し、出題項目の詳細な分析結果をまとめた「BJT ビジネス日本語能力テスト　フィードバックレポート」を作成しているという (小野塚・前川 2015)。

　このようにしてテストの質を保証することは、当然、公的な大規模試験に限ったことではなく、授業内で日常的に実施するテストにおいても受験者に

対して同じように行うことが肝要である。受験者が最大限の能力を発揮した結果を得られるよう、教員はテストを作成し実施したら、出題項目ごとに結果を記録して分析し、その内容に不備がなかったかを検証することが、テストひいては教育内容の質の保証につながると思われる。

5.2. テストの改善

　教員は言うまでもなく最善を尽くしてテストを作成している。しかし、実はどこかに不備があって意図したことを測定できていないかもしれない。それを教えてくれるのが受験者の解答データである。4節の例で示したように、受験者の解答データから異常値を検出した場合は、その要因として考えられることを多面的・多角的に考察し、設問、選択肢、視覚情報、あるいは解答時間などを見直すか、場合によっては採点対象から外してテスト全体を改善するということもあり得る。必要に応じて該当の項目について解答の際にどう考えたかを受験者に聞いてみても良い。そうすると、教員が想定していなかった不備の原因が見つかる可能性がある。この一連の分析作業を継続することによって、テスト作成時の留意点を定めることができ、実施より前に、テストの質を高める方策を講じることになるのである。

6.　終わりに

　4節で述べたような分析を行うことによって、テスト項目の測定の質を低くする可能性のある要因を見いだすことができるが、それは裏を返せば、授業ではその要因に関する指導、配慮が十分でなかったと言うこともできる。たとえばDIF分析では、特定の下位集団（ここでは性別）が正答を得にくい状況であることがわかるが、この結果によって必ずしもそのような項目を不適切として削除または修正をするということを要求するのではなく、むしろ、女性や男性のどちらかにとって不得意な内容も、日本語教育の指導項目のひとつとすべきということを示していると考えることもできる。すなわち、項目分析で得られた結果からヒントを得て指導内容を決定することが可能である。それは、学習者が潜在的に必要としている知識やスキルを授業で補完す

ることにつながるのではないだろうか。

　「以前、授業で誤って覚えている学習者が多くいることがわかったから、テストでこのような出題をしたら識別力が低くなるかもしれない」、「前回のテストではこのような問いの正答率が低かったから、次の授業ではもう一度確認しておこう」などというように、教育実践とテスト作成のそれぞれから得られる知見を、相互に好循環させることが望ましい。

――――

●さらに勉強したい人のために

小泉利恵（2018）『英語4技能テストの選び方と使い方』アルク
　テストの妥当性について詳述された本。妥当性の概念は時代によって変化してきたが、Messickの定義からそのとらえ方がどのように変遷してきたかを丁寧に追い、テストの妥当性について考えるポイントを明瞭に解説している。妥当性に限らず、これまで数多くのテストの研究に携わってきた著者の経験と知見がわかりやすくまとめられている。

野口裕之・大隅敦子（2014）『テスティングの基礎理論』研究社
　テスト理論から具体的なデータを用いた解析方法に至るまで、日本語教育における言語テストを取り巻く研究や実践を広く網羅した、決定版ともいえる本。言語テスト研究の初学者がその入り口として一通り学べる内容になっている。

●付記

本章は、平成28年度に筑波大学大学院人文社会科学研究科に提出した博士学位論文「ビジネス日本語能力の評価・測定に関する研究」の一部に加筆・修正を行ったものです。また、一部の研究は、JSPS科研費16J00030、26770186の助成を受けたものです。

●参考文献

AERA, APA and NCME. (1999) *Standards for educational and psychological testing*. Washington, DC: American Educational Research Association.

Alderson, J. Charles., Clapham, Caroline., and Wall, Dianne. (1995) *Language Test Construction and Evaluation*: Cambridge University Press.

Angoff, H. William. (1993) Perspective on differential item functioning methodology. In Holland, W. Paul. and Wainer, Howard. (Eds.) *Differential item functioning*. pp. 3–23. Hillsdale, NJ: Erlbaum Associates.

南風原朝和（2002）『心理統計学の基礎―統合的理解のために』有斐閣

岸学（2010）「学力テスト問題の作成・分析・評価―教育心理学の視点から」富山県中学校教育研究会『学力診断サポート事業』<http://www.u-gakugei.ac.jp/~kishilab/toyama_06.pdf>（2016年6月25日閲覧）

小泉利恵（2018）『英語4技能テストの選び方と使い方』アルク

小泉利恵・印南洋・深澤真（編）(2017)『実例でわかる　英語テスト作成ガイド』大修館書店

国際交流基金・日本国際教育支援協会（2011）『平成21年度日本語能力試験（第1回・第2回）分析評価に関する報告書』アスク出版

李在鎬（2015）「第1章　言語テストを捉える」李在鎬（編）『日本語教育のための言語テストガイドブック』くろしお出版

Livingston, A. Samuel. (2006) Item Analysis. In Downing, M. Steven. and Haladyna, M. Thomas. (Eds.) *Handbook of Test Development*, 19, pp. 421–444.

文部科学省（2000）「児童生徒の学習と教育課程の実施状況の評価の在り方について（教育課程審議会答申）」<https://www.nier.go.jp/kaihatsu/houkoku/tousin.pdf>

中村洋一（2002）『テストで言語能力は測れるか─言語テストデータ分析入門』大友賢二（監），桐原書店

日本テスト学会（編）(2007)『テスト・スタンダード─日本のテストの将来に向けて』金子書房

野口裕之・大隅敦子（2014）『テスティングの基礎理論』研究社

Oller, W. John. Jr. (1979) *Language Test at School*. Longman Group Ltd. ［堀口俊一（訳者代表）(1994)『言語テスト』秀文インターナショナル］

小野塚若菜（2016）「ビジネス日本語テストにおける DIF の分析─性別および居住地を下位集団として」『日本言語テスト学会誌』19: pp. 86–108. 日本言語テスト学会

小野塚若菜・前川眞一（2015）「設問回答率分析図によるビジネス日本語テストの項目分析『BJT ビジネス日本語能力テスト』における検証」『学芸国語国文学　嶋中道則教授・加藤清方教授 退職記念号』47: pp. 56–71. 東京学芸大学学芸国語国文学会

繁桝算男（編著）(1998)『心理測定法』放送大学教育振興会

植野真臣・吉村宰・荘島宏二郎・橋本貴充（2007）「大学入試センター試験『情報関係基礎』の統計分析」『大学入試センター研究紀要』36: pp. 71–100. 大学入試センター

渡辺直登・野口裕之（編著）(1999)『組織心理測定論─項目反応理論のフロンティア』白桃書房

第2部

事例編

6 リズムの習得に関する定量的分析

木下直子

概要

　本章で紹介する研究は、日本語学習者が日本語の刺激語をリピートした音声をもとに PVI (pairwise variability index) を算出し、混合効果モデルで分析することによって、日本語リズム習得の実態を解明することを目的としている。調査の結果、1) 同じリズム型であっても高頻度語は、低頻度語、無意味語とは異なるリズムで発音していること、2) 時間の経過によりリズム習得に変化が見られないことが明らかになった。無意味語の正確さが高いことから、新しい語を学習する時にリズムに意識を向ける機会の必要性が示唆されたことを報告する。

キーワード　言語リズム／リズム習得／頻度／言語産出モデル

1.　はじめに

　本章で紹介する研究の目的は、日本語学習者が日本語のリズムを習得するか。また、どのようにリズムを記憶しているのか、この2点の解明を試みることである。

　多くの日本語学習者にとって日本語のリズムの聞き分けや発音の区別は難しいことが指摘されている (助川 1993、戸田 2003 など)。例えば、渋谷の「ハチ公」の場所をたずねたのに、「はじっこ」と勘違いされた話、「大場さん」から聞いた話と伝えたいのに、「おばあさん」と捉えられた話、ネット検索で長音や

促音の位置がわからず、なかなか漢字変換ができなくて苦労した話など、リズムの難しさにまつわるエピソードをよく聞く。

　日本語はモーラ拍リズム (mora-timed rhythm) に分類され (匂坂1999、Warner and Arai 2001)、モーラを単位として発音したり聞き分けたりしているのに対し、多くの日本語学習者の母語は、音節 (母音を中心とした音のまとまり) を単位とする言語を持ち、「母音」(ぁ)、「長母音」(ぁー)、「子音＋母音」(か)、「母音＋子音」(ぁっ、ぁん)、「子音＋母音＋子音」(かっ、かん) など、すべて同じ1音節として捉える。「さかな」/sa//ka//na/ は3音節3モーラだが、「おばさん」/o//ba//san/ は3音節4モーラ、「おばあさん」/o//ba://san/ は3音節5モーラとなる。音節数とモーラ数が異なるものは特に聞き分けが難しい。

　このような状況をふまえ、日本語の音声教材では、日本語のリズムの説明や練習が多く扱われている。よく用いられる方法の一つに、リズム型の違いを示し、練習するものがある。表1は、既存の音声教材で扱われている4種類のリズム型の表記を「びょういん」と「びようみん」に適用し、示したものである。

[表1]　リズム型の表記

種類	例: びょういん ／ びようみん	主な文献
①タタタ	タンタン ／ タタンタン	戸田 (2004)、木下・中川 (2019)
②図形	●● ／ ●●●	赤木他 (2010)
③数字	22型 ／ 122型	鹿島 (2002)
④SL	LL型 ／ SLL型	土岐・村田 (1989)

　リズム型を示す練習には、音響表象を可視化して捉えやすくするねらいがある。例えば、「びようみん」「おばあさん」に共通するリズム型が「タタンタン」であることを意識させる。その音響表象「タタンタン」は、例えば「不動産」「市町村」などの新出語を学ぶ際に活用できる。また、既知語の中から「タタンタン」というリズム型の語を探し、頭の中で同じリズムの語をグルーピングすることで、リズム情報を記憶に結びつけたいというねらいもある。

ただし、この点について検討した研究は、管見の限りない。もし、既知語のリズムの知識が活用できているのであれば、このような練習方法はうまく機能するが、そうでなければ別のアプローチが求められる。

　そこで本章では、中国人初級の日本語学習者を対象とし、日本語のリズムをどのように習得しているのか、すなわち既知語からリズム型の音響表象を抽出し、それをルールとして無意味語に適用しているのか、あるいは、単語ごとにリズムを記憶しているのかについて、習得プロセスの解明を試みる。

2.　先行研究

　表2は、木下（2011）をもとに中国人日本語学習者を対象に行った日本語のリズムに関する主な先行研究をまとめたものである。①から⑥は知覚に関する研究で、中国人日本語学習者の場合、上級学習者になっても長音や促音の知覚の判断基準が安定しないこと、日本語母語話者より短い時間で長音や促音を知覚することが報告されている。⑦から⑨は生成に関する研究であるが、日本語の拍の長さより長くなることが共通している。⑩は、日本語能力が高くなるにつれ、不自然さの生起率は確実に低くなるという点で知覚の先行研究結果と異なる。第二言語のリズムは日本語の学習が進むにつれて、自然に習得が進むのだろうか。韓国人日本語学習者を対象に縦断研究を行った木下（2011）の報告では、リズムに知覚、生成に変化が見られるものの、日本語母語話者とは異なる判断が築かれていくプロセスが報告されている。この点について、中国人日本語学習者については、明らかになっていない。

　木下（2013）は、上海の大学で日本語を専攻する初級後半の日本語学習者18名を対象に、リズム型を考慮した既知語、未知語、無意味語を読み上げてもらい、縦断的に習得状況を検討した。その結果、既知語、未知語、無意味語の習得度には変化が見られなかった。これには、調査協力者が入門期の学習者ではなく、すでに文字学習の時期にリズム習得が進んだ段階であったことが影響した可能性がある。また、ひらがなを1語ずつスクリーンに出し、読み上げる方法で調査を行ったため、1字1字読み上げたり、リズムを意識しながら発音した可能性もある。日本語は、長短や促音の有無などのリズムに関わる情報が表記上に現れるため、特に入門期の日本語学習者を対象にリズム

調査を行う際には、文字の影響を考慮しなければならない。以上の点をふまえ、本研究では、初級日本語学習者を対象に文字の影響がない、リピートを用いてリズム習得を検討することにした。

　つぎに、本調査に関わるリピートに焦点を当てて先行研究を概観するとともに、言語リズム情報の保持についてまとめる。

[表2]　中国人日本語学習者の日本語リズムに関する先行研究

先行研究	研究協力者	調査内容	結果
①内田 (1989)	中2名	長音・促音の 知覚	日本語母語話者と異なり、学習者は時間軸上で安定した知覚判断を行っていない。
②内田 (1991)	中8名、日4名	長音・促音の 知覚範疇化	初級学習者は母音の伸長に対する閾値の変化はない。上級学習者は母音の伸長とともに閾値の変化はあるが、日本語母語話者とは異なる。
③内田 (1993)	中8名、日52名	長音・促音の 知覚	上級学習者は、日本語話者や初級学習者とは異なる方法で長音・促音を判断する。話速が識別に影響する。
④西端 (1993)	中10名、日10名	促音の知覚	学習者の方が日本語母語話者より短い閉鎖持続時間で促音を判断する。
⑤皆川 (1996)	韓210名、タイ36名、中46名、英63名、西122名	促音の知覚	英・西語話者より韓国・タイ・中国語話者の誤答率が高い。西語話者を除き、非促音語を促音語に聞く傾向が強い。
⑥栗原 (2004)	中国北方方言話者30名、日32名	長音の知覚	学習者は日本語母語話者より短い時間で長音を知覚する。日本語能力によって標準偏差のばらつきはなくなるが、長音の閾値の差はない。
⑦村木・中岡 (1990)	英8名、中3名	促音・撥音の 生成	中国語話者の場合、非促音語の子音が長すぎ、母音長が不安定で非促音語が促音語の子音・母音長の割合になる。
⑧皆川・桐谷 (1998)	英5名、中5名、仏5名、日5名	促音の生成	日本語母語話者に比べて中国・英語話者は閉鎖持続時間、VOTの長さが長い。
⑨鹿島・橋本 (2000)	中6名、日3名	リズム型の 生成	リズムユニット「1」がリズムユニット「2」に近い長さになっている。
⑩小熊 (2008)	英27名、中25名、韓27名	KYコーパス 5分間の発話	日本語能力が高くなるにつれ、不自然さの生起率は確実に低くなる。

2.1. リピートによる学習効果

　河野・松崎 (1998) は、モデル音声をリピートすることによってどのような学習効果があるのか、初級の日本語学習者5名 (ポーランド語、中国語、アムハラ語、インドネシア語、ドイツ語話者) を対象に調査を行った。具体的には、「あのう、来月の14日、休みたいんですが…」「絶対おいしいって店なんだけど、入る？」という2文をローマ字、漢字かな交じり文を提示して調査協力者に読んでもらった。その後、10秒間隔で5回、録音しておいたモデル音声を聞いてリピートしてもらうという方法をとった。リピートの結果、アクセントはよくなるが、リズムに関わる音の長短は改善されにくいこと、リピートの1回目より2回目の方がよい場合、それ以上よくなることはないこと、2回目で向上しなければ、それ以上リピートしても向上しないことなど、リピートによる学習の難しさを報告している。

　松崎 (2002) は、韓国語話者 (無アクセント方言話者) 2名を対象に3か月間、週3、4回、授業で1回あたり20〜30分の発音練習を行った。授業では、まずモデル文の聞き取り練習とリピート練習を行った。練習した音声の評価は教師だけでなく、学習者にもさせ、自己モニター能力の育成をはかった。その結果、アクセントの学習は難しかったが、音の長短やイントネーションには、ほとんど誤りが見られなくなったという。アクセントの効果や音の長短の結果は、河野・松崎 (1998) と異なるが、アクセントについては、無アクセント方言を持つ調査協力者の影響も考えられる。この調査結果から、学習者に妥当な発音基準が形成されていない場合、モデル発音のリピートをするだけでは改善されにくいこと、音声に関する誤った知識は自己モニターの妨げとなり、何度リピートしてもよくならないことが報告されている。

　以上、2つの先行研究から、リピートにより改善される音声項目は学習者によって異なること、学習者はリピート時に単にモデル音声を聞いてリピートするだけでなく、既存の音声知識を活用していることが明らかになった。

2.2. 言語リズム情報の保持

　言語リズムの情報は、どこでどのように保持されるのか。言語産出モデル

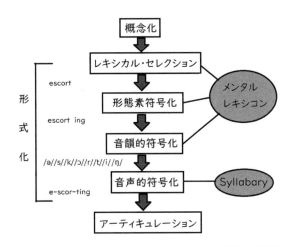

[図1] 言語産出モデル（Levelt 1993, Levelt et al. 1999, 一部改）

（図1）では、英語のリズム生成に関わる音節の情報は、Syllabaryに保存されているという（Levelt 1993、Levelt et al. 1999、Cholin et al. 2006、Cholin and Levelt 2009）。この言語産出モデルは、英語の第一言語を想定したものであるが、de Bot（1992）やKormos（2006）によると、第二言語の場合においても同様のプロセスをたどる。

　このモデルには、発話内容を考える「概念化」、発話内容をメンタルレキシコンやSyllabaryに保持された情報を活用して文法や音声などの言語形式に変換する「形式化」、そしてその内容にもとづいて発話される「アーティキュレーション」の3つの段階に大別される。

　まず、言いたいメッセージ「概念」が生まれたら、レキシカル・セレクションの段階があり、脳内に記憶されているメンタルレキシコン（心的辞書）から言いたいことに対応する語彙情報（lemma）を検索し、統語情報、意味情報が活性化される。そして、選び出された語彙情報（lemma）に含まれる統語情報をもとに配列される形態素符号化の段階がある。つぎに、メンタルレキシコンのlexeme（語彙素）から音韻情報を検索する。さらに音声的符号化の段階でSyllabaryに保持された情報をもとに音素が音節に統合されたり、強勢パターンが付与されて、筋肉運動などの発話の準備が整えられる。こうして作

られたメッセージは、アーティキュレーションの段階を経て、実際に調音される。齊藤 (1999) によると、このような段階の存在は、言い間違いの研究から確認できるという。"written" を "oral" としてしまうような単語単位の誤りは、レキシカル・セレクションの段階のエラーであり、"keep a tape" を "teep a tape" と言ってしまうような誤りは音韻符号化の段階のエラーである。

　Levelt et al. (1999) によると、形態素より一段階大きなまとまりに関する音韻情報はSyllabaryに保持されるとあるが、このリズムの扱いについては、日本語では同様に考えにくい点がある。

　英語は強勢拍リズム (stress-timed rhythm) と言われ、内容語の強勢が置かれる音節が強く長くなり、強勢が置かれたところから、つぎの強勢が置かれるところまでの間の長さを同じぐらいの時間をかけて発話する傾向がある。物理的に完全に同じ長さになるわけではないが、強勢の単位で等時性を保とうとする特徴を持つ。この点について里井 (2012) は、次の例を用いて英語のリズムを説明している。(1) の例文の場合、hard、say、sorryに強勢が置かれるため、下線部A、B、Cがほぼ同じ長さで発音される。(2) の例文では、Dは3語4音節になっているが、それを短く発音し、BやCとの時間が調整される。つまり、どの音節が強く長くなるかは文脈や発話意図、文の構成素によって異なり、各単語に付与された情報より一段階上の大きなまとまりでリズムが調整される。Syllabaryでは、発話全体の情報に合わせて作業が行える形で保持されていると考えられる。

(1) It's | hard to | say I'm | sorry.
　　　　　　　A　　　　B　　　　C
(2) It's | hard enough to | say I'm | sorry.
　　　　　　　　D

　一方、日本語の場合は、モーラ拍リズムで、文字とリズムが密接な関係を持つ。英語のように文脈によって長短が変わり「おばさん」が「おばあさん」になるようなことはない。したがって、日本語のリズム情報は、Syllabaryにリズム型として保持されている可能性のほかに、単語別にメンタルレキシコンに保持されている可能性がある。もし、リズム型のリズム情報が既知語か

ら習得されていくのであれば、リズム型によって難易が分かれ、「びょういん」「おばあさん」のリズムができれば、それが未知語や無意味語のリズムに適用されることになる。また、単語別にリズム情報が保持されているのであれば、リズム型で練習しても他の語に影響しにくく、既知語から順に習得していくことが考えられる。

　本章では、初級日本語学習者が学習している教科書によく出てくる高頻度語のリズムを活用し、研究課題1）高頻度語・低頻度語・無意味語でリピートの正確さが変わるか、研究課題2）研究課題1）の結果は時間の経過によって変化するか、の2点を明らかにする。

3.　調査デザイン

　ここでは、研究課題1）高頻度語・低頻度語・無意味語でリピートの正確さが変わるか、2）1）は時間の経過によって変化するかを明らかにするためにどのような調査デザインをしたかについて具体的に説明する。

3.1.　調査協力者

　調査は、上海と大連の大学で行った (表3)。上海の調査協力者は、日本語を専攻し、週に10時間日本語科目を履修している学習者12名である。調査語を上海の大学で使用している教材から選んだことから、教材の影響を確認するため、大連の大学で学ぶ日本語学習者15名も調査対象とした。

[表3]　調査協力者の所属別人数（週当たりの日本語授業時間）

	日本語専攻	日本語強化班	第二外国語
上海	12名（10h/w）	—	—
大連	5名（13.5h/w）	5名（12h/w）	5名（1.5h/w）

　大連の協力者は、日本語を専攻し、日本語科目を週に13.5時間履修してい

る学習者5名、日本語以外の専攻だが、日本語強化班に属し、週に12時間日本語の授業を履修している学習者5名、第二外国語として日本語科目を週に1.5時間履修している学習者5名である。いずれの調査協力者も大学に入って初めて日本語を学ぶ初学者で、入学後2か月以内に調査を行った。

3.2. 調査語

　調査語は、上海の日本語専攻の学生が授業のテキストとして使用している、周平・陳小芬編著『新編日語』(上海外語教育出版社) から選んだ。まず、語彙をリストアップし、リズム型、頻度の情報を入れてデータベースを作成した。出現頻度が10回以上である語を高頻度語、出現頻度が1回の語を低頻度語とし、音節構造が類似し、音韻的に似ているが、意味のない無意味語を加えた。無意味語を入れたのは、新たな語に見立て、その学習状況を検討するためである。

[表4]　調査語の例

リズム型	高頻度語	低頻度語	無意味語
12型	かばん	きぶん	けぼん
121型	デパート	レポート	リパート

　例えば、表4のように、リズム型の「タ」を1、「タン」を2で示し、12型のリズムの場合、高頻度語は「かばん」、低頻度語は「きぶん」、無意味語は「けぼん」のように選定した。リズム型が121型の場合、高頻度語は「デパート」、低頻度語は「レポート」、無意味語は「リパート」とした。このような形で、教科書の出現や頻度を考慮し、7種類のリズム型 (11型・12型・21型・22型・111型・121型・211型) で、調査語42語を選んだ。

3.3. 調査方法

　リピートで用いる刺激音を作成する際、同じリズム型が連続して出現することによる影響を避けるため、調査語をランダムに並べ替えてキャリアセンテンス「これは〜です」に入れ、東京方言話者が1回ずつ読み上げたものを音声編集ソフトを用いて編集した。

　研究補助者が中国語で調査手順の説明をし、同意が得られた調査協力者から同意書をもらい、謝礼を支払った。上海における調査は、1人ずつ防音室で行い、大連では録音に適した静かな環境で1人ずつ行った。いずれもヘッドセットから聞こえる刺激音にリピートしてもらう形で発話してもらい、その音声を、SONY製のPCMレコーダーで収録した。

　1回目の調査語から3か月後に、同様の手順で2回目の調査を行った。

3.4. 分析方法

3.4.1. リズムの定量化

　収録した音声データは、Grabe and Low (2002) の計測法をもとに、音声分析ソフト Praat (Boersma and Weenink 2020) を使って単語ごとに調査語の母音長 (V; Vocalic interval) と母音間長 (Int; Intervocalic interval) を計測した (図2)。母音間長とは、母音が終わったところから、次の母音が始まるまでの区間を指す。

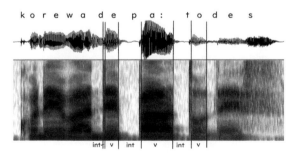

[図2] 母音長（v）と母音間長（int）

これまで日本語のリズム研究では、拍の単位で時間長を計測するものが多かったが、その計測には一貫性がなく、問題を抱えていた（鹿島2001）。例えば、「音」と「夫」を計測する際、「夫」は促音部/tt/を計測するが、同じ要領で「音」/oto/を計測すると、破裂子音/t/の前に現れる無音部をどこに含めるかという問題が生じる。先行母音/o/に含めると、同じリズム型で違う単語（「鬼」/oni/など）との比較ができなくなり、後続子音/t/に含めると、「夫」の促音部を計測する際、促音部に無音部が含まれているため、条件が一致しなくなる。その点で、Grabe and Low (2002) の計測法は、母音長とそれ以外の長さを計測するため、このような問題はない。

Grabe and Low (2002) のPVI (pairwise variability index) とは、言語リズムの類型を検討するために考案されたもので、計算式は以下の通りである。

$$PVI = 100 \times \left[\sum_{k=1}^{m-1} \left| \frac{d_k - d_{k-1}}{(d_k - d_{k-1})/2} \right| /(m-1) \right]$$

mは発話で分析対象となる母音（母音間）の数、d_kはk番目の母音（母音間）長を示している。すなわち、隣接する母音（母音間）長の差（A）を求め、Aを隣接する母音（母音間）長の和を2で割ったもので割り、その絶対値を算出する。そして分析対象となるすべての絶対値を合計し、母音（母音間）の数から1を引いた数で割る。1を引くのは、隣接する母音（母音間）長の差（A）の数は、母音（母音間）の数より常に1だけ少なくなるからである。この計算式により、隣接する母音長、母音間長の平均値が求められる。計算式は煩雑だがGrabeのホームページより、PVIの関数が入ったExcelがダウンロードして使用することもできる（http://www.phon.ox.ac.uk/files/people/grabe/）。

Grabe and Low (2002) は、言語リズムの類型を表すためにPVIを考案した。図3は、PVIと言語リズム類型の関係を示したものである。縦軸に正規化したnPVIをとり、横軸に母音間の前後の長さの差のそのままの数値であるrPVIをとって、リズムの違いを示している。強勢拍リズムと言われる英語やドイツ語などは、強勢が置かれる母音は強く長くなり、強勢が置かれない母音は聞こえないほどに弱く短くなる。強勢が置かれる母音と置かれない母音の長さの差は大きいという特徴がPVIによって表れている。音節拍リズムや日本語のモーラ拍リズムは、強勢拍リズムに比べて母音（母音間）長の差は小さいこ

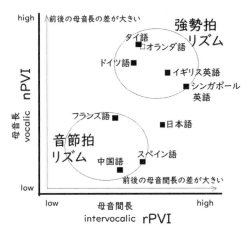

[図3] PVIと言語リズム（Grabe and Low 2002をもとに作成）

とがわかる。

　このPVIを、Ramus et al. (1999) の計測法、従来の拍を単位とした計測法の2つの計測法と比較した木下 (2006) では、nPVIの計測法がもっとも日本語学習者の学習段階が捉えられる計測法であることを報告している。また、このPVIによる評価は、聴覚印象による評価との相関が確認されている (Kinoshita and Sheppard 2011)。リズム評価には母語話者評価の方法を選択することもできるが、母語話者評価の場合、評価者間や評価者内で時間の経過とともに評価にゆれが生じるため、特に縦断研究を行う研究では、物理的に計測する方法が有効である。以上の点をふまえ、本研究ではPVIを用いた分析方法を選択し、Excelで母音長nPVIv、母音間長nPVIcを算出した。その関数は、以下の通りである。

nPVIv or nPVIc
= (AVERAGE((ABS(((d_2-d_1)/((d_2+d_1)/2))), (ABS(((d_3-d_2)/((d_3+d_2)/2))))))*100

　nPVIv、nPVIcを算出した後、リピートの刺激音のPVIとの差dnPVIv, dnPVIcを求め、その数値をもとに統計分析を行った。

3.4.2. 混合効果モデル

本章で紹介する研究では、縦断的に調査を行い、①調査協力者グループの違い（上海・大連）、②調査語の種類（高頻度語、低頻度語、無意味語）の違い、③リズム型の違い（11型・12型・21型・22型・111型・121型・211型）、④時間（1回目、2回目）を独立変数としている。従属変数は、PVIの値である。

統計分析を行い、2つ以上の変数の関連性を調べるには、独立変数や従属変数の数と種類（名義尺度・間隔尺度、グループ間比較・グループ内比較など）を考える必要があるが、この研究では、独立変数が2つ以上あり、名義尺度であること、そして独立変数にはグループ間比較（①）とグループ内比較（②③④）が混在していることから、混合効果モデル（Mixed effect model）を選択した（Field et al. 2012, Finch et al. 2019）。

統計分析ソフトR（R Core Team 2020）のnlme（Pinheiro et al. 2020）を用いて分析し、5%水準の有意確率でp値に有意差が確認された場合には、ボンフェローニ補正による事後比較を行った。

4. 結果

表5は、リピートの刺激音との差、dnPVIcとdPVIvをもとに、混合効果モデルのマルチレベルリニアモデルによる統計分析の結果を示したものである。

使用条件は、線形性を残差プロット、正規性をQ-Qプロットで確認した。dnPVIcの等分散性は、$F(26, 2241)=0.87, p=.654$、dnPVIvの等分散性は、$F(26, 2241)=1.27, p=.163$でp値0.05以上であり、等分散性を確認した。

1回目と2回目のPVI「回数」には有意差がない（dnPVIc: $\chi(7)=1.45, p=.23$, dnPVIv: $\chi(7)=2.91, p=.09$）。このほか、「回数」が含まれる交互作用についても同様の結果であった。

「大学」は、調査協力者の所属を示しているが、上海の大学か大連の大学かで結果に違いは見られなかった（dnPVIc: $\chi(8)=0.01, p=.93$, dnPVIv: $\chi(8)=0.06, p=.81$）。ただ、「大学×頻度」（dnPVIc: $\chi(27)=8.35, p=.02$）の母音間区間に有意差が見られたため確認したところ、高頻度語と低頻度語の間に交互作用が認められたが（図4）、上海、大連ともに高頻度語が高く、無意味語が低い点で共通している。

有意差が確認された項目は、1)「頻度」（dnPVIc: $\chi(10)=49.47, p<.001$）、2)「リズ

[表5]　混合効果モデルの結果

変数	df	dnPVIc		dnPVIv	
		χ^2	p値	χ^2	p値
回数	7	1.45	.23	2.91	.09
大学	8	0.01	.93	0.06	.81
頻度	10	49.47	< .0001	1.37	.50
リズム型	16	225.92	< .0001	253.09	< .0001
回数×大学	17	1.69	.19	1.43	.23
回数×頻度	19	2.35	.31	0.24	.89
回数×リズム型	25	2.72	.84	5.48	.48
大学×頻度	27	8.35	.02	0.57	.75
大学×リズム型	33	8.18	.23	8.53	.20
頻度×リズム型	45	156.76	< .0001	45.14	< .0001
回数×大学×頻度	47	0.53	.77	0.17	.92
回数×大学×リズム型	53	7.77	.26	2.51	.87
回数×頻度×リズム型	65	5.68	.93	3.63	.99
大学×頻度×リズム型	77	11.53	.48	9.01	.70
total	89	13.49	.33	7.42	.83

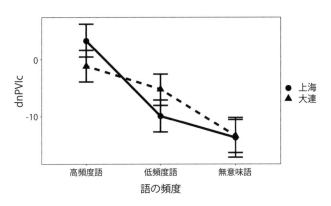

[図4]　大学と調査語の交互作用

型」(dnPVIc: χ(16)=225.92, *p* < .001, dnPVIv: χ(16)=253.09, *p* < .001)、3)「頻度 × リ ズ ム 型」(dnPVIc: χ(45)=156.76, *p* < .001, dnPVIv: χ(45)=45.14, *p* < .001) で あ り、い ず れ も「頻度」と「リズム型」に関わる要因である。

表6は、有意差が確認された項目につき、事後比較の検定を行った結果をまとめたものである。Rは調査語に長音を含むもの、Nは調査語に撥音を含むものを表している。5％水準で有意差が確認された項目にはその結果を、確認されなかった項目には「n.s.」と示した。例えば、「高＞低」の場合、高頻度語が低頻度語よりdnPVIの数値が高い。すなわち、高頻度語の方が低頻度語より刺激音からリズムが離れていることを意味する。

母音間区間dnPVIcの結果をまとめると、①低頻度語と無意味語のリズムは、変わらない（111型、22型以外）。高頻度語のリズムは刺激音と異なる。②重音節「2」が長音の場合、高頻度語は低頻度語・無意味語のリズムと異なる（21型以外）。③重音節「2」が撥音の場合、高頻度語のリズムは低頻度語と変わらない（211以外）。④111型、22型は、無意味語より低頻度語のリズムが異なることがわかる。

[表6]　ボンフェローニ補正のよる事後比較検定の結果

リズム型	dnPVIc			dnPVIv		
	高 - 低	高 - 無	低 - 無	高 - 低	高 - 無	低 - 無
11	高＞低	高＞無	n.s.	高＞低	高＞無	n.s.
111	n.s.	高＞無	低＞無	高＜低	高＜無	n.s.
12_R	高＞低	高＞無	n.s.	高＞低	高＞無	n.s.
12_N	n.s.	高＞無	n.s.	n.s.	高＜無	低＜無
121_R	高＞低	高＞無	n.s.	高＞低	高＞無	低＞無
121_N	n.s.	n.s.	n.s.	n.s.	n.s.	低＞無
21_R	高＜低	高＜無	n.s.	n.s.	n.s.	n.s.
21_N	n.s.	n.s.	n.s.	n.s.	n.s.	低＜無
211_R	高＞低	高＞無	n.s.	n.s.	高＜無	低＜無
211_N	高＜低	高＜無	n.s.	n.s.	n.s.	n.s.
22	n.s.	高＞無	低＞無	n.s.	n.s.	n.s.

一方、母音区間dnPVIvについては、①軽音節「1」で始まる語の場合、低頻度語と高頻度語は異なり、高頻度語の方が刺激音のリズムと異なる（111型、12型_R以外）。②重音節「2」で始まる語の場合、語の頻度による違いがない（21型_N、211型_R以外）。語頭が軽音節「1」か重音節「2」かによってリズムが異なることがわかった。

　図5は、縦軸に母音区間dnPVIv、横軸に母音間区間dnPVIcを示したものである。高頻度語は●、低頻度語は▲、無意味語は■、破線が交差している

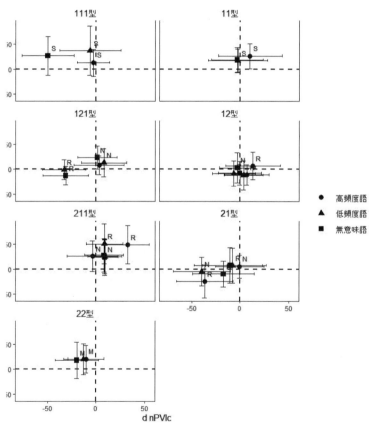

[図5]　リズム型別dnPVI

点は、刺激音のPVIを表している。すなわち、破線が交差している「0」に近いほど、刺激音と同じようなリズムで発話されてたことになる。Rは調査語に長音を含むもの、Nは調査語に撥音を含むもの、Mは調査語に特殊拍の種類が混在しているもの、Sは特殊拍を含まないものを表している。

　図5を見ると、2音節語（11型、12型、22型）より3音節語（111型、121型、211型）に顕著であり、3音節語のリズムのコントロールが難しいこと、12型、121型、211型の図から、長音より撥音の方が刺激音に近いことがわかった。

5.　考察

　本章の2つの研究課題、1）日本語学習者は、高頻度語・低頻度語・無意味語でリピートの正確さが変わるか、2）それは時間の経過によって変化するか、について解明を試みた。調査データをもとに、混合モデル、およびボンフェローニ補正による事後比較を行った結果、以下の点が明らかになった。

（1）日本語学習者は、高頻度語・低頻度語・無意味語でリピートの正確さが変わるか。リズム型のリズム情報は、既知語から習得され、既知語のリズム情報が未知語や無意味語のリズムに適用されるのか。

　すべてのリズム型に言えるわけではないが、高頻度語の正確さは、低頻度語や無意味語より低い傾向が見られた。このことは、高頻度語からリズム情報が保持されていくというより、別のストラテジーの使用によるものと考えられる。低頻度語、無意味語は調査協力者のメンタルレキシコンにリズム情報が保持されていないため、リピートの刺激音を聞いてコピーするように発音したが、高頻度語については、自分なりにメンタルレキシコンに保持した音声知識やリズム情報にアクセスし、活用していた可能性がある。

　このほか、音声をリピートする際のストラテジーとして、直前に発音したリズムの音響表象の影響や母語のリズム情報を活用したり、リピートごとに異なるストラテジーを用いていた可能性もあるが、高頻度語が低頻度語や無意味語と有意に異なる説明にならない。

　また、今回の結果では、2音節語より3音節語のリズムのばらつきが大きかったが、興味深い点は、2音節語にはほとんどなかった特殊拍の交替が3音

節語に複数見られ、長音が撥音で発音されるケースがあったことである。リピート時に、音声情報がインプットされると、ワーキングメモリで音声情報のリハーサルが行われるが、情報量が増え、ワーキングメモリへの負荷が影響したのであろう。これは、韓国人日本語学習者を対象とした木下 (2011) と同様の結果であった。

(2) 高頻度語・低頻度語・無意味語でリピートの正確さは、調査1回目と2回目で変化が見られるか。

　調査1回目と2回目では、変化が見られなかった。リピートにより、長短などのリズムは改善されにくいと報告した河野・松崎 (1998) を支持する結果である。

　また、調査協力者のグループ (上海・大連) による違いも見られなかった。調査語を決める際に用いた教科書『新編日語』を使用している上海の大学と異なる教科書を使用している大連の大学とで、言語リズムの違いは確認できなかった。初級で扱う表現に大きな違いがなかったことも考えられるが、大連の大学で使用している教科書の確認が必要である。また、高頻度語は、教科書に10回以上出現した語と定義したが、そのインプット量が十分でなかった可能性、言語リズムに焦点があてられていなかった可能性もある。

　本章の研究結果により、自然習得の学習環境では言語リズムに意識が向けられにくいことがわかった。このことは、教育の機会がなければ習得が難しいことを示唆している。柳澤他 (2011)、Kinoshita (2014) は、リズムは教育により意識化され、習得が進むことを報告している。さらに、de Bot (1996) も継続的にアウトプットする機会を与えることにより、第二言語の知識の自動化が進むと述べている。無意味語のリピートが正確であったことから、新しい語を学習する段階でのリズム教育の重要性が示唆される結果となった。

6.　おわりに

　本章では、2つの研究課題、1) 日本語学習者は、高頻度語・低頻度語・無意味語でリピートの正確さが変わるか、2) それは時間の経過によって変化するか、について解明を試みた。その結果、低頻度語や無意味語の方が高頻度

語よりリピートの正確さが見られ、高頻度語はメンタルレキシコンにあるリズムに関する既知情報を活用している可能性が示唆された。また、この結果は時間の経過により変化は見られず、リズムを習得するためにはリズムを意識する機会が不可欠であることがわかった。

●さらに勉強したい人のために

Levelt, William. J. M., Roelofs, Ardi, Meyer, Antje. S. (1999) A theory of lexical access in speech production. *Behavioral and Brain Sciences*, 22(1): pp. 1–38.
　　Levelt（1993）の言語産出モデルから、さらにモデルを発展させ、音声符号化がどのようなプロセスで行われるかが示された論文。英語を第一言語とする場合のモデルであるが、言語学習を考える上で必読の論文である。

門田修平（編）『英語のメンタルレキシコン―語彙の獲得・処理・学習』松柏社
　　第二言語としての英語のメンタルレキシコンについて様々な研究成果をもとにわかりやすく説明している概説書。第二言語における情報処理のメカニズムにもとづいた学習法、指導法の提案やさらに深めたい研究者へのアプローチが紹介されている。

●付記

本研究はJSPS科研費16K02826の助成を受けたものです。

●参考文献

赤木浩文・古市由美子・内田紀子（2010）『毎日練習！　リズムで身につく日本語の発音』スリーエーネットワーク

Boersma, Paul, Weenink, David. (2020) *Praat: doing phonetics by computer* [Computer program]. Version 6.1.37, retrieved 16 December 2020 URL http://www.praat.org/

Cholin, Joana, Levelt, William J. M., Schiller, Niels. O. (2006) Effects of syllable frequency in speech production, *Cognition* 99(2): pp. 205–235.

Cholin, Joana, Levelt, William. J. M. (2009) Effects of syllable preparation and syllable frequency in speech production: Further evidence for syllabic units at a post-lexical level, *Language and Cognitive Processes*, 24 (5): pp. 662–684.

de Bot, Kees. (1992) A Bilingual Production Model: Levelt's 'Speaking' Model Adapted. *Applied Linguistics* 13: pp. 1–24.

de Bot, Kees. (1996) The psycholinguistics of the output hypothesis. *Language Learning* 46(3): pp. 529–555.

Field, Andy, Miles, Jeremy, Field, Zoë. (2012) *Discovering statistics using R.* SAGE Publications.

Finch, W. Holmes, Bolin, Jocelyn E., Kelley, Ken. (2019) *Multilevel Modeling Using R.* Chapman and Hall/CRC.

Grabe Esther, Low Ee Ling. (2002) Acoustic correlates of rhythm class. In Gussenhoven, Warner, editors. *Laboratory Phonology* 7: pp. 515–546.

鹿島央・橋本慎吾（2000）「日本語リズムの語レベルでの特徴について―北京語話者の場合」『名古屋

大学日本語・日本文化論集』8: pp. 75–90.

鹿島央（2001）「日本語発音教育への応用をめざした新しいリズム単位の音声的実現に関する基礎研究」『平成12年度科学研究費補助金基盤研究（C)(2) 研究課題番号　09680298 研究成果報告書』

鹿島央（2002）『日本語教育をめざす人のための基礎から学ぶ音声学』スリーエーネットワーク

河野俊之・松崎寛（1998）「リピートだけでどれだけ発音が良くなるか」『日本語教育学会秋季大会予稿集』: pp. 159–164.

木下直子（2006）「第二言語における日本語のリズム―計測法の検討」『平成18年度日本語教育学会第3回研究集会予稿集』: pp. 77–80.

木下直子（2011）『日本語のリズム習得と教育』早稲田大学出版部

Kinoshita, Naoko, Sheppard, Chris. (2011) Validating acoustic measures of speech rhythm for second language acquisition. In Lee, W.-S. & Zee, E. (Eds.), *Proceedings of the 17th International Congress of Phonetic Sciences*: pp. 1086–1089.

木下直子（2013）「中国人日本語学習者の特殊拍の学習メカニズムの検討―既知語・未知語・無意味語の比較から」『明海日本語』18: pp. 35–44.

Kinoshita, Naoko. (2014) Learner Preference and the learning of Japanese rhythm. Levis, John. (Eds.). *6th Proceedings of the Pronunciation in Second Language Learning and Teaching Conference*: pp. 49–62.

木下直子・中川千恵子（2019）『ひとりでも学べる日本語の発音―OJADで調べてPraatで確かめよう』ひつじ書房

栗原通世（2004）「中国語北方方言話者の日本語長音の知覚特徴」『東北大学大学院文学研究科言語科学論集』8: pp. 1–12.

Kormos, Judit. (2006) *Speech production and second language acquisition*, Mahwah, NJ: Erlbaum.

Levelt, William J. M. (1993) *Speaking: From Intention to Articulation*, MIT Press.

Levelt, William J. M., Roelofs, A., Meyer, A. S. (1999) A theory of lexical access in speech production. *Behavioral and Brain Sciences*, 22(1): 1–38.

松崎寛（2002）「リピートのとき学習者は何を考えて発音しているか」『広島大学日本語教育研究』12: pp. 33–41.

皆川泰代（1996）「促音の識別におけるアクセント型と子音種の要因―韓国・タイ・中国・英・西語母語話者の場合」『日本語教育学会春季大会予稿集』: pp. 97–102.

皆川泰代・桐谷滋（1998）「日本語学習者による閉鎖子音の時間制御―言語リズムの異なる母語話者の比較」『日本音声学会全国大会予稿集』: pp. 103–108.

村木正武・中岡典子（1990）「撥音と促音―英語・中国語話者の発音」『講座日本語と日本語教育3 日本語の音声・音韻（下）』明治書院: pp. 139–177.

西端千香子（1993）「閉鎖持続時間を変数とした日本語促音の知覚の研究―日本語母語話者と中国語母語話者の比較」『日本語教育』81: pp. 128–140.

小熊利江（2008）『発話リズムと日本語教育』風間書房

Pinheiro, José, Bates, Douglas, DebRoy, Saikat, Sarkar, Deepayan, R Core Team. (2020) nlme: Linear and Nonlinear Mixed Effects Models. R package version 3: pp. 1–151.

R Core Team. (2020) R: *A language and environment for statistical computing. R Foundation for Statistical Computing*, Vienna, Austria. URL https://www.R-project.org/.

Ramus, Franck, Nespor, Marina., Mehler, Jacques. (1999) Correlates of Linguistic Rhythm in the Speech Signal. *Cognition* 73: pp. 265–292.

齊藤章江（1999）「言語産出における音韻的符号化段階とその障害」『京都大学大学院教育学研究科紀要』45: pp. 250–262.

匂坂芳典（1999）「日本語音韻の時間長制御と知覚」『言語』28: pp. 51–56.

里井久輝（2012）「言語と音声リズム」『龍谷理工ジャーナル』24(1): pp. 1–5.

助川泰彦（1993）「母語別に見た発音の傾向─アンケート調査の結果から」『日本語音声と日本語教育』
　　重点領域「日本語音声」D1班報告書: pp. 187–222.

土岐哲・村田水恵（1989）『発音・聴解』荒竹出版

戸田貴子（2003）「外国人学習者の日本語特殊拍の習得」『音声研究』7(2): pp. 70–83.

戸田貴子（2004）『コミュニケーションのための日本語発音レッスン』スリーエーネットワーク

内田照久（1989）「日本語における長音・促音の聴覚的セグメントの測定─外国人のための日本語音
　　声教育の観点から」『平成元年度教育心理学専攻修士学位論文概要』: pp. 269–270.

内田照久（1991）「外国人日本語学習者における長音・促音の聴覚的セグメントの測定─中国人日本
　　語学習者と日本語母語話者の比較」『日本教育心理学会総会発表論文集』33: pp. 695–696.

内田照久（1993）「中国人日本語学習者における長音と促音の聴覚的認知の特徴」『教育心理学研究』
　　41: pp. 414–423.

Warner, Natasha, Arai, Takayuki. (2001) Japanese mora-timing: A review. *Phonetica* 58(1–2): pp. 1–25.

柳澤絵美・木下直子・中村則子（2011）「知覚学習スタイルに注目した特殊拍指導の効果─視覚的補
　　助を用いた試み」『明治大学国際日本学研究』4(1): pp. 101–109.

7 漢字字形の特徴が非漢字圏初級日本語学習者の漢字認識処理に与える影響
漢字学習前後における処理傾向の比較分析

早川杏子　本多由美子

概要

　本章では、非漢字圏出身のJSL児童生徒の漢字字形認識を高めることを目的として行った予備的な実証実験ならびに学習者による漢字分解率を検討した追加分析の結果を報告する。実験は、反応時間を指標とした再認課題で、「漢字部品」、「非漢字部品」に区分した教育漢字1,006字のうち、漢字タイプ、漢字構成を統制した36字の漢字を対象に成人の非漢字圏初級日本語学習者に対して行った。分散分析の結果、漢字学習前後を通じ漢字タイプ、漢字構成における認識処理傾向は変わらず、「漢字部品型」「非漢字部品型」に漢字を分解して示すことが非漢字圏の日本語学習者の字形認識に部分的に影響する可能性を示唆した。2つの分析を通し、構成が左右分割型の漢字は部品の空間配置による影響を最も受けやすいことが明らかになった。

キーワード　JSL児童生徒／漢字部品・非漢字部品／再認課題／漢字分解

1.　はじめに

　日本語の学習にあたり、日本語学習者が苦労するのが、漢字の習得である。漢字学習の難しさは、加納 (2011) が指摘するように、①数の多さ、②字形の複雑性・類似性、③多読性と同音・類音性、④意味、⑤用法など多岐にわたる。漢字学習の困難点は、母語に漢字の使用背景があるかどうかによって異なる。そのため、日本語教育においては、学習者の母語文化背景に照ら

して「漢字圏」か「非漢字圏」かを区別し、漢字習得を議論することが多い。

漢字はそれ自体が意味を持つ表語文字 (logograph) であり、語であるがゆえに、数千単位の異なり文字が存在する。現在、文化庁の定める常用漢字表には2,136字が示されており、代表的な表音文字 (phonogram) であるアルファベットが26文字であることと比較すれば、その数は圧倒的である。非漢字圏出身の日本語学習者が2,000近くある漢字の字形学習を困難に感じるのは、文字数からして無理もないことであろう。

近年増加傾向にある、外国にルーツを持ち第二言語として日本語を学習する子ども (Japanese as a Second Language、以下JSL児童生徒) の漢字学習の問題は、状況がより複雑である。JSL児童生徒にとって、漢字の理解・習得は、学校生活に必要な情報の入手や教育内容の学習の理解度に直結する重要な問題といえる。小学校においては、6年間で1,006字 (いわゆる教育漢字、2020年より1,026字に改訂) を学習することが定められており、もしJSL児童生徒が中学校から編入した場合には、仮名よりもずっと複雑な造形を持つ1,000以上もの異なり文字を、きわめて短期間で認識し、識別できるようにならなければならないことになる。そのため、JSL児童生徒は教科学習と並行して、漢字の文字学習に短期間で多大な労力をかけている現実がある。しかしながら、JSL児童生徒に対する字形学習の問題に与する知見は十分にあるとはいえ、非漢字圏学習者の認知的基盤に基づいた知見の蓄積が急がれる。そこで本章では、これまで行われてきた字形、すなわち漢字の形態に焦点を当てた研究成果をもとに、実際のデータを通して、JSL児童生徒の漢字字形認識を高める漢字指導の方法を探る。

2. 先行研究と本章の研究課題

2.1. 日本語学習に関わる漢字研究のアプローチ

日本語学習に関わる漢字研究は大きく分けて3つの立場からのアプローチがある。1つ目は日本語教育の立場から、2つ目は計量的な立場からのもので、3つ目は認知心理学・心理言語学的な立場からの研究である。

1つ目の日本語教育の立場からの研究には、漢字学習のニーズや意識、ス

トラテジーやビリーフなど、学習者内の要因に目を向けたもののほか、指導法や授業実践が多い。2つ目の計量的な立場の研究は、データベースや言語コーパスのような大量のデータを軸に全体的な特徴に着目する。日本語教育の立場からの研究で扱うのが比較的小さな集団や事例であるのに対し、計量的な立場からのアプローチでは、頻度や使用領域、画数や頻度などの漢字の内的特性によって特徴を整理し、傾向を見出す。

　3つ目の立場である認知心理学・心理言語学的な立場の研究では、情報処理理論を基盤として、漢字の特性と情報の受け手の関係を明らかにすることに関心を向ける。認知心理学・心理言語学的な立場では、人が漢字を処理する際に、どのような特性が認知に影響するか調査や実験などの手法で検証する。本章は、3つ目の認知心理学・心理言語学的な立場を取る研究である。

2.2.　漢字の字形に関する先行研究

　多くの漢字が、複数の構成要素の結合により成り立っているという性質から、非漢字圏の日本語学習者の漢字学習のために、これまでも形態面に焦点を当てた方法がいくつか提案されてきた。例えば、Halpern (1990) は、字型式検示法 (System of Kanji Indexing Patterns: SKIP) という漢字分類方式を取り、漢字の外形的な型から1-左右型、2-上下型、3-囲み型、4-全体型の4つに分類した。このSKIPとは、漢字の知識がなくても辞書が引けるようにコード化したもので、各漢字に対し上の1〜4の型の下に、漢字を成す構成要素ごとの画数が示してある。例えば、このSKIPによる「職」のコードは1–6–12で、1は左右型、6は耳の画数、12は旁の画数を表す。また、全体型は分解不可な漢字とされ、1-top line (例：下)、2-bottom line (例：上)、3-through line (例：中)、4-others (例：人) の下位分類が設定されている。これによれば、「人」のコードは4–2–4で、分解不可型-総画数-othersを表す。この辞書では、漢字検索のための検索規則が非常にシステマチックである。だが、それゆえに綿密で子細な下位規則やその検索方法に多くの紙幅が割かれており、分析型の学習を好む学習者に向いていると思われる。また、ヴォロビヨワ (2014) は、漢字の構成要素に対し、アルファベット・コード、シンボル・コード、セマンティック・コードの3つを設定して、それぞれに筆画と筆順、部首、構成要素の意味の

情報を付与する体系化を行い、漢字の構造の階層化を試みている（図1参照）。

①漢字構造の公式：	鱗 ＝ 魚 ＋ 粦（米 ＋舛）
②アルファベット・コード：	PYBHBAALQQQQLABPOPYQABAB
③シンボル・コード：	195/119/136
④セマンティック・コード：	fish/rice

[図1]　「鱗」の階層構造分解（ヴォロビヨワ 2014: 44）

　ヴォロビヨワ (2014) の方法は、個々の漢字の外形構造、部首、意味の情報を付与し、検索の容易性や書く際の再現性を意図したもので、非常に緻密な仕組みになっている。この方法は、海外で日本語を学習する大学生がある程度長い期間を以て漢字の読み書きができるようになることを目指すことを想定しており、Halpern (1990) と同様に、高い分析力や推察力が求められるものである。

　ヴォロビヨワ・ヴォロビヨフ (2015、2017) は、上記の部首・カタカナ・画に充てたアルファベット・コードに基づいて漢字を小単位に分解しているが、常用漢字2,136字をカバーするには307（部首202 と準部首105）の部首を覚えることが必要としている。また、学習者向けではないが、JIS漢字2,965字の漢字を構造分解した齋藤他 (2003) では449種類の部品に分けられるとしている。だが、JSL児童生徒の場合、学習にかけられる時間や発達段階における認知能力の制約などがあるため、上述の漢字分解の方法は、時間がないJSL児童生徒にとっては分解パーツ数が多く学習負担が大きいのではないかということ、また、大学生や成人学習者と同じ方法で漢字の字形学習が達成されるのかという懸念がある。

　そうした背景から、非漢字圏出身のJSL児童生徒の漢字学習を考慮し、教育漢字1,006字を158種類にまで分解パーツ数を抑えた早川他 (2019) の研究がある。早川他 (2019) では、日本語学習初期における非漢字圏日本語学習者の漢字の視認性を高めるため、158種の部品を「漢字部品」、「非漢字部品」という2つの区分に分けている。次節で、早川他 (2019) の「漢字部品」、「非漢字部品」による漢字分解について詳しく説明する。

2.3. 「漢字部品」「非漢字部品」による漢字分解

　早川他 (2019) が区分した「非漢字部品」とは、学習者が既存知識を援用することで形が認識でき、特別に覚える努力を必要としない形態である。これは、ひらがな・カタカナ・アルファベットなどの表音文字や、数字・記号・図形などである。一方、「漢字部品」とは、「非漢字部品」には分類されない、漢字に帰属する形態で、教育漢字の全漢字内で出現頻度の高い形と特定の漢字にしか出現しない形を構成要素としたものである。「漢字部品」の構成要素は部首とは限らず、全漢字の中でよく出現する線分のまとまりを基準に抽出したものであり、さんずい「氵」のような部首 (出現回数44回) もあれば、部首ではない「⏋」(出現回数10回) などもある。またここには、分解すると本来の意味を失う象形文字や指事文字なども含む。この分解方法では、トータルで158 (漢字部品101・非漢字部品57) の部品に分けられ、出現頻度上位30部品の「漢字部品」と57部品の「非漢字部品」を覚えるだけで、教育漢字1,006字のうち認識可能となる漢字が476個、およそ47.3%の漢字をカバーすることができる算定である。計87個というと大変なように思えるが、「非漢字部品」は表1でわかるように、学習者の経験が援用可能で新たに多くの認知的努力を払う必要のない形態であることから、実質的には30の「漢字部品」を覚えさえすれば、教育漢字のおよそ半分 (5割弱) の漢字が認識できることになる。

　このように早川他 (2019) で分解した「漢字部品」、「非漢字部品」は、漢字内の出現頻度に基づいたとはいえ、あくまで日本語教師の漢字指導経験をもとに分類した主観的なものであり、学習者の認知に即した形態であるかどうかの保証がないという点で問題を残している。

2.4. 研究課題

　2.3で述べたように、早川他 (2019) の「漢字部品」、「非漢字部品」の分類は客観的なデータに裏打ちされていないという問題がある。そこで本章では、早川他 (2019) の「漢字部品」、「非漢字部品」の分類が妥当であるかどうかを確認するために、大学で日本語を学ぶ入門レベルの非漢字圏日本語学習者に対し、予備的な実証実験を行う。方法は、それぞれ「漢字部品」、「非漢

[表1]　漢字・非漢字部品一覧（早川他 2019: 122–124 を一部加筆）

漢字部品（N=101）		
分類	部品	部品を含む漢字
象形・指事文字	日月山川雨火水木石土田人女子小中大士目手心弓刀丁牛虫干車門几才井由臣曲六一三五七十上下天工入立王九丸正円百千	看、切、理
頻度の高い構成要素	丨亠丶丷丷冫又冂⺅厂⼐⻌⼃夂⼅⼚巾广⻖冋彳灬艹卩尸彡⼅冖⼍⼧龵⻊开彡衤礻⼋⺍	平、無、率
頻度の低い構成要素	⺆⺋ㅋ⼞	定、骨
非漢字部品（N=57）		
表音文字	ひらがな	くしつてもろ	災、毛
	カタカナ	アイウエオカキクケコサセソタツトニノナネノハヒフホマミムメヤユヨラリルレロワン	営、空公、祝
	アルファベット	E L T	長、直、近
数字・記号	数字	5 Ⅱ	写、悪
	記号	↑ ↓ × ¥ 〒	当、南
図形	廾（はしご）　巾（フォーク）　ℂ（渦巻）		面、犯

〈分解規則〉
a. イメージしやすい象形文字（雨）や指事文字（上、下）は分解しない。
b. 画数が少なく、頻度の高い部首はそれ以上分解しない。（例：氵、辶）
c. ひらがな・カタカナと同形の部首や構成要素は、優先的に仮名とみなす。
　（例：穴→ウ＋ハ）
d. 複数の構成要素から成り、一部の構成要素が既出とみなせる場合は、積極的にそれを用いる。
　（例：謝→言＋身＋寸（＊これらは全て既出漢字））
e. 構成要素はできるだけ教育漢字の範囲内で、学年配当が低学年のものが構成要素になるようにする。
f. 書き順には必ずしも従わない。（例：出→山＋山）
g. 全体の外形的印象を損なわない微細な部分（ハネ、線分の長さ、傾き等）は軽微な誤差として容認する。
　　　例：ハネ　「比」→「ヒ、ヒ」
　　　　　線分の長さ「方」→「亠、ク」
　　　　　傾き　「近」→「厂、Ｔ」
　　　ただし、外形が似ていたとしても、「人」や「ヘ」のように識別が必要になると考えられるものは区別する。
　　　（例：「以」→「レ、丶、人」／「会」→「ヘ、ニ、ム」）

字部品」のみで構成された漢字、「漢字部品」と「非漢字部品」の組み合わせによる漢字に対する再認課題（recognition task）である。その際、Halpern（1990）の示したように、部首の配置も非漢字圏の日本語学習者に影響を与える可能性を鑑み、漢字の構成（structure）の要因を含めて検討することとする。また、学習経験による認知傾向の経時的変化があるかどうかを見るために、漢字学

習を始めて間もない時期と2か月の漢字学習を経た学習終了時の2回同じ課題を行う。

　今回の実証研究は、形態記憶を検出しやすい反応時間実験による再認課題という心理学的な手法を用いるため、漢字構成の分類は、心理学に基づく齋藤他 (2003) に準じ、左右分割型、上下分割型、全体処理型の情報を付与した。齋藤他 (2003) は、漢字を分割するにあたり、「左右分割」、「上下分割」、「囲い込み分割」、分割できない「非分割」の4つの方に分類した。教育漢字全体を見ると、構えを部首とする漢字が少なく、全体処理型との違いが視認性という点でも初級日本語学習者に大きな差異を生じることが想定しづらいと考え、本章では構え型の漢字「囲い込み分割」型と「非分割」型を統合して全体処理型の漢字とみなし、分類型情報を付与した。

　以上の問題意識から、本章の研究課題は以下の3点にまとめられる。

研究課題1　漢字タイプ（漢字部品型、非漢字部品型、混合型）の分類は妥当か。
研究課題2　漢字の形態特性（左右分割型、上下分割型、全体処理型）によって、覚えた漢字の再認傾向は異なるか。
研究課題3　学習の前後で、再認処理傾向の経時的変化はあるか。

3.　実験デザイン

3.1.　概要

　実験は、漢字学習開始時（カタカナの学習が終わった段階）と漢字学習終了時（漢字130字程度を学習）の2回、同じ課題を行った。実験に参加した学生は全員非漢字圏出身で、初級前半（入門レベル）のクラスであり、カタカナの学習後に、教科書に沿って漢字学習を始めるコースに所属していた。なお、使用した教科書は『げんき』Vol.1 (The Japan Times) で、1回目（学習開始時）の実験に参加した時点では、第3課の漢字（主に漢数字）15字を学習したばかりであった。『げんき』は第3課から漢字の学習が始まる仕様になっている。実験参加者は教科書の順序通りに、全員ひらがな、カタカナの学習を終えた後で漢字学習を開始した。2回目（学習終了時）の実験参加時は、およそ第11課まで、130字程度

の漢字学習を終えたところであった。

　方法は、パソコン上に示された漢字が、実験前に覚えた漢字であるかどうかを答える再認課題で、ターゲットに対する反応時間と誤答を記録した。

　本章の研究課題から成る研究デザインは、研究課題1から、漢字タイプ (漢字部品型＝漢字部品のみから成る漢字、非漢字部品型＝非漢字部品のみから成る漢字、混合型＝漢字部品と非漢字部品の組み合わせから成る漢字) が第一の要因で、研究課題2から、漢字構成 (左右分割型、上下分割型、全体処理型) が第二の要因、研究課題3から、学習時期 (学習開始時、学習終了時) が第三の要因で、すべて参加 (被験) 者内要因である。比率尺度である反応時間と誤答率が分析対象であり、さらに学習時期の要因が同一の参加者で繰り返しの要因になるため、三元配置の分散分析 (反復測定) を行う。

3.2.　実験参加者

　漢字学習を始めて間もない非漢字圏出身 (アメリカ1、イタリア1、インドネシア2、スイス1、スペイン1、タイ2、ドイツ1、フランス1、ベトナム1、ベルギー1) の初級学習者12名であった。実験参加者は、所属する日本語クラスで、早川他 (2019) が漢字部品、非漢字部品とする方法で漢字を部品に分解する学習や指導は受けておらず、通常の日本語学習の中で、読み方や書き順などの指導を中心とした漢字学習を行っていた。すなわち、本章の第一の要因である漢字タイプに関する事前知識は一切持っていない状態で2回の実験に参加していた。

3.3.　実験対象とした漢字

　教育漢字に含まれる漢字のうち、部品数と画数を統制した計36字を選定した。表2「部品数」の欄に示したように、実験対象とした漢字は3つまたは2つの部品 (「漢字部品」「非漢字部品」) に分解される漢字である。漢字のタイプ分け (漢字部品型、非漢字部品型、混合型) は早川他 (2019) に基づき、漢字構成は、齋藤他 (2003) に準じた。一度に36字を覚えるには記憶の負荷が高いため、A、Bの2つの漢字リストを作り18字ずつに分けた。刺激 (実験参加者が反応を求められる文字などの材料) は学習開始時と学習終了時で同じであった。

[表2] 刺激に用いた漢字 (N=36)

タイプ	漢字構成	部品数			
		3		2	
漢字部品	左右	注 (8)	村 (7)	打 (5)	切 (4)
	上下	寺 (6)	岸 (8)	支 (4)	冬 (5)
	全体	冊 (5)	両 (6)	内 (4)	生 (5)
非漢字部品	左右	幼 (5)	伝 (6)	比 (4)	礼 (5)
	上下	空 (8)	言 (7)	兄 (5)	予 (4)
	全体	州 (6)	氏 (4)	半 (5)	毛 (4)
混合	左右	収 (4)	地 (6)	犯 (5)	印 (6)
	上下	年 (6)	角 (7)	去 (5)	示 (5)
	全体	成 (6)	片 (4)	永 (5)	不 (4)

注：( ) 内は当該漢字の画数を表す。

3.4. 実験の手続き

3.4.1. 学習開始時（1回目）

　実験は、4つのセクションに分けて行った。セクション1と3が記憶課題、セクション2と4が再認課題である。セクション1と3の記憶課題は、1つのリスト（AもしくはB、各18字）につき、15分間でリストの漢字の字形を覚えるという課題であった。セクション2と4の再認課題は、事前のセクションのリストにある漢字かどうかをパソコン上で判断するものであった。セクション

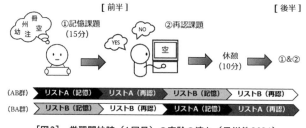

[図2]　学習開始時（1回目）の実験の流れ（早川他2021）

1と2終了後に、10分ほどの休憩を挟んでからセクション3と4を行った。

　セクション1と3の記憶課題では、時間内にリスト内の漢字字形を覚えるように指示し、読み方や意味はリストに呈示しなかった。また、記憶課題の遂行中は、音韻記憶や運動性記憶による影響を避けるため、声に出す、書く、または空書行動などを制限した。系列効果を考慮して、学習開始時にリストをA→Bの順で行ったAB群参加者は、学習終了時にB→Aの逆順で行った。また、学習開始時にリストをB→Aの順で行ったBA群参加者もAB群参加者と同様に、学習終了時に逆順（A→B）で実施した。

　セクション2と4の再認課題は、パソコンにインストールされた心理実験ソフトE-Prime（E-Primeを使用した実験手法の詳細は玉岡（編）2021参照）で行い、刺激が提示されてから実験参加者がそれに反応するまでの時間をミリ秒単位（1,000分の1秒）で計測した。再認課題は、初めのセクションで覚えた漢字と、妨害刺激（ディストラクター（Distractor）；誤項目）としてリストにはない漢字を含んだ刺激に対して、リストにあれば「Yes」、なければ「No」と答える課題である。刺激は短い時間で次々にランダム提示され、参加者には、その刺激に対して、できるだけ速くかつ正確に反応する（ボタンを押す）よう求めた。

　セクション2の再認課題の際、本番の前の練習として、日本語クラスで学習したばかりの漢数字「二、六」などを用いた練習用リストを渡し、覚えてもらった。その後、本番と同じ手続きで練習用の再認課題を8試行行った。本番の再認課題の試行は、方法を理解したことを参加者に確認した後、実施した。実験終了後、ターゲット漢字の一覧を渡し、漢字は複数の構成要素から成り立つ文字であることを伝え、覚えやすいように分解するなら、どのように分けるか一覧表に自由に記入してもらった。

3.4.2.　学習終了時（2回目）

　実験の流れは、学習開始時と同じであった。但し、学習開始時に15分とっていた記憶課題は、学習終了時では各リストそれぞれ3分のみであった。実験刺激は、3.3で示したように学習開始時と同じもので、学習開始時とはリスト順序を変えて行った。実験終了後、開始時と同一のターゲット漢字のリストを渡し、漢字を分解するなら、どう分けるかを一覧表に記入してもらった（1回目の学習開始時と同じ教示）。

3.5. 分析

　分析はSPSSを用いて三元配置の分散分析（反復測定）を行った。分散分析は、3つ以上の平均値の差を比較する場合に用いる分析手法である。同様に2つの平均値の差を検討する方法には t 検定があるが、3つ以上の平均値データに対して t 検定を繰り返し行うと、第1種の誤り（実際には有意差がないのに有意差があるとする誤り）の確率が高くなることに注意しなければならない。なお、多重比較には、ボンフェローニ法を用いた。多重比較にはいくつかの検定方法があるが、ボンフェローニ法は、有意水準を検定数で割り、有意水準の調整を行う方法である。例えば5%有意水準で3回検定を繰り返す場合は0.05/3=0.016に有意水準を引き下げ、0.016以下であれば有意差があると判断する。この方法は、比較の群が多いと有意水準が低くなるため、有意差が出にくいという側面もある。

　反応時間データは正規分布をとると考え、平均値を代表値として用いるが、平均値は外れ値の影響を受けやすく、データが歪んでしまう恐れがある。そのため、外れ値のような極端な値は除外するか平均反応時間を基準とした±2.5〜3の標準偏差の値で置き換えるのが一般的である（反応時間の外れ値処理については大久保 (2011) が詳しい）。+2.5標準偏差にあたる値は、答えるのに時間がかかったり、注意が別に向いたりしたことが原因で、刺激から反応までの時間が極端に長いものである。それに対し、-2.5標準偏差にあたる値は、刺激から反応までの時間が極端に短いもので、誤ってボタンを早く押してしまった場合などがある。

　本章の反応時間の分析には、正反応（先のリストにあったと正しく答えられた反応）データを対象とした。本章では平均反応時間から±2.5の標準偏差にある外れ値と誤反応（先のリストにあったのに「ない」と答えた誤った反応、つまり誤答）は、分析対象から除外した。外れ値と誤反応の除外率は、7.9%であった。誤答率の分析には、誤反応の値のみを分析対象とした。

4. 結果および考察

4.1. 反応時間・誤答率の分析

　まず、誤答率から報告する。分析の結果、全体の誤答率は5.6％で、誤答率においては、漢字タイプ、構成、学習時期のいずれも主効果ならびに交互作用はみられなかった。

　次に、反応時間では、学習時期および漢字構成に主効果（それぞれ $[F(1, 11)=18.94, p<.001, \eta_G^2=.19, F(1, 11)=18.61, p<.001, \eta_G^2=.15]$）、漢字タイプ×漢字構成に交互作用（$[F(1, 11)=19.92, p<.001, \eta_G^2=.15]$）がみられた。学習時期×漢字タイプ×漢字構成の交互作用はみられなかった。

　主効果がみられた学習時期、漢字構成の多重比較の結果、学習時期では、学習終了時のほうが学習開始時より速く、漢字構成では、上下分割型と全体

[表3]　反応時間および誤答率（反復測定）の主効果（左）と交互作用（右）

要因	水準	反応時間平均 (ms)	誤答率 (%)	漢字タイプ	漢字構成	反応時間平均 (ms)	誤答率 (%)
学習時期	開始時	1,080 (53)	5.8 (1.5)	漢字部品	左右	1,199 (85)	8.3 (2.8)
	終了時	909 (31)	5.3 (1.4)		上下	1,019 (61)	5.2 (2.4)
漢字タイプ	漢字部品	1,006 (42)	5.9 (1.1)		全体	799 (25)	4.2 (1.8)
	非漢字部品	965 (47)	4.5 (1.2)	非漢字部品	左右	1,096 (60)	4.2 (1.8)
	混合	1,012 (37)	6.2 (1.8)		上下	909 (59)	5.2 (1.9)
漢字構成	左右	1,099 (49)	6.2 (1.6)		全体	891 (45)	4.2 (2.4)
	上下	967 (49)	6.2 (2.3)	混合	左右	1,003 (55)	6.2 (1.9)
	全体	917 (36)	4.2 (1.0)		上下	971 (53)	8.3 (4.4)
主効果（反応時間）の結果	学習時期	開始時 ＞ 終了時			全体	1,060 (56)	4.2 (1.8)
	漢字タイプ	漢字部品＝非漢字部品＝混合		交互作用（反応時間）の結果	漢字部品	左右＝上下 ＞ 全体	
	漢字構成	左右＞上下＝全体			非漢字部品	左右 ＞ 上下＝全体	
					混合	左右＝上下 ＞ 全体	

注1：msはミリ秒（1,000分の1秒）を表す。
注2：（ ）の中の値は、標準誤差を示す。
注3：主効果の結果は、等記号（＝）の両側の反応時間に有意な差がないことを示し、不等記号（＞）の開いた側のほうが有意に反応時間が長いことを表す。

処理型の間に速さに違いはなかったものの、いずれも左右分割型が上下分割型、全体処理型よりも遅かった。

次に、交互作用がみられた漢字タイプ×漢字構成に対する単純主効果の結果は以下の通りである（表3の交互作用の結果を参照）。

漢字部品型においては、全体処理型が左右分割型、上下分割型よりも有意に迅速に処理されていた。それに対し、非漢字部品型では、左右分割型が上下分割型、全体処理型よりも有意に遅かった。混合型は、左右分割型、上下分割型、全体処理型の間に有意な差はなく、同程度の速さであった。

学習時期については、学習終了後のほうが有意に速かったことから、2か月ほどの短い日本語学習期間であっても、漢字の学習経験が漢字の字形処理を促進することが見て取れる。しかし、刺激の中に日本語クラスの中で学習した漢字（「生・言・半・年」の4字）があったことも処理の速さに影響していたかもしれず、学習の影響が関与している可能性も否定できない。そこで4字を除外したデータで再分析したところ、結果は4字を含めたデータと同じ傾向であった。このことから、学習の影響は限定的であったと考えられ、少なくとも本実験に限っていえば、今回のような日本語クラスに準じた2か月程度

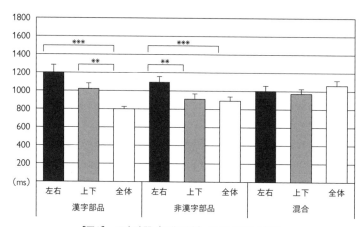

[図3] 反応時間（反復測定）の交互作用の結果

注1：図3は表3の交互作用の結果をグラフ化したもので、データの値は同じものである。
注2：***は$p < .001$、**は$p < .01$を表す。

の漢字学習では、学習者の字形再認処理の傾向に大きな変容はなく、経時的な変化は処理の迅速さにのみみられたといえよう。

　また、漢字構成については、左右分割型は、上下分割型、全体処理型に比べ処理に時間がかかることが明らかになった。さらに、漢字タイプと漢字構成の交互作用がみられたことから、この2つの要因の組み合わせ条件が学習者の字形再認処理に影響を与えるようである。

　交互作用をみると、漢字部品型では全体処理型が最も速く、上下分割型と左右分割型は同程度であったのに対し、非漢字部品型においては、左右分割型が上下分割型、全体処理型よりも顕著に再認処理が長くなった。

　一方、漢字部品および非漢字部品の組み合わせである混合型については、漢字タイプが漢字部品、非漢字部品にみられていた処理時間の差は消えてしまった。このことから、左右分割型、上下分割型、全体処理型のそれぞれにあった漢字構成要因の促進・抑制効果が、混合型においては相殺されてしまったと推察される。

　左右分割型の漢字処理にかかる時間が総じて長くなったり、混合型において処理時間の差がみられなくなったりしたことに共通しているのは、漢字構成、つまり集合的な部品の空間配置の違いである。左右分割型と上下分割型は、集合性を持つ部品と部品の間に余白（空白部分）があるという特徴が共通している。海保・柏崎 (2002) によれば、人のパターン認識には、形態の示差的特徴の抽出と統合によって形が認識される「特徴抽出モデル」と、ある形態に対して、最大限に類似した形態の鋳型（テンプレート）と照合することによって形を認識する「鋳型照合モデル」があるという。このパターン認識モデルにあてはめて考えると、左右分割型は部品間の余白が示差的特徴となり、それが同時に集合性を分かつ境界となって、左右それぞれに細部の形態特徴への注意が必要となる。さらに、そこから記憶された形態との照合作業を要するため、時間がかかるのではないかと考えられる。一方、全体処理型と上下分割型の漢字は、比較的部品間の余白が小さく漢字全体の形の示差的特徴を捉えることができるため、左右分割型に比べて情報の抽出・統合がしやすいのだと推定される。

　今回、実験参加者は漢字部品や非漢字部品といった分類を全く知らない状態で本実験に参加したが、それにもかかわらず、漢字構成と漢字タイプの交

互作用がみられたというのは、非漢字圏出身の日本語初級学習者の漢字の字形再認処理にこの部品の違いが多かれ少なかれ作用していたことが窺われる。反応時間による結果をまとめると、漢字を母語の文字としない日本語学習者は漢字の字形を認識するにあたり、構成要素の形態的特徴や空間性の情報を利用しているが、その情報の利用のし易さに違いがあり、それが再認課題における反応時間の迅速さあるいは遅延につながっていることが推察される。

4.2. 学習者による漢字分解の分析

　本実験では実験終了後、実験参加者に実験に用いた漢字のリストを渡し、覚えやすいように漢字を分解するならどのように分けるかを記入してもらった。本節では研究課題2の追加分析として、この漢字分解のデータを用い、漢字構成について、学習者が意識的に字形を捉えた結果と、反応時間による再認課題の実験結果 (4.1) との関係を分析した。本章で実験対象とする漢字を選定する際、漢字構成は齋藤他 (2003) に準じたが、齋藤他 (2003) は数千の漢字の全体像を把握したうえで、一定の基準に従って字形を分類したものである。これに対し、漢字の学習を始めたばかりの実験参加者は授業で示される漢字の字形を1字ずつ学んでおり、漢字構成の明示的な指導も受けていない。また、覚えやすい単位に分解するようにという指示のもとで字形を分解している。そのため、実験参加者の分解のし方は本章で設定した漢字構成とは一致しないものもあると思われる。

　分析の手順は、まず、実験参加者が手書きで分解した回答をそれぞれ「(当該漢字を) 分解したか／分解しなかったか」に分けた。図4は学習者の回答例である。「打」「内」は「分解した」、「半」は「分解しなかった」に分類した。なお、3つ以上に分解した場合もすべて「分解した」に分類した。

[図4]　学習者による分解例

次に、学習時期（学習開始時、学習終了時）および漢字構成ごとに、各実験参加者が漢字を分解した割合（以下、「分解率」と呼ぶ）を求めた。左右分割型、上下分割型、全体処理型はそれぞれ12字である（表3参照）。例えば、ある実験参加者が学習開始時に、上下分割型の漢字12字のうち、10字を分解し2字を分解しなかった場合、この学習者の学習開始時における上下分割型の分解率は83.3%となる。各実験参加者の分解率の値を用い、漢字構成および学習時期を要因とする二元配置の分散分析（反復測定）を行った。なお、本分析では分析対象とするデータに正規性を仮定することができなかったが、対馬（2011: 69）を参考にし、二元配置の分散分析を用いた。多重比較には、ボンフェローニ法を用いた。

分析の結果、漢字構成に主効果がみられた（[$F_{(2, 22)}$ =67.32, $p<.001$, $\eta G^2 = .53$]）。学習時期の主効果および学習時期×漢字構成の交互作用はみられなかった。主効果がみられた漢字構成について、多重比較を行った結果、分解率は高い順に左右分割型、上下分割型、全体処理型であることがわかった（表4）。これにより、学習者には、左右分割型は複数の要素の組み合わせであることがより意識され、全体処理型は、左右分割型および上下分割型よりもひとまとまりの字として捉えられる傾向が強いことが示唆された。このことは、本章での漢字構成の設定からみても妥当な結果であろう。

[表4] 分解率による漢字構成と学習時期（反復測定）の主効果

構成型	学習時期	N	平均	標準偏差
左右	開始時	12	0.95	0.08
	終了時	12	0.96	0.07
上下	開始時	12	0.75	0.20
	終了時	12	0.71	0.16
全体	開始時	12	0.57	0.23
	終了時	12	0.46	0.24
主効果（分解率）の結果	漢字構成	左右>上下>全体		
	学習時期	開始時=終了時		

注1：等記号（=）は、両側の分解率に有意な差がないことを示す。
注2：不等記号（>）は多重比較の結果、開いた側のほうが分解率が有意に高い（$p<.05$）ことを示す。

左右分割型の分解率が最も高いということは、字形再認処理においても、要素ごとに処理が行われる傾向が強いことを示唆する。これは、反応時間による字形再認実験において、左右分割型の反応時間が最も長かったという4.1の分析結果と重なるものである。一方、上下分割型と全体処理型では全体処理型のほうが分解率が有意に低かったが、4.1の分析結果では上下分割型と全体処理型の反応時間に有意差は見られなかった。全体処理型と比べると、上下分割型のほうが形態上の特徴は取り出しやすいが、漢字全体の形の認識処理の迅速さには、4.1で述べたように漢字タイプや余白などの別の要因も関係していると思われる。また、学習時期による分解率には有意差が認められなかったが、4.1の分析結果では、開始時よりも終了時のほうが処理速度が速くなっていることが示唆された。これは、それぞれの要素についての処理能力が上がったと考えることができるだろう。

　また、紙幅の関係で詳細は割愛するが、漢字ごとに分解した人数 (実験参加者12名中何名が分解したか) をまとめたところ、実験調査に用いた刺激の中で日本語クラスで学習した4字 (生、言、半、年) は、学習開始時と終了時とで、分解した人数に減少傾向がみられた。分解した人数を「学習開始時→終了時」で示すと、「生」3名→4名、「半」8名→1名、「言」8名→3名、「年」4名→3名であった。4字のみの傾向であるが、この結果は既知の形態がひとまとまりの単位として捉えられやすくなる可能性を示唆していると思われる。既有の知識をもとに認識可能な部品を設定する本章の考え方に沿った傾向であるといえる。なお、4.1で述べたようにこの4字が全体の結果に与える影響は限定的である。漢字ごとの詳細な分析は今後の課題としたい。

5.　おわりに

　本章では、非漢字圏出身のJSL児童生徒の漢字字形認識を高めることを目的として、早川他 (2019) が「漢字部品」、「非漢字部品」に区分した教育漢字1,006字のうち、漢字タイプ (漢字部品型、非漢字部品型、混合型)、漢字構成 (左右分割型、上下分割型、全体型) を統制した36字の漢字を対象に、予備的な実証実験として成人の非漢字圏日本語学習者に対して漢字再認処理実験を行った。また、追加分析として学習者による漢字分解率を学習前後で比較し、分解傾向

を検討した。本章の研究課題の結果は以下のようにまとめられる。

　研究課題1「漢字タイプ（漢字部品型、非漢字部品型、混合型）の分類は妥当か」については研究課題2と関わり、漢字の形態特性との組み合わせにより再認処理の傾向が変わる。このことは、「漢字部品型」「非漢字部品型」に漢字を分解して示すことが非漢字圏の日本語学習者の字形認識に部分的に影響する可能性を示唆している。

　研究課題2「漢字の形態特性（左右分割型、上下分割型、全体処理型）によって、覚えた漢字の再認傾向は異なるか」については、反応時間や学習者による漢字分解率から、異なるといえる。中でも、左右分割型が最も再認に時間がかかり漢字分解率も高いことから、部品の空間配置の影響を受けやすいことがわかった。

　研究課題3「学習の前後で、再認処理傾向の経時的変化はあるか」は、学習前後で傾向は変わらず、処理の迅速さのみに学習後の変化がみられた。

　以上、反応時間を用いた実験と学習者による漢字の分解率の追加分析から検討を行ったが、当然ながら、本結果のみで漢字部品や非漢字部品の分け方が適切かつ妥当性があると結論付けられるものではなく、さらなる検証が必要であろう。また、字形だけで漢字指導方法やシラバスを考えることは実用性からいっても不十分であることから、今後は字音（庵・早川2017、早川・庵2020）や字義、例えば意味的透明性（本多2017）の観点も踏まえつつ、非漢字圏の日本語学習者に対する漢字指導について考える必要がある。今後は、JSL児童生徒をはじめとする漢字を母語の文字としない日本語学習者の認知に即して、漢字を成す形音義のすべての側面から考慮された、やさしい漢字シラバスが求められよう。

　最後に、本章は、これまで漢字を科学的に捉えようと認知心理学の観点から漢字の分解を行った齋藤他（2003）、中学校教科書データベース（「やさしい日本語」のための基盤研究（科研費17H02350）による）構築の成果蓄積によるところが大きい。日本語学習者の認知、習得の様相にのっとった学習方法を考える上で、こうした客観的な大規模データに基づき、科学的に実証することの重要性は今後ますます高まってくるはずである。

●さらに勉強したい人のために

松本裕治・影山太郎・永田昌明・齋藤洋典・徳永健伸（1997）『岩波講座　言語の科学3　単語と辞書』岩波書店
　　本書は言語の最も基本的な構成単位である単語を、言語学、認知心理学、情報処理の視座から捉えており、語というものがいかに様々な情報を内包しているか、その奥深さを十分に知ることができる。第3章「心的辞書」に漢字認知処理の実験研究が詳しく紹介されており、本章の理論的背景や研究方法について知りたい方の入門書として最適である。

前田富祺・野村雅昭（編集）（2012）『朝倉漢字講座2　漢字のはたらき（普及版）』朝倉書店
　　漢字使用の現状を、音韻、表記、意味、造語、字体、認識、使用量など様々な観点から解説した概説書である。類書で日本語学と心理学の両分野を扱っている書籍は少ない。現代の漢字に関心を持ったときに、その研究の広がりを概観できる書である。なお、参考文献の齋藤他（2003）も第7章「漢字の認識と発達」で紹介されている。

●付記

本章は、早川杏子・本多由美子・庵功雄（2021）「非漢字圏日本語初級学習者を対象とした漢字字形認知に関わる予備的実験—漢字学習開始時と終了時における再認実験から」『人文・自然研究』15（一橋大学）の内容に、筆者らが新たな分析を加え、加筆修正したものです。
なお、本研究はJSPS科研費 17H02350 の助成を受けたものです。

●参考文献

坂野永理・池田庸子・大野裕・品川恭子・渡嘉敷恭子（2011）『げんき』Vol.1（第2版）The Japan Times

文化庁（2010）「常用漢字表」
　　https://www.bunka.go.jp/kokugo_nihongo/sisaku/joho/joho/kijun/naikaku/pdf/joyokanji-hyo_20101130.pdf

Halpern, Jack. (1990) *New Japanese-English Character Dictionary*. Kenkyusha.

早川杏子・本多由美子・庵功雄（2019）「漢字教育改革のための基礎的研究—漢字字形の複雑さの定量化」『人文・自然研究』13: pp.116–131. 一橋大学全学共通教育センター

早川杏子・本多由美子・庵功雄（2021）「非漢字圏日本語初級学習者を対象とした漢字字形認知に関わる予備的実験—漢字学習開始時と終了時における再認実験から」『人文・自然研究』15: pp.141–153. 一橋大学全学共通教育センター

早川杏子・庵功雄（2020）「中学校教科書コーパスを用いた漢字音訓率の算定—英語教科書を中心に」『人文・自然研究』14: pp.108–122. 一橋大学全学共通教育センター

本多由美子（2017）「二字漢語における語の透明性—コーパスを用いた語と構成漢字の分析」『計量国語学会』31(1): pp.1–19.

庵功雄・早川杏子（2017）「JSL 生徒対象の漢字教育見直しに関する基礎的研究—理科教科書の音訓率を中心に」『人文・自然研究』11: pp.4–19. 一橋大学 大学教育研究開発センター

海保博之・柏崎秀子（編著）（2002）『日本語教育のための心理学』新曜社

加納千恵子（2011）「漢字習得の問題」『日本語教育叢書　漢字教材を作る』関正昭・土岐哲・平高史也（編）pp.2–7. スリーエーネットワーク

大久保街亜（2011）「反応時間分析における外れ値の処理」『専修人間科学論集　心理学篇』1(1): pp.81–89.

齋藤洋典・川上正浩・増田尚史・山崎治・柳瀬吉伸（2003）「JIS第一水準に属する漢字2,965字に対

するN次分割による抽出「部品」の結合特性」科学研究費報告書『意味処理における情報統合過程の解明』

玉岡賀津雄（編）(2021)『外国語としての日本語の実証的習得研究』ひつじ書房

対馬栄輝 (2011)「リハビリテーション分野の研究で用いられる統計手法」『バイオメカニズム学会誌』35 (1)：pp. 67–75. バイオメカニズム学会

ヴォロビヨワ・ガリーナ (2014)『構造分解とコード化を利用した計量的析に基づく漢字学習の体系化と効率化』政策研究大学院大学　博士論文

ヴォロビヨワ・ガリーナ、ヴォロビヨフ・ヴィクトル (2015)「漢字の構造分析に関わる問題—漢字字体の構造分解とコード化に基づく計量的分析」『国立国語研究所論集』9: pp. 215–236.

ヴォロビヨワ・ガリーナ、ヴォロビヨフ・ヴィクトル (2017)「非漢字系日本語学習者の漢字学習における阻害要因とその対処法—体系的な漢字学習の支援を目指して」『国立国語研究所論集』12: pp. 163–179.

8　美化語研究と計量分析

滝島雅子

概要

　本章では、「お」や「ご」が付く言葉のなかでも使用頻度が高い美化語に注目し、CEJC と BCCWJ の 2 つのコーパスを用いて頻度を計量的に分析する。その結果、1）CEJC の分析により、話し言葉の美化語には「食」に関する語が多く、女性のほうが男性よりも使用頻度が高い傾向にあること、2）BCCWJ の分析により、書き言葉の美化語には社会的な活動に関する語や概念的な語が多く、また、その使用頻度は使用ジャンルによって異なること、3）CEJC と BCCWJ の美化語の階層的クラスター分析により、話し言葉では美化語が派生的・生産的に使われるのに対して、書き言葉では語彙的・抑制的に使われる傾向にあることが明らかになったことを報告する。

キーワード　美化語／コーパス／敬語／接頭辞

1.　はじめに

　美化語は、「お酒」や「ご褒美」のように、接頭辞の「お」や「ご」が主に名詞に付いてできる敬語のことをいう。「酒でも飲む？」とか「褒美をやろう」などと言うと、言い方が乱暴に感じられたり粗野に聞こえてしまったりするのを避けるため、「お酒でも飲む？」「ご褒美をやろう」のように、「お」や「ご」を付けて、言葉遣いをきれいに上品にするため、事物を美化して言う敬語だと一般的には認識されている。

「美化語」という名称は、辻村 (1967: 17) が「素材を美化する敬語」として丁寧語と区別して用いたのが始まりだが、「美化語」が敬語の一分野として認知され教育現場でも扱われるようになったのは2007年の文化審議会答申「敬語の指針」によるところが大きい。「敬語の指針」(2007: 21) では、それまで尊敬語・謙譲語・丁寧語の3分類だった敬語を、尊敬語・謙譲語Ⅰ・謙譲語Ⅱ・丁寧語・美化語の5分類に分け、「美化語」を「ものごとを、美化して述べるもの」と説明している。

　しかし、元来、接頭辞の「お」や「ご」が付く名詞は、敬語として機能するものから、子どもに対した親愛語 (例：おめめ)、神仏に関連した慣用語 (例：おみくじ) や皮肉語 (例：お荷物)、さらには、経年変化により敬語接頭辞が持つ敬意が低減し普通語化した語 (例：お茶) まで多岐にわたり複雑である。その様相は連続的で、このうちのどこからどこまでを「美化語」と呼ぶのかはわかりにくく、日本語母語話者にとっても決して明確に整理されているとは言えない。さらに、近年、「敬語全体の用法の丁寧語化」が進む中で (井上 2017: 73)、美化語の「お」の使用は拡大傾向にあることが報告されており (文化庁 1997、2006)、テレビなどの放送における美化語の使い方についても問題提起がなされている (滝島 2018)。

　日本語教育においても、美化語に関するさらなる研究の必要性が、これまでたびたび指摘されてきた (川口1986、井上2011、郭2011ほか)。井上 (2011: 407) は、「お」の付き方について学生にアンケート調査をしたところ、間違いが目立ち、そのパターンも全く違うことに触れ以下の様に述べている。

　　　「お」の付き方についての共時的記述が不足で、文化審議会 (2007) の『敬語の指針』も不十分である。(中略) 日本語教育の教科書・参考書や敬語指導書、マニュアル本の類でも「お」の付け方について基本原理を掲げてあるが、語例が少なく、包括的でない。また語を分類していないし、用法の差が分からないなど、外国人学習者への配慮がない。

　特に、従来の日本語教育においては、敬語は動詞を中心に学習が行われてきたため、「お」や「ご」が付く名詞の導入に関しては、十分な整理や説明が行われていない。語彙や敬語形式の導入にとどまることも多く、その結果、

学習者の使用には、以下の例に見られるような誤用が散見される。(1)(2)は、窪田 (1992: 72) からの引用、(3)(4) は筆者の経験による。

(1) ?先生、<u>お</u>チーズをどうぞ。
(2) ?先生の<u>ご</u>研究室にお進学いたしまして…
(3) ?誕生会をお楽しみにしています。
(4) (寿司屋で) 先生に<u>お</u>にぎりをごちそうになった。

　(1)(2) は「お」「ご」が名詞に付く場合の言語的制約 (外来語や拍数が多い語には付きにくいなど) を理解していないため、(3)(4) は固定的な語の意味や使い方を十分に理解していないために起きる誤用である。窪田 (1992: 58) はまた「これでわたしの<u>お</u>話を終わります」などの例をあげ、「一見自分の動作等について<mark>いる「お／ご」は、学習者がとくに疑問を抱き、説明を求めてくることが多い」とも述べている。一方、郭 (2011) は、性差などの社会言語学的な要素を考慮しないことによる学習者の不適切な使用を指摘している。
　以上のような誤用や課題を解消し、学習者が「お」「ご」が付く語 (特に美化語) を習得するためには、その全体像を把握したうえで、使用条件や傾向を分かりやすく説明し、学習者のレベルやニーズにあった語彙や使い分けを効果的に導入する必要がある。
　そこで本章では、現代日本語を代表する大規模コーパスを用いて計量的分析を試みることで、実際にどのような美化語がどのような場面や文脈で使用されているのかを分析し美化語の全体像をつかむための手がかりを得ることを目的とする。複雑で捉えにくい言語現象に対して、データ科学では、頻度という指標によって科学的実証的にその姿を浮き彫りにすることが期待できる。

2.　先行研究と研究課題

2.1.　「美化語」とは何か

　「美化語」をどのように捉えるかは、現在も、研究者によって多少異なる。

菊地 (1997: 355–356) は、「お菓子」のように、使うのが当たり前になっている場合も多いものの「いわば《丁寧》や《上》に通う使い方の美化語もあるので、その意味で敬語に準じるもの」(「準敬語」) だとする一方、蒲谷 (2013: 104) は、美化語とは非美化語との対立関係において捉えられるものであり、「言葉遣いをきれいにしようとする意識や、自らの品格を保持しようとする意識を持つことが、何らかの「場面」的な認識に基づくものだとすれば、その意味で、美化語も敬語である」と述べている。また、井上 (2017: 201) は、「美化語」を「指針敬語」の一分類としては認めつつも、「「お酒」「お料理」という語が、相手の提供する (または摂取する)「酒」「料理」を指すときには尊敬語として使われるわけだから、単語自体を分類することは、難しい。また単語により、話し手の性や年齢によって使用率が違うので、単語自体を分類するのは困難である」として、美化語の、尊敬語や謙譲語などとの連続性や複雑性を指摘している。

　さらに、一般的に「美化語」とされるものの中には、敬語とは呼べない類の語も含まれることがある。窪田 (1992: 70) は、「対者意識・敬語意識を消失して、慣用語ないし普通語化しているものも多い」として、美化語について以下の分類 (語例は一部省略) を示している。

1)　あいさつことば (「お」は必須) ……おはよう、おめでとう、お疲れさま
2)　上品さを意図 (アクセサリー的、随意) ……お茶、お花、お菓子
3)　慶事・弔事 (神仏とのかかわり) ……お三が日、お節句、お彼岸
4)　子どもに対して (親愛語的) ……おしゃま、おつむ
5)　その他 (慣用語化・一語化したもの) ……おしゃべり、おむすび、お情け

　このように、美化語は、敬語の一分類として位置づけられつつも、輪郭があいまいでつかみにくい。かつて、「お」「ご」の付くことばの複雑性を捉えて寿岳 (1964: 335) が「「お」や「ご」は (略) 機能が明かでないほど安易に使われている。(略) いわばあいまいな語が多い」と述べた評は、現代でもなお、美化語の現実をよく捉えている。こうした複雑で整理されにくい言語現象を、日本語教育において、学習者にどのように説明し、習得を支援していくのかが問われている。

2.2. 美化語に関する先行研究

　美化語を含め、広く「お」「ご」が付く言葉についての研究は多岐にわたっている。

　まず、語彙レベルの大規模な研究・調査としては、柴田 (1957) がある。東京在住の主婦を対象に、『日本語アクセント辞典』(1951) から無作為に抽出した語に関して、接頭辞「お」の付く程度を調査し、「悪感情の語には付きにくい」「食事、心の動き、感情、体の働きに関する語には付きやすい」などの傾向をつかんだ。また、田中 (1972) は、語種による「お」「ご」の付着について、国立国語研究所の「新聞の語彙調査」資料を分析し、「お」が和語に、「ご」が漢語に付くという傾向が強く定着していることなどを報告した。

　美化語の増加のメカニズムや社会学的な位置づけを考察した研究としては2000年代の井上史雄の一連の研究があり (井上 2009、2010、2011、2012他)、「お」の付く言葉の使用には性差があり女性のほうがより使う傾向にあること、都市部の30代主婦が美化語の接頭辞「お」の付けすぎを牽引し男性が追随する増加メカニズムなどを指摘した。また、『国語に関する世論調査』(文化庁 1997、2006) によると、美化語の現代の増加傾向について、2006年の調査では、「菓子」「酒」「米」などの語については5割を超える人が「お」を付けて使い、その割合は1997年の調査結果に比べ増えていることが報告されている。

　また、放送メディアにおける美化語については、NHK放送文化研究所による一連の調査研究があり (塩田・滝島 2013、塩田他 2015、滝島 2018)、それに関連して、滝島 (2020) では、テレビの情報番組で使われる美化語に着目し、話し手と聞き手へのインタビューを通して、美化語を使う意識と受け止める意識には、相手や場に配慮する「待遇意識」と話し手の品位を保つための「美化意識」の2つがあることを論じた。

　日本語教育の視点からの研究としては、まず、日本語能力試験の語彙に関して、どのような語に「お」や「ご」が付くのかを分析した宮田 (2005) や接頭辞「お」の用法の分類から学習者への導入方法を検討した村田 (2009)、JFL環境にある中上級学習者を対象に、美化語の使用実態を調査した郭 (2011)、初級日本語の語彙に付く接頭辞「お」「ご」について考察した中西 (2012) などがある。

しかし、実際のコミュニケーションにおける「美化語」に注目した研究は少なく、また、限定的なデータに基づく質的なアプローチが中心で、日本語全体を捉えた網羅的なデータによる科学的・計量的な分析は乏しい。また、現代日本語において、話し言葉と書き言葉では、その様相は大きく異なるが（前川2008、滝浦2014、石黒2015ほか）、そのような談話の種類による美化語の使用傾向を分析したものは、管見のかぎりない。

2.3. 研究課題

本章では、現代日本語の「お」「ご」が付く名詞の中でも使用頻度が高い「美化語」に注目し、現代日本語の話し言葉、書き言葉それぞれを代表する大規模コーパスを用いて計量分析を行い、その使用傾向を考察し、日本語教育において、学習者が効果的に「お」「ご」を学び、主体的な自己表現につなげていくための具体的な提言を行うことを目的とする。

以上の研究目的を達成するために、3つの研究課題を設定する。

研究課題1　現代日本語において美化語は、どのような語彙がどの位の頻度で使われているのか。

研究課題2　話し言葉における美化語の使用傾向として、どのようなことが指摘できるか。

緩急課題3　書き言葉における美化語の使用傾向として、どのようなことが指摘できるか。

本章では、話し言葉、書き言葉それぞれの特徴を表わす2つのコーパスを使って、上記の3つの研究課題に迫ることとしたい。

3. 調査デザイン（データと分析）

3.1. 分析データ

本章では、日本語母語話者による話し言葉を代表する『日本語日常会話

コーパス』(Corpus of Everyday Japanese Conversation: CEJC) モニター公開版 (2018年度版) (https://chunagon.ninjal.ac.jp/cejc/search、2019.8閲覧) と、現代日本語の書き言葉を代表する『現代日本語書き言葉均衡コーパス』(Balanced Corpus of Contemporary Written Japanese: BCCWJ) (https://chunagon.ninjal.ac.jp/bccwj-nt/search、2019.8閲覧) という代表性の高い2つのコーパスデータを分析対象とする。

　まず、CEJC (短単位延べ語数609,327語) は、多様な場面・多様な話者による自然な日常会話をバランスよく収集するよう工夫されたコーパスである。性別・年齢などをバランスよく考慮して選ばれた40名の調査協力者に録音・録画の機材を3ヶ月ほど貸し出し、調査協力者の日常生活で自然に行われる会話を調査協力者自身に記録してもらう方法で収集している。CEJC モニター公開版は、国立国語研究所がコーパスの利用可能性を把握するため、2021年度末の本公開に先立ち、2018 年12月に50時間分 (本公開の1/4相当) の会話データをモニター公開したものである (小磯他 2019)。なお、CEJC は、その後、2021年2月に更に50時間のデータを2020年度版として追加公開したが、本章では、2018年度版のみを対象とする。

　一方、BCCWJ (短単位延べ語数104,612,418語) は、現代日本語の書き言葉の全体像を把握することを目的とした均衡コーパスである。「書籍、新聞、雑誌、白書、ブログ等異なるレジスターのサブコーパスの集まりであり、書き言葉の多様な実態を捉えることができるデータ」(山崎2011: 13) であり、それぞれのレジスターから無作為にサンプルを抽出している。本章では、そのうちのコアデータ (短単位延べ語数1,097,933語) を対象に分析を行う。コアデータとは、BCCWJ 全体の約100分の1の量の約110万語に相当する。人手により解析精度を高めているため、BCCWJ 全体の解析精度が約98%であるのに対し、コアデータの解析精度は99%以上となっている (山崎2011、小椋2014)。

　実際のコミュニケーションにおける話し言葉と話し言葉は、その場面や扱われる話題などによって多様であり、上記の2つのコーパスは、その全てを網羅するものではないが、本稿では、それぞれを、現代日本語の話し言葉と書き言葉を代表するものとして分析を行う。

3.2. 分析方法

分析は、以下の3つのステップで行った。

【ステップ1】CEJCおよびBCCWJのデータから検索ツールの「中納言」を使って〈語彙素「御」＋普通名詞〉のパターンの検索を行い、〈「お」「ご」「御」＋普通名詞〉の用例をそれぞれ2,546件および1,778件を得た。

【ステップ2】ステップ1で得られた用例から、下記に示した独自の調査対象抽出ルールに従い、今回の調査対象の敬語名詞それぞれ1,544件および1,196件を得た。

《調査対象抽出ルール》
・「お母さん」「ご苦労様」などの呼称やあいさつ語は、対象外とする。
・「ご説明する」「お返事いただく」など、動詞として機能する敬語形式の一部（下線部）になっているものは、対象外とする。
・「お笑い芸人」などの複合語は、対象外とする。
・表記にゆれがあるものは、一般的な表記に代表させて示す。
　　　例：「お友達／おともだち」→「お友達」

【ステップ3】ステップ2で得られた用例について1件ずつ前後の文脈から判定を行い、尊敬語・謙譲語・美化語の3分類に振り分けた。蒲谷 (2013: 76–77) によれば、「「オ／ゴ〜」の「〜」に名詞が入る場合、その名詞に関わる「所有」の主体がいる場合には、その人物を高くする敬語となる。(中略) 特に所有者がいない場合には、美化する敬語となる」とされる。例えば、「お手紙」という言葉は、文脈によって、尊敬語・謙譲語・美化語それぞれの敬語として使用されるが、上記の蒲谷の判断基準に従えば、下記の用例のように分類される。

(5)　先生からいただいたお手紙（尊敬語）

(6)　先生にお送りしたお手紙（謙譲語）

(7)　お手紙の書き方講座（美化語）

(5)(6)は、「お手紙」の所有の主体は「先生」であるため、それぞれ「先生」を高くする尊敬語・謙譲語として使われるが、(7)の「お手紙」は、一般的な手紙をきれいに表現したもので、所有の主体がいないため、美化語と判断される。

このほか、本研究では、前述の窪田 (1992) の3) 4) 5) にあたる、神仏との関わりがある語、子どもに対しての親愛語的な語、慣用語化・一語化した語についても、検索ツールの「中納言」で検索された語については、美化語として扱う。接頭辞「お」や「ご」が付く名詞のうち、どの範囲を「美化語」として扱うかには、さまざまな考え方があるが、本研究では、神仏関連の語や親愛語、すでに慣用が定着し、もはや美化語の意識無く使われている語についても、美化語由来の語として調査対象とし、尊敬語・謙譲語以外の「お」「ご」が付くことば全体の傾向を探ることとする（ただし「ご飯」などのように、中納言で一つの形態素として検索される語は対象外とした）。

以上の判定の結果から、最終的に美化語のみを抽出し、CEJC、BCCWJそれぞれで、1,405件、849件の用例を得た。以下、得られた美化語のデータをもとに、分析と考察を行う。

4. 結果と考察

4.1. CEJCの分析結果と考察

本項では、CEJCにおけるの美化語の語彙と使用傾向を分析する。CEJCからは、前述のように1,405件の美化語が検出された。

4.1.1. CEJCの高頻度の美化語

まず、CEJCで多く使用される美化語の語を見てみる。表1には、CEJCの美化語について、頻度が高い順に上位50の語を示した。最も頻度が高いのは「お金」(頻度128)、次いで「お茶」(頻度119) であった。こうした語は「お」が付かない「金」「茶」では、ぞんざいな印象や不自然さを生じさせ、現代日本語では通常「お金」「お茶」として使用されるのが一般的である。4位に入っている「おうち」(頻度54) には、やや幼児語的な印象もあるが、CEJCでは、男

女とも幅広い世代に観察できる。「自分の家」を表わす美化語として、以下の
(8) の用例のようにCEJCの会話にたびたび登場し、話し言葉の美化語とし
て定着していることをうかがわせる。

(8) 最近、ハンバーグもおうちであんまり作らなくなっちゃった。

（会話ID　C002_016　50代女性）

[表1]　CEJCの美化語（高頻度順）

No.	美化語	頻度	No.	美化語	頻度	No.	美化語	頻度	No.	美化語	頻度	No.	美化語	頻度
1	お金	128	11	お花	26	21	お土産	17	31	お醤油	11	41	お金持ち	7
2	お茶	119	12	お友達	26	22	お代わり	15	32	お部屋	11	42	お雑煮	7
3	お店	84	13	お水	23	23	お盆	15	33	お話	11	43	お手前	7
4	おうち	54	14	お弁当	22	24	お刺身	13	34	お塩	10	44	お墓	7
5	お肉	51	15	お味噌	21	25	お尻	13	35	お出口	9	45	おつゆ	6
6	お酒	49	16	お互い	19	26	お先	13	36	お煎餅	9	46	お花見	6
7	お昼	33	17	お寺	19	27	お箸	13	37	お客	8	47	お教室	6
8	お菓子	32	18	お祭り	18	28	お料理	13	38	お寿司	8	48	お祝い	6
9	お風呂	32	19	お皿	18	29	お魚	12	39	お猪口	8	49	お城	6
10	お湯	28	20	お仕事	18	30	お手伝い	12	40	お通し	8	50	お正月	6

　　また、CEJCの美化語として特徴的なのは、「お茶」「お肉」「お酒」「お昼」「お
菓子」「お水」「お弁当」「お味噌」など「食」に関係する語が多い点である（上位
50語のうち21語）。この結果は、食事に関する語には「お」が付きやすいことを
指摘した柴田 (1957) とも重なる。またCEJCの会話にメタ情報 (詳細は小磯他
(2019) を参照のこと) として付与されている「活動 (何をしながら会話をしているか)」に
注目して美化語の100万語あたりの調整頻度を比較すると図1のようになる。
この結果からも「食事」中の会話で美化語が多用される傾向が示唆される。

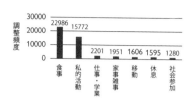

[図1]　CEJCの「活動」ごとの美化語の調整頻度

4.1.2.　CEJCの美化語使用数の男女差

　CEJCの調査協力者（総数239人）の性別情報を活用して、女性話者（131人）と男性話者（108人）の1人あたりの美化語使用数を算出したところ、両者の平均値と標準偏差は、表2のようになった。

　この結果に対して、女性話者と男性話者の平均値の間に有意な差があるかt検定を行った結果、女性と男性では、有意な差が認められた［$t(223) = 3.021$、$p= .003$］。先行研究でも、「お」の付く言葉について、女性のほうが男性より多く使う傾向が指摘されている（井上2011、文化庁2006）が、CEJCのデータでも、同様の傾向があることが示唆された。

[表2]　CEJC調査協力者の男女別の平均値と標準偏差

	データ数	平均値	標準偏差
女性話者	131	7.56	11.535
男性話者	108	3.84	7.319

4.2.　BCCWJの分析結果と考察

　本項では、BCCWJにおける美化語の語彙と使用傾向を分析する。BCCWJからは、前述のように849件の美化語が検出された。

4.2.1.　BCCWJの高頻度の美化語

　まず、BCCWJではどんな美化語が多く使われているか見てみる。表3には、

頻度が高い順に上位50の美化語を示した。BCCWJで最も頻度が高いのは、CEJCと同様に「お金」(頻度138) だが、「食」に関する語が多いCEJCの美化語に比べて、「お店」「お話」「お祭り」「お客」など、社会的な活動に関する語が多い。また、「食」に関連した語をはじめ、身近な物を中心とした即物的な語が多かったCEJCに対して、「お互い」「お気に入り」「おなじみ」「お得」「お知らせ」「お楽しみ」「ご機嫌」などの概念的な語が多く含まれる点も特徴として指摘できる。

[表3] BCCWJの美化語（高頻度順）

No.	美化語	頻度	No.	美化語	頻度	No.	美化語	頻度	No.	美化語	頻度	No.	美化語	頻度
1	お金	138	11	お祭り	13	21	お正月	8	31	お水	6	41	お肉	4
2	お店	66	12	お昼	11	22	お知らせ	8	32	お湯	6	42	お目当て	4
3	お互い	60	13	お土産	11	23	お尻	8	33	お礼	6	43	お買い物	4
4	お年寄り	31	14	お菓子	10	24	おしゃべり	8	34	ご馳走	6	44	おせっかい	4
5	お気に入り	27	15	お客	10	25	お盆	7	35	お休み	5	45	お世話	4
6	お茶	25	16	お酒	10	26	お金持ち	7	36	お天気	5	46	お花	3
7	お風呂	18	17	お寺	9	27	お勧め	7	37	お楽しみ	5	47	お花見	3
8	お話	18	18	お弁当	9	28	おしまい	6	38	ご機嫌	5	48	お荷物	3
9	お墓	16	19	おなじみ	9	29	お仕事	6	39	おうち	4	49	お財布	3
10	お友達	16	20	お得	9	30	お次	6	40	お中元	4	50	お手本	3

4.2.2. BCCWJの美化語のジャンル

ここで、BCCWJのジャンルに注目して、美化語の頻度を見てみる。BCCWJには、「書籍」「雑誌」「新聞」「白書」「教科書」「広報誌」「Yahoo! 知恵袋」「Yahoo! ブログ」「韻文」「法律」「国会議事録」の11種類のジャンルからバランスよくデータが収録されている。それぞれのジャンルごとの美化語の100万語あたりの調整頻度を比較すると図2のようになる。

BCCWJでは、美化語はブログや知恵袋などで多く使用され、雑誌や書籍、新聞がそれに続いている。また白書では使用が少なく、国会議事録や法律などでは使用が見られない。書き言葉での美化語使用には、使用するジャンル

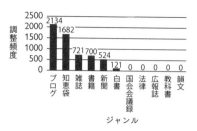

[図2] BCCWJの美化語のジャンル別調整頻度

が大きく影響していることがわかる。またBCCWJには、1971年から2008年まで約40年間のデータが収録されているが、今回抽出された美化語はすべて2000年代以降のデータで使用されている語であった。「雑誌」「新聞」「教科書」「広報誌」「Yahoo! 知恵袋」「Yahoo! ブログ」に関しては、もともと2000年代以降のテキストしか収録されていないが、1971年からのデータも含まれる「書籍」や「白書」に関しても、2000年代以降の使用しか検索されないということは、書き言葉における美化語の使用は、特に2000年代以降で顕著であることを示唆する結果であることも付け加えておきたい。

4.3. CEJCとBCCWJの比較分析

　最後に本項では、CEJCとBCCWJの美化語を改めて比較することで、話し言葉と書き言葉、それぞれにおける美化語の使用傾向を分析してみたい。

4.3.1. 美化語の頻度の比較と特徴語

　表4では、それぞれのデータの美化語の延べ数、および100万語あたりの調整頻度を示した。カイ二乗検定の結果、CEJCとBCCWJで美化語の頻度の差は有意であった（$\chi^2 = 696.87$; df = 1; $p = .000$; $\phi = .020$）。つまり、話し言葉では書き言葉に比べて、より美化語が使われる傾向が指摘できる。

　表5では、CEJCとBCCWJそれぞれの上位20の高頻度語を改めて並べた上でそれぞれの語の調整頻度を示し2つのコーパスにおける美化語を比較した。

　まずCEJCの高頻度の美化語のうち「お味噌」「お皿」(網掛けの語) はCEJCで

[表4]　CEJC と BCCWJ の美化語の延べ語数と調整頻度

	CEJC	BCCWJ
美化語の延べ数 （調整頻度）	1,405 （2,306）	849 （773）

[表5]　CEJC と BCCWJ の高頻度語の調整頻度

No.	CEJCの高頻度語	頻度	調整頻度	BCCWJの高頻度語	頻度	調整頻度
1	お金	128	210	お金	140	127
2	お茶	119	195	お店	66	60
3	お店	84	137	◆お互い	60	54
4	◇おうち	54	88	お年寄り	31	28
5	◇お肉	51	83	お気に入り	27	24
6	お酒	49	80	お茶	25	22
7	お昼	33	54	お風呂	18	16
8	お菓子	32	52	お話	18	16
9	お風呂	32	52	◆お墓	16	14
10	お湯	28	45	お友達	16	14
11	◇お花	26	42	お祭り	13	11
12	お友達	26	42	お昼	11	10
13	お水	23	37	お土産	11	10
14	お弁当	22	36	お菓子	10	9
15	お味噌	21	34	お客	10	9
16	お互い	19	31	お酒	10	9
17	お寺	19	31	お寺	9	8
18	お祭り	18	29	お弁当	9	8
19	お皿	18	29	おなじみ	9	8
20	お仕事	18	29	お得	9	8

網掛け：CEJCかBCCWJのどちらか一方でのみ使用がある語
◇：CEJCでは調整頻度が高いが、BCCWJでは目立って低い語
◆：CEJCよりもBCCWJのほうが調整頻度が高い語

のみ使用が観察された。これらは、ともに「食」に関する語であり、話し言葉では「食」に関する美化語がよく使われれる傾向の一端と言えよう。

　またCEJCの高頻度美化語で上位にある「おうち」「お肉」「お花」(◇の語) はCEJCの調整頻度 (おうち88／お肉83／お花42) に比べてBCCWJの調整頻度が非常に低く (同4／4／3)、話し言葉に特徴的な語と見ることができる。

　一方、「お年寄り」「お気に入り」「おなじみ」(網掛けの語) は、BCCWJでのみ使用が観察された。このうち頻度が比較的高い「お年寄り」は、以下のように新聞での使用が目立ち、高齢の人をひとくくりにして伝える書き言葉として、メディアなどで多用されていると考えられる。

(9) 子供からお年寄りまで体力に合わせて、日数や場所を選べるのが人気の
　　秘密だ。
　　　　　　　　　　　　　　　　　　　(2004年6月4日　読売新聞夕刊)

　また、「お気に入り」の使用例としては以下のような雑誌での使用やPCのブックマークの意味での使用が目立つ。

(10) コートはスタンダードなデザインだけど、コサージュが今年っぽくて
　　お気に入り。
　　　　　　　　　　　　　　　　　(雑誌『Can Cam』 2005年2月号)
(11) パソコンを買ったばかりで、お気に入りに何も入っていません。

　　　　　　　　　　　　　　　　　　　　(2005年　Yahoo!知恵袋)

　「お気に入り」は、内省では話し言葉としても使われるが、書き言葉として雑誌の商業的なコピーやPC用語としてよく使われることが指摘できる。

　BCCWJの高頻度語の調整頻度は、概ねそれぞれの語のCEJCでの調整頻度のほうが上回るが、「お互い」と「お墓」の2語 (◆の語) についてはBCCWJのほうが調整頻度が高い (BCCWJ：お互い54、お墓14／CEJC：お互い31、お墓8)。特に「お互い」はBCCWJの調整頻度が高く、書き言葉に特徴的な語と捉えられる。これについては後述する。

4.3.2. 美化語率の比較
　次に表5で示したCEJCとBCCWJにおける美化語の高頻度語に関して、そ

れぞれ「美化語率」を算出し美化語率が高い語にはどのような違いがあるのかを見てみる（表6）。なお「美化語率」とは以下の計算式で得られる値であり、当該の語を使うときに「お（ご）」を伴い美化語として使われる割合を示す。

$$美化語率（\%）= \frac{美化語の頻度}{美化語の頻度＋非美化語の頻度} \times 100$$

[表6]　CEJCとBCCWJの高頻度の美化語の美化語率

No.	CEJC	美化語率（%）	BCCWJ	美化語率（%）
1	＊お湯	100.0	＊お気に入り	100.0
2	＊お互い	100.0	＊お茶	96.0
3	＊お寺	95.0	＊お年寄り	80.5
4	＊お祭り	94.7	お金	62.4
5	＊お菓子	86.5	お互い	62.1
6	＊お金	84.8	お土産	61.1
7	＊お風呂	84.2	お得	50.0
8	＊お茶	81.5	お寺	45.0
9	お店	72.4	おなじみ	42.6
10	お皿	62.1	お弁当	40.9
11	お弁当	59.5	お風呂	36.7
12	お酒	57.6	お昼	32.4
13	お昼	53.2	お祭り	28.9
14	お花	44.8	お墓	28.8
15	お肉	42.6	お店	28.4
16	お味噌	42.0	お菓子	26.3
17	お友達	21.5	お酒	17.9
18	お水	18.0	お友達	15.5
19	おうち	11.8	お客	6.1
20	お仕事	9.9	お話	4.2

例えば、表6において、CEJCの「お湯」は美化語率が100％だが、これは、CEJCでは常に「お」が付いた「お湯」が用いられ、「湯」は使われていないことを意味する。美化語率が100％に近づくほど、当該の語が「お（ご）」が付いた美化語として使われやすいことを示す（表中＊印は、美化語率が80％を超えている語）。

　これを見ると、全体的にCEJCの語のほうがBCCWJに比べて、美化語率が高い傾向にあり、特に美化語率が80％を超える語については、CEJCが「お湯」「お互い」「お寺」「お祭り」「お菓子」「お金」「お風呂」「お茶」の上位8語までが該当するのに対して、BCCWJでは、「お気に入り」「お茶」「お年寄り」の上位3語に留まっている。このことから、話し言葉のコーパスであるCEJCでは、常に「お」が付いた形の美化語が普通語として定着している語が比較的多い一方、書き言葉コーパスのBCCWJでは、限定的な語以外は、「お（ご）」が付く場合と付かない場合で、ゆれがある傾向を指摘できる。

　例えば、「お寺」については、CEJCの美化語率は95％だが、BCCWJでは45％と5割を下回る。これは、話し言葉では「お寺」が一般的だが、書き言葉では、使用場面によって「お寺」と「寺」でゆれがあること示す。

　例えば、BCCWJでは、「お寺」と「寺」が、それぞれ以下のように使われており、使用するテキストのジャンルによって、ゆれがある。

(12) お盆にお寺に行ったときにいい言葉を見つけました。

（2008年　Yahoo!ブログ）

(13) 右手の山門は月見寺で知られる本行寺。俳人・小林一茶ゆかりの寺でもある。

（2002年　朝日新聞）

　同じ〈「お」／「ご」＋名詞〉の形式の語であっても、CEJCとBCCWJでは美化語率が異なり、BCCWJのほうが美化語と非美化語でゆれがある傾向があることは、話し言葉と書き言葉の違いによる美化語の使用傾向として注目される。

4.3.3. 美化語の頻度と美化語率による階層的クラスター分析

　本項では、CEJCとBCCWJそれぞれのデータで頻度が高い上位60語に関

して、それぞれの語の頻度と美化語率を変数として階層的クラスター分析を行い、話し言葉と書き言葉における美化語の全体の使用傾向を俯瞰的に比較分析することを試みる。クラスター分析とは、集団の中から似ているグループを作り分類したいときに使う分析手法で、中でも階層的クラスター分析は、分析の結果を樹形図（デンドログラム）で表現することによって、どの変数が距離的に近いのかを視覚的に見極めることができる（畠・田中 2019）。

クラスター法はWard法を使用し、距離はユークリッド距離を用いた。結果として得られたデンドログラムを図3に示す。分析の結果、CEJC・BCCWJともに4つのクラスターが得られた。4つのクラスターの妥当性を検証するため、得られたクラスターを独立変数、美化語の頻度と美化語率を従属変数とした分散分析を行った結果、CEJCとBCCWJそれぞれで、頻度（CEJC $[F(3, 56) = 60.178, p < .001]$ ／ BCCWJ $[F(3, 56) = 64.438, p < .001]$）、美化語率（CEJC $[F(3, 56) = 179.903, p < .001]$ ／ BCCWJ $[F(3, 56) = 62.418, p < .001]$）ともに有意な群間差が見られた。表7には、クラスターごとの異なり数と延べ数を、表8には、それぞれのクラスターごとの語彙を示した。

この結果から、美化語の使用は、話し言葉、書き言葉ともに、非常に頻度の高いクラスター1のグループと、美化語率が高いグループから低いグループまでの段階的なクラスター2〜4の4つのグループで捉えることができる。

まず、クラスター1は、量的に頻度が非常に高い語であるため、現代日本語における美化語の基本語彙として、日本語教育においてもまずは押さえておくべき語と言えよう。このうちCEJCの「お茶」、BCCWJの「お互い」は、それぞれ話し言葉と書き言葉で頻出する特徴的な語と考えられる。 CEJCの

[表7]　クラスターごとの美化語の異なり語数と延べ数

	CEJC		BCCWJ	
	異なり数	延べ数	異なり数	延べ数
クラスター1	3	331	3	264
クラスター2	19	261	10	114
クラスター3	22	392	24	205
クラスター4	16	183	23	121

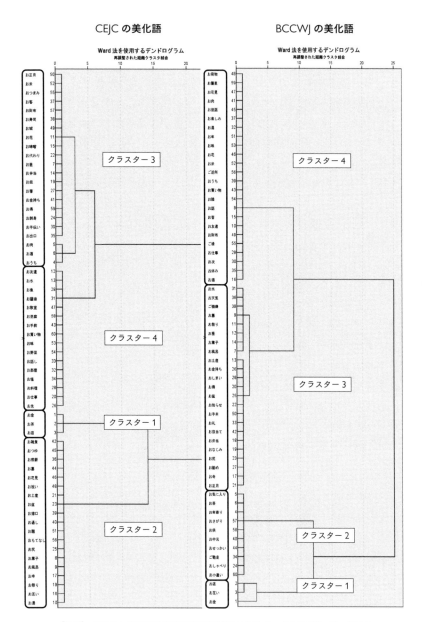

[図3]　CEJC と BCCWJ の美化語の階層的クラスター分析のデンドログラム

[表8] CEJCとBCCWJのクラスターごとの美化語

クラスター	CEJCの用例	BCCWJの用例	クラスターの特徴
1	お金・お茶・お店	お金・お互い・お店	頻度が非常に高い
2	お雑煮・おつゆ・お煎餅・お墓見・お花見・お祝い・お土産・お盆・お猪口・お通し・お題・おもてなし・お尻・お菓子・お風呂・お寺・お祭り・お互い・お湯	お気に入り・お茶・お年寄り・おさがり・お供・お中元・おせっかい・ご馳走・おしゃべり・お小遣い	美化語率が70〜100％と非常に高い
3	お正月・お米・おつまみ・お客・お財布・お寿司・お城・お花・お味噌・お代わり・お墓・お弁当・お皿・お箸・お金持ち・お得・お刺身・お手伝い・お出口・お肉・お酒・おうち	お水・お天気・ご機嫌・お墓・お祭り・お昼・お菓子・お風呂・お土産・お金持ち・おしまい・お得・お盆・お知らせ・お手本・お札・お目当て・お弁当・おなじみ・お尻・お勧め・お寺・お正月	美化語率が30〜60％で「お／ご」を付けるかどうかに「ゆれ」
4	お友達・お水・お魚・お醤油・お教室・お豆腐・お手前・お買い物・お味・お野菜・お話・お部屋・お塩・お料理・お仕事・お先	お荷物・お蕎麦・お花見・お肉・お世話・お楽しみ・お湯・お年・お味・お花・お米・ご近所・おうち・お買い物・お隣・お話・お客・お友達・お財布・ご縁・お仕事・お次・お休み・お酒	美化語率が非常に低い

元のデータを辿ると、「お茶」は、話し言葉の場面では「日本茶」「紅茶・コーヒーなどの飲み物の総称」「日本茶の茶葉」「仕事の合間のティーブレイク」「茶道」など実に多様な意味で使われている。「お茶」を導入する際には、こうした多様な使い方も学習者に示すことが有効であろう。一方「お互い」はBCCWJのデータでは、ブログでの「お互い育児がんばりましょう」などの副詞的用法のような比較的気軽な使い方から、「お互いの自由を尊重する」などのような硬い文まで幅広く使われており、導入の際には様々な「お互い」の使い方に触れるように工夫することも必要だろう。

　次に、美化語率が段階的な値を示すグループであるクラスター2〜4のうち、美化語率が非常に高いクラスター2の語群は、いわば美化語として使われやすい語であるため、「お」や「ご」を付けずに「非美化語」として使用した場合には違和感や特別な意味を生じやすいため、注意を促す必要がある語と言える。

　ここで、クラスター2の語を詳しく見てみると、CEJCの美化語は、「お雑煮」「おつゆ」「お煎餅」など、「お」がなくても（「雑煮」「つゆ」「煎餅」としても）意味が通じる語が多く語彙も豊富である。一方BCCWJの美化語は「お気に入り」

「おさがり」「お供」「おせっかい」「ご馳走」「おしゃべり」など「お」や「ご」がないと意味が成立しない語（美化語というより普通語として使われている語）や、「お茶」「お年寄り」「お中元」など、「お」や「ご」がないと違和感やぞんざいな印象につながりやすい語が中心で限定的である。このことは美化語が、話し言葉では派生的・生産的に使われるのに対して、書き言葉では語彙的・抑制的に使われているという傾向の一端を示すものだと言えよう。また、クラスター3、4については、美化語率に幅があり美化語を使うか非美化語を使うかでゆれが大きい語であるため、教師は、学習者に対して、その語を使う場面や文脈、学習者自身がどのような自己表現を望むかなどに配慮して、使い分けを示していくことが求められる。

このようにクラスター分析によって、日本語教育における美化語の導入に関して、頻度が高い語を中心に、話し言葉と書き言葉それぞれの傾向を踏まえた上でクラスター1～4のような語群ごとに段階的に導入することの必要性と可能性が示唆された。教師がその段階に応じて学習者に個別の語の使い分けを示すためには、各語ごとの使用傾向についての詳細な分析が必要であるが、今後の課題としたい。

5.　終わりに

本章では、名詞に「お」や「ご」が付く言葉である美化語に注目し、CEJCとBCCWJの2つのコーパスを用いて、その使用傾向を計量的に分析した。CEJCの分析からは、話し言葉の美化語には「食」に関する語が多く、女性のほうが男性よりも使用頻度が高い傾向にあること、BCCWJの分析からは、書き言葉の美化語には社会的な活動に関する語や概念的な語が多く、またその使用頻度はジャンルによって異なることが明らかになった。さらに、CEJCとBCCWJの美化語のクラスター分析から、話し言葉では美化語が派生的・生産的に使われるのに対して、書き言葉では語彙的・抑制的に使われるという傾向を指摘し、日本語教育への段階的な導入の可能性の一端を示すことができた。

美化語というカテゴリーは、連続的で輪郭が見えにくく、語彙も多岐にわたるため、体系的に把握することが難しい。だからこそ、日本語教育におけ

る美化語の導入を考える上では、現代日本語における使用の実態を適確に捉え、科学的に整理し、それをわかりやすい形で学習者に示す必要がある。そのために、コーパスによる計量分析というアプローチは、内省では気付くことができない新たな視座を与えてくれる。今後は、表現主体の属性や使用される場面による違いや個別の語ごとの使い分けをさらに詳しく分析することにより、学習者にとって、よりよいコミュニケーションにつながる美化語の学習や指導方法につなげていきたい。

●さらに勉強したい人のために

井上史雄（2017）『敬語は変わる―大規模調査からわかる百年の動き』大修館書店

　　現代の敬語について、愛知県岡崎市での大規模な敬語調査を中心に、「変化するもの」としての敬語の諸相を多様な角度から検討する総合的な敬語論。聞き手をより意識して丁寧語化する敬語全体の変化の方向性を学ぶことができる1冊。

H. Charls Romesburg、西田英郎・佐藤嗣二共訳（1992）『実例クラスター分析』内田老鶴

　　階層的クラスター分析の方法について、数学や統計学の知識に乏しい読者でも使いこなすことができるように、分かりやすく解説している専門書。クラスター分析の基本的な知識に加え、クラスター分析を必要とする研究課題の考え方や適切なデータの集め方、研究課題に最もふさわしいクラスター分析法を選ぶ方法なども学ぶことができる。

●付記

本章は、滝島雅子（2020）「話し言葉と書き言葉における敬語名詞の語彙比較―CEJCとBCCWJのデータを用いて」『計量国語学』32(6) の内容に加筆修正したものです。論文の執筆にあたり、ご指導くださった早稲田大学の李在鎬先生に心より感謝申し上げます。

●参考文献

文化庁（1997）『国語に関する世論調査（平成9年1月調査）』文化庁国語課
文化庁（2006）『平成17年国語に関する世論調査（平成18年2月調査）日本人の敬語意識』国立印刷局
文化庁（2007）「敬語の指針」（文化審議会答申）
畠慎一郎・田中多恵子（2019）『SPSS超入門第2版インストールからはじめるデータ分析』東京図書
井上史雄（2009）「成人後採用による敬語変化―文化庁世論調査による「お」の系譜」『計量国語学』27(3): pp. 81–103.
井上史雄（2010）「「お」の使い分けにみる美化語の循環過程―「お使い分け」データの解釈」『日本語の研究』6(4): pp. 63–78.
井上史雄（2011）『経済言語学論考―言語・方言・敬語の値打ち』明治書院
井上史雄（2012）「美化語「お」の循環過程と幼児語の「お」」『明海大学外国語学部論集』24: pp. 35–51.
井上史雄（2017）『新・敬語論―なぜ「乱れる」のか』NHK出版
石黒圭（2015）「話し言葉・書き言葉と「硬さ／軟らかさ」―文脈依存性をめぐって」『日本語学』34

(1)：pp. 14–24.

郭碧蘭（2011）「日本語教育の観点からみた美化語「お」の習得問題」『真理大学人文学報』11：pp. 133–144.

蒲谷宏（2013）『待遇コミュニケーション論』大修館書店

川口義一（1986）「日本語初級教科書における敬語の扱われ方」『日本語教育』61：pp. 126–139.

菊地康人（1997）『敬語』講談社学術文庫

小磯花絵・天谷晴香・石本祐一・居關友里子・臼田泰如・柏野和佳子・川端良子・田中弥生・伝康晴・西川賢哉（2019）「『日本語日常会話コーパス』モニター公開版の設計と特徴」『言語処理学会第25回年次大会　発表論文集』：pp. 367–370.

窪田富男（1992）『日本語教育指導参考書　18　敬語教育の基本問題（下）』国立国語研究所

前川喜久雄（2008）「話し言葉と書き言葉（話し言葉の日本語）」『日本語学』27（5）：pp. 23–33.

宮田剛章（2005）「「お」か「ご」か？　日本語母語話者による名詞の敬語化―日本語能力試験の語彙から」計量国語学25（3）：pp. 103–122.

村田志保（2009）「日本語教育での接頭辞「お」の付く語　三種の分類提唱について―「おかばん類」、「お菓子」類、「おやつ」類」『名古屋市立大学大学院人間文化研究科　人間文化研究』12：pp. 205–219.

中西泰洋（2012）「初級日本語の語彙に付く接頭語「お」と「ご」について」『神戸大学留学生センター紀要』18：pp. 27–36.

NHK放送文化研究所（1951）『日本語アクセント辞典』NHK出版

小椋秀樹（2014）「第4章　形態論情報」前川喜久夫監修、山崎誠編『講座日本語コーパス　2. 書き言葉コーパス―設計と構築』朝倉書店

柴田武（1957）「「お」の付く語・付かない語」『言語生活』9：pp. 40–49. 筑摩書房

塩田雄大・滝島雅子（2013）「「日本語は乱れている：9割」時代の実相―日本語のゆれに関する調査（2013年3月）から②」『放送研究と調査』63（10）：pp. 22–43. NHK放送文化研究所

塩田雄大・井上裕之・滝島雅子（2015）「"お赤飯""ひと段落""ロケットが立ち上がる"―2014年「ことばのゆれ調査」から②」『放送研究と調査』65（10）：pp. 38–63.　NHK放送文化研究所

寿岳章子（1964）「お電話でご返事」『口語文法講座　3　ゆれている文法』明治書院

滝浦真人（2014）「話し言葉と書き言葉の語用論　日本語の場合」石黒圭・橋本行洋編『話し言葉と書き言葉の接点』：pp. 75–92.

滝島雅子（2018）「放送における美化語の意識調査―視聴者とアナウンサーの双方へのインタビュー調査から」『放送研究と調査』68（1）：pp. 26–45. NHK放送文化研究所

滝島雅子（2020）「待遇コミュニケーションにおける美化語の表現意識・理解意識―テレビにおける美化語の分析から」『待遇コミュニケーション研究』17（0）：pp. 1–17.

田中章夫（1972）「「お」のつく言葉・「ご」のつく言葉」平井昌夫編『現代の敬語とマナー』42　至文堂

辻村敏樹（1967）『現代の敬語』共文社

山崎誠（2011）「第2章『現代日本語書き言葉均衡コーパス』の設計」大学共同利用機関法人　人間文化研究機構　国立国語研究所コーパス開発センター「『現代日本語書き言葉均衡コーパス』利用の手引き　第1.0版」国立国語研究所

9 日本語母語話者・学習者の語彙運用と情報構造

名詞と助詞の共起関係を中心に

鯨井綾希

概要

　本章では、日本語母語話者と学習者が同一タスクの下で作成した文章を電子化した『YNU書き言葉コーパス』を用いて、実際の文章に見られる母語話者と学習者の語彙運用を定量的に分析し、実例を交えて考察を行う。計量に際しては、名詞と助詞の共起関係の定量化を母語話者と学習者の双方で行う。そして、その結果に対応する用例の考察を進め、母語話者と学習者の文章における語彙運用に関わる情報提示法の違いを明らかにする。

キーワード　YNU書き言葉コーパス／自己相互情報量／余弦尺度／情報構造

1.　はじめに

　ある言語を学ぶ際に、その言語が持つ語彙の学習意義を疑うことは、その言語が学習者にとって母 (国) 語であろうが外国語であろうが、ほとんどないだろう。日本の国語教育でも日本語教育でも、「語彙」は言語事項の教育の一つとして重要な役目を担っている (秋元2010、石黒2018、文部科学省2018など)。

　国語教育・日本語教育の中で重要な位置を占める語彙教育であるが、そこに求められる基本的な知識は大きく分けて、個々の具体的な「語」の意味・用法に関する学習と、それらを関連付けて語の集合体を体系化するための、「語彙」の概念に関する学習の二つがあると言える。このうち、後者の「語彙」に関する教育は、実際に文章を書く際に用いられる語群の使用実態への

理解よりも、個々の語の関連付けに用いる理論的な体系性への理解が重視されがちである。言語学では、語彙を「語彙項目（Lexical Item）」と同様に捉える考え方があり（齋藤他2015）、その場合には、語彙の教育で重要視されるべき事項も、語彙の抽象的・概念的な側面、すなわち対義語や類義語といった語同士の類縁関係や、上位語・下位語といった語同士の階層関係などという、語彙体系の記述に偏ることになる。

　しかしながら、語の実際の使用場面、すなわち運用の場面においては、たとえ意味が同一の語であっても、用法までが同じであるとは限らない。そうした違いは、概念的な語彙の抽出よりも、実際の言語使用の中に見られる語彙から見出されるものである。実際の言語使用の中に見られる語彙は、日本語学の中で「パロールの語彙」と呼ばれることもある（佐藤・前田（編）2014）。自然な日本語の習得を考える際には、概念的な語彙だけでなく「パロールの語彙」を分析し、その特徴を見出していくことも重要であると考えられる。

　近年の日本語教育に関わる研究では、従来の概念的な語彙体系の提示にとどまらない、新たな語彙学習の切り出し方に繋がる様々な試みがなされている（城生2012、中俣2014、森（編）2016、森（編）2018など）。それらの研究の多くは、実際に使われた日本語のデータ（コーパス）に基づき、語同士の相違や関係性を語彙という語の集合体に関連付けていくものである。本章でも、近年の研究動向に倣い、母語話者と学習者によって実際に使われた日本語のデータを用いて、その中での語彙運用の差異を明らかにする。

2.　先行研究と本章の研究課題

2.1.　文章という言語単位に基づく語彙研究

　語彙の運用に見られる特徴を考えるにあたって、その調査上のデータはどのような言語単位の中から求められるだろうか。語の場合は、その語が用いられた文を基準に、その運用状況を調べることができる。一方、語彙の場合は、特定の語に焦点を当てたものではないため、個々の語が使われた文をひとつひとつ見て運用状況を調べることは現実的ではない。また、語彙論では語ごとの形態的特徴の分析に軸足を置くこともあるが、それだけでは現実の

語彙の運用を分析したとまでは言いにくい。

　ここで、本章で扱う語彙を、実際に使われた語の集合体とみなすと、その語彙は、実際に使われた表現の集合体、すなわち文章という言語単位の段階で見出されるものであると考えることができる。語彙を文章という単位の中に見出し、そこから語彙を考察する試みは古くから行われており、つとに佐藤 (1966) が次のように指摘し、両者の関連付けの重要性に触れている。

(1)　どんな語彙を用ゐるかによつて文章の性格が左右され、また逆に、文章の種類・性格によつて、用ゐられる語彙の種類が異なる。一つ一つの語を切り離して観察するのではなく、どんな文章で用ゐられてゐるか、その環境を明らかにすることによつて、語彙を正しく理解することができる。

(佐藤 1966: 1)

　安部 (2020) は、佐藤 (1966) を語彙と文章との連続性をとらえる試みであるととらえるとともに、これを文章の背後にある「語彙の体系性」を見出す学術上の潮流の嚆矢とみなしている。近年でも、たとえば田中 (2002) や高崎 (2011)、伊藤 (2017) などのように、語彙と文章を横断する立場からの研究は続いており、両者を関連付けるという研究の有効性が数多く示されている。
　本章では、語彙の運用という側面を分析する際に文章という言語単位に着目し、文章中に見られる語彙の使用実態に基づきながら分析を行う。また、ここで設定した本章の立場は、従来の日本語研究に見られる流れにも合致する。ただし、語彙教育への貢献を目指す本章の立場は、語彙そのものの解明よりもその応用的視座を考えている点で、前田 (1990) や斎藤 (2016) の言う「応用語彙論」の立場に近いと考えられる。

2.2.　計量語彙論と文章研究

　語彙はその性質として集合的な側面を持つ。したがって、集合としての語彙を定量的に捉えようとする語彙論もありえ、それを計量語彙論と呼ぶ。語彙の分析を文章という単位の中に組み込む試みは、計量語彙論の分野でも早くから見られ、歌謡曲の語彙を中心にして文章展開の把握方法を紹介してい

く水谷 (1983) をはじめとして、分析手法の提案や効果に関する研究が様々に行われてきた (安江1981、山崎1983など)。

　計量語彙論で従来行われてきた試みは、データ科学に基づく近年の言語研究とも類似している。石川他 (編)(2010) や小林 (2019) といった統計学の知見を用いた言語研究はもちろん、自然言語処理などの工学的な言語研究においても、奥村 (2010) や加藤 (2014) を見る限り、その基礎的な考え方は計量語彙論と多くの点を共有しているように思える。

　さらに、李 (編)(2017) は、そうした従来の計量語彙論および近年のデータ科学的な言語研究の流れの中で、その分析結果を実用的な言語使用の側面につなげている点で注目に値する。そうした実用面を考慮した研究視座に加えて、たとえば亀山 (2004) や齋藤他 (2015) などで触れられる文章・談話の連鎖や内容の中心性に関わる情報構造の視座を組み合わせていくことで、日本語学習者が現実世界の中で表現を行う主要な言語単位である文章という枠組みに関係する語彙的特徴を見出すことができると考えられる。また、それによって、語彙論的研究の日本語学習者への応用を具体化するための新たな方略を提示していくこともできるであろう。

　言語分析用のコーパスの普及が進む昨今においては、応用語彙論・計量語彙論といった観点から語彙と文章を結び付け、研究する流れが大きく形成されてきている。そうした流れを受けて、日本語母語話者と学習者に見られる語彙の運用上の違いを具体的な文章に基づき分析していくことも、日本語の教育並びに学習への一助になると考えられる。

2.3.　本章の研究課題

　これまでに述べてきたことを踏まえると、本章では、近年の日本語教育に関わる語彙研究の流れを受けて、計量語彙論やデータ科学で用いられる定量化の手法を参考にしつつ、日本語母語話者と学習者の語彙の運用を現実の文章に基づき考えていくということになる。また、本章で考察を行っていく語彙運用は、単に語同士の関係にとどまらず、教育を目標として実際の文章との関係性に触れる点で応用語彙論的立場に立つ。そのため、分析の際の視点には、文章内の内容連鎖や内容の中心性といった情報構造の視点を加えてい

くことになる。以上により、本章の具体的な研究課題を次のように設定する。

研究課題1　日本語母語話者と学習者では文章単位の語彙運用がどのように異
　　　　　なるか。
研究課題2　語彙運用上の違いは文章のどのような情報構造を反映している
　　　　　か。

　研究課題1は主に定量的な観点から分析を行い、母語話者と学習者におけ
る違いが大きい部分を探索的に見出していくことになる。研究課題2は研究
課題1によって見出した違いを具体的な用例とともに観察し、そこで生じて
いる質的な差異を見出すことによって解決していく。

3.　調査デザイン：データと分析

3.1.　調査に用いるデータ

　本章では、金澤（編）(2014) の付属CD-ROMに収録されている『YNU書き
言葉コーパス』を資料とした。『YNU書き言葉コーパス』は「日本人大学生
(30名) と同大学に所属する留学生（韓国語母語話者30名、中国語母語話者30名）を対象
に、12の課題による書き言葉の資料、計1,080編（母語別各グループ360編ずつ）を
集めたものである」(金澤（編）2014: 3)。また、『YNU書き言葉コーパス』では学
習者の日本語能力を「上位群」「中位群」「下位群」の3つに分けている。本章
では母語話者と対照する学習者の資料として、文法や語法上の誤りが少なく
なる「上位群」の20名を選択した。
　『YNU書き言葉コーパス』で母語話者・学習者に課せられたタスクは全部
で12種類ある。以下の表1にタスクの一覧を示す。また、各タスクは、イラ
スト、グラフ等の視覚的要素を含む課題として設定され、それに基づく文章
が作成される。その一例を図1に示す。
　『YNU書き言葉コーパス』は、「オリジナルデータ」と「補正データ」の二
つのデータに分かれている。それらのうち、本章では、漢字の誤りや送り仮
名をはじめとした表記上の問題が適宜修正され、一行一文の形に加工された

[表1] 『YNU書き言葉コーパス』で課されるタスク（金澤（編）2014）

タスク1	面識のない先生に図書を借りる
タスク2	友人に図書を借りる
タスク3	デジカメの販売台数に関するグラフを説明する
タスク4	学長に奨学金増額の必要性を訴える
タスク5	入院中の後輩に励ましの手紙を書く
タスク6	市民病院の閉鎖について投書する
タスク7	ゼミの先生に観光スポット・名物を紹介する
タスク8	先輩に起こった出来事を友人に教える
タスク9	広報誌で国の料理を紹介する
タスク10	先生に早期英語教育についての意見を述べる
タスク11	友人に早期英語教育についての意見を述べる
タスク12	小学生新聞で七夕の物語を紹介する

【2】　あなたが借りたいと思っている『環境学入門』という本が図書館にはなく、仲の良い鈴木さんが持っていることがわかりました。レポートを書くためにはどうしてもその本が必要です。鈴木さんにそのことをメールでお願いしてください。

ロメール作成	
送信 取消 下書き保存 住所録	
宛先	suzuki@△△△.com
Cc	
件名	
本文	

[図1]　タスクの一例（タスク2）

「補正データ」を利用した。

　また、分析資料には形態論情報等の分析用の情報は付与されていないため、語彙的な分析ができない。そのため、本章では中・長単位解析器

Comainu （http://comainu.org、2021.1閲覧）を用いてデータを「長単位」と呼ばれる長い単位の語に分割した後、目視で確認して誤解析部分の修正を行い、それによって分割された語や付与された形態論情報を用いた。なお、分割単位の概要は山崎 （編）(2014) を参照されたい。

3.2. 用語の定義と調査に用いる分析方法

　本章での「語彙」は、文章の執筆者が当該の文章を作成する際に用いた語の集合体を指すこととする。また、その「運用」は、執筆者が持つ語彙を当該の文章に反映させる際に行う語同士の連結を指すこととする。そうした定義に基づき、名詞という内容語と、その文章中での位置づけを明示する助詞という機能語との連結具合の変化を定量化することで、母語話者と学習者が文章展開に伴って行う内容語の位置づけの変更過程を分析する。また、その変更過程を解釈する際には、表現形式を情報の新旧や視点といった書き手の表現上の想定につなげる「情報構造」に基づきつつ考察していく。

　名詞による内容展開とはいかなるものであろうか。その具体的な視点はいくつか考えられるが、その一つとして、次のような各文の中心的な情報の変化を挙げることができる。

(2) a. 太郎は財布を落とした。太郎は一日中財布を探した。
　　b. 太郎は財布を落とした。財布は交番に届けられていた。

（いずれも作例）

　(2) に挙げた二つの用例では、どちらも「太郎」と「財布」という名詞が用いられている。このうち、(2a) は最初の文でも次の文でも「太郎」が「は」によって主題化されており、話題の中心は一貫して「太郎」にあると言える。他方、(2b) は一文目で「太郎」が主題化されているが、二文目では「財布」が主題化されており、文の連続の中で情報の中心に変化が生じていると言える。これを抽象化して捉え直すと、名詞と助詞の組み合わせが同じであるほど、文章中における情報の変化は小さくなり、それぞれの組み合わせが異なるほど、文章中における情報の変化は大きくなると考えられる。

こうした文章の内容展開に伴う情報の提示方法の変化のうち、特に名詞の情報提示方法の変化は、後接する助詞との組み合わせ、すなわち名詞と助詞の共起の程度を計量することで把握が可能になる。さらに、それぞれの共起度に基づき、格助詞や係助詞が共起した名詞の種類に基づく助詞ごとの類似度を計量することで、情報の変化が具体的にどのような助詞によってなされているかを詳らかにできる。

　以上の理論的前提に基づき、本章では、以下の手順で分析を行う。まず、母語話者と学習者の用いる助詞と前接する名詞群との共起の程度を定量化する。その値に基づいて、母語話者・学習者のそれぞれが用いる助詞同士の前接名詞に基づく類似度を計量する。そこでの結果を受けて、母語話者と学習者の語彙運用の違いを量的に把握する。その後、母語話者と学習者が書いた文章に即して用例を分析しながら、語彙運用の量的な差異が意味する具体的な言語的・情報的特徴を明らかにする。

　ある助詞とそこに前接する名詞との共起の強さの計算法はいくつかあるが、ここでは、言語の計量手法を様々に検討している自然言語処理の分野で用いられる自己相互情報量と呼ばれる指標を用いる。自己相互情報量は以下の計算式によって求められる（加藤2014）。

$$自己相互情報量 = log_2 \frac{P(v, w)}{P(v) \ P(w)}$$

　このうち、$P(v)$ と $P(w)$ は語vと語wのそれぞれが使用された率であり、$P(v, w)$ は v と w が共起して出現して使用された率である。

　上記の自己相互情報量によって名詞と助詞との共起関係を定量化した後に、余弦尺度と呼ばれる計量法により、前接名詞に基づく助詞間の類似度を算出する。余弦尺度の計算式は以下のように定義される（加藤2014）。

$$余弦尺度 = \frac{\sum v_i \ w_i}{\sqrt{\sum v_i^2} \sqrt{\sum w_i^2}}$$

　v_i、w_i の i は対象とする2つの助詞 v と w の前接名詞のうち、共通する名詞群の中の i 番目の名詞を指す。v_i、w_i の値は助詞 v、w と要素 i の自己相互情報量とした。分子は v_i と w_i の積の和、分母はそれぞれの二乗の和の平方根の積

である。余弦尺度の値は、助詞vと助詞wが共通する名詞を前接要素に取るほど大きくなり、値の大きさは類似度の高さであると解釈できる。また、共通する名詞が全くない場合は0となり両者は類似していないと言える。

これらの計算を中・長単位解析器Comainuによって形態素解析された『YNU書き言葉コーパス』のデータに適用していくことにより、母語話者と学習者の名詞と助詞の共起の程度が定量化される。さらに、その差異を分析することで、両者の語彙運用の差異を文章との関わりの中で明らかにすることができるようになる。

4. 結果

分析に先立って、母語話者と学習者の間に顕著な語彙量の差が見られないことを確認するために、日本語母語話者と学習者のそれぞれの使用語彙の規模と多様度を計量した。語彙多様度の計量にはGuiraud値を用いた。Guiraud値はType-Token Ratioをもとに、文章の長さの影響をできるだけ小さくした補正値で、以下の式によって表される。

$$\text{Guiraud値} = \frac{V}{\sqrt{N}}$$

Vは異なり語数、Nは延べ語数を表す。Guiraud値が大きければより多くの語で文章を構成していると言え、小さければより少ない語で文章を構成していると言える。

Guiraud値によって定量化された母語話者・学習者の語彙多様度を以下の表2に示す。表2を見ると、細かな違いはあるものの、本章で対象とする上位学習者は、母語話者と同程度の語彙多様性を示していることが分かる。したがって、『YNU書き言葉コーパス』という資料では、語彙の文章展開への反映を行うための語彙的多様度が、学習者も母語話者と同程度に確保されていると考えられる。

次に、母語話者と学習者の文章を用いて、『YNU書き言葉コーパス』のタスクごとに自己相互情報量と余弦尺度に基づいて主要な助詞同士の類似度を計量した。その結果を以下の表3に示す。また、母語話者と学習者のそれぞ

[表2] 母語話者・学習者の課題ごとの延べ語数と語彙多様度（Guiraud値）

	母語話者（30名）		学習者（20名）	
	延べ語数	Guiraud値	延べ語数	Guiraud値
タスク1	2,788	9.13	2,194	10.12
タスク2	1,416	8.77	1,686	11.01
タスク3	2,252	10.41	1,646	9.05
タスク4	4,225	14.42	3,963	16.23
タスク5	8,151	17.67	6,021	17.54
タスク6	5,356	15.62	4,058	17.20
タスク7	4,269	18.93	3,828	17.88
タスク8	2,025	8.96	1,649	10.86
タスク9	5,727	18.10	5,405	18.83
タスク10	4,042	15.02	3,448	14.85
タスク11	3,424	15.11	2,807	14.42
タスク12	11,701	12.63	8,006	13.60
合計・平均	55,376	13.73	44,711	14.30

れにおけるタスクごとの助詞の類似度の差を見るために、母語話者の値から学習者の値を引いた助詞の類似度の差を表4に示す。

　以下の表3と表4のうち、本章で特筆に値する部分は太字で大きく示している。表3と表4という二つの表を観察すると、特に差が顕著であるタスクにどのようなものがあるかが分かる。具体的には、学習者はタスク2において、格助詞「が」「を」「に」を取る名詞をある程度「は」によって取り立てている（類似度が0ではない）が、母語話者はそれらの格助詞を伴って用いた名詞を「は」によって取り立てることが全くない（類似度が0である）。

　また、表4を見ると、タスク8「先輩に起こった出来事を友人に教える」という文章において、母語話者と学習者のそれぞれの助詞の類似度に差が見られることが多い。具体的には、「が」と「を」の類似度が母語話者において特に高く、「は」と「を」および「を」と「に」の類似度が学習者において特に高いという傾向が見られる。表3を合わせて見ると、母語話者は名詞の使用

[表3] 日本語母語話者・学習者のタスク別の助詞が取る名詞の類似度

	は・が		は・を		は・に		が・を		が・に		を・に	
	母語話者	学習者	母語話者	学習者	母語話者	学習者	母語話者	学習者	母語話者	学習者	母語話者	学習者
タスク1	0.2173	0.2193	0.0433	0.0774	0.0000	0.0618	0.1400	0.1786	0.0219	0.0427	0.0621	0.0353
タスク2	**0.0000**	**0.1776**	**0.0000**	**0.0247**	**0.0000**	**0.0556**	0.0967	0.1267	0.0031	0.0000	0.0199	0.0163
タスク3	0.0965	0.1842	0.0546	0.0129	0.0912	0.0190	0.0944	0.1188	0.0419	0.0199	0.0424	0.0704
タスク4	0.1086	0.1546	0.0544	0.0275	0.0153	0.0508	0.1412	0.1336	0.0900	0.0744	0.0799	0.0382
タスク5	0.1378	0.1237	0.0957	0.1512	0.1016	0.0833	0.1450	0.1640	0.1077	0.0877	0.1162	0.0823
タスク6	0.1890	0.1444	0.0548	0.0728	0.0758	0.0000	0.1335	0.0890	0.1198	0.0705	0.1102	0.0704
タスク7	0.0446	0.1372	0.1042	0.1110	0.0200	0.1222	0.0784	0.0962	0.0268	0.0631	0.0506	0.0597
タスク8	0.1869	0.1066	**0.0000**	**0.1204**	0.1347	0.0522	**0.2609**	**0.1362**	0.0741	0.0723	**0.0177**	**0.1588**
タスク9	0.1454	0.1013	0.1635	0.1618	0.0687	0.0959	0.1616	0.1087	0.0761	0.0311	0.0851	0.0946
タスク10	0.0896	0.0880	0.0630	0.0965	0.0491	0.1068	0.1332	0.1039	0.0945	0.1014	0.0778	0.0630
タスク11	0.1247	0.0874	0.0935	0.1041	0.0566	0.0745	0.1098	0.1072	0.0662	0.0756	0.0566	0.1498
タスク12	0.3050	0.2778	0.1814	0.0808	0.0531	0.1280	0.1926	0.1991	0.0840	0.0977	0.1036	0.0689

[表4] 母語話者・学習者の類似度の差（【母語話者の値】―【学習者の値】）

	は・が	は・を	は・に	が・を	が・に	を・に
タスク1	-0.0020	-0.0341	-0.0618	-0.0386	-0.0208	0.0268
タスク2	**-0.1776**	-0.0247	-0.0556	-0.0300	0.0031	0.0036
タスク3	-0.0877	0.0417	0.0722	-0.0244	0.0220	-0.0280
タスク4	-0.0460	0.0269	-0.0355	0.0076	0.0156	0.0417
タスク5	0.0141	-0.0555	0.0183	-0.0190	0.0200	0.0339
タスク6	0.0446	-0.0180	0.0758	0.0445	0.0493	0.0398
タスク7	-0.0926	-0.0068	-0.1022	-0.0178	-0.0363	-0.0091
タスク8	0.0803	**-0.1204**	0.0825	**0.1247**	0.0018	**-0.1411**
タスク9	0.0441	0.0017	-0.0272	0.0529	0.0450	-0.0095
タスク10	0.0016	-0.0335	-0.0577	0.0293	-0.0069	0.0148
タスク11	0.0373	-0.0106	-0.0179	0.0026	-0.0094	-0.0932
タスク12	0.0272	0.1006	-0.0749	-0.0065	-0.0137	0.0347

において「は」と「を」を交替させることがないが、「が」と「を」について
は学習者に比べて同じ名詞を前接要素として取る傾向にあることが分かる。
また、学習者は母語話者に比べて、名詞の使用において「を」と「に」を交
替させることが多いことも分かる。

　次節では、実例を観察しながら、以上の計量結果について考察を加えてい
くこととする。

5.　考察

5.1.　タスクの性質に基づく考察

　計量によって得られた表3と表4の中で、本章で差を認めたのはタスク2と
タスク8である。タスク2は「図書を借りる」というタスクの内容から依頼
の文章であると言え、タスク8は「出来事を伝える」というタスクの内容か
ら出来事の伝達の文章であると言える。また、タスク2とタスク8という二
つのタスクの文章には、次のような共通の特徴がある。まず、データの規模
と多様度を示した表2を改めて観察すると、各タスクの延べ語数の状況か
ら、タスク2は12タスク中でひとつひとつの文章が最も短く、タスク8もそ
れに次いで個々の文章が短いことが窺える。すなわち、タスク2もタスク8も
12タスク中で文章の長さが短い点で共通している。このことから、短い文章
で要件を述べる場合の語彙運用が、母語話者と学習者で異なる形で見られや
すいということを指摘できる。それらのタスクは短い文章で書かれたもので
あり、データとなる名詞の量が少なかったために特徴的な値が出てしまった
という可能性も考えられるが、それはすなわち、感覚的にもこのような短い
文章で両者の差が目に付きやすいことを意味していると考えられる。

　さらに、表1のタスクの内容について見てみると、タスク2とタスク8のい
ずれも、「友人」という親疎関係において「親」であり、かつ上下関係におい
て「対等」であるという、身近な相手に対する文章であるという特徴が見ら
れる。同様の文脈であるタスク11においてはそれほどの差が見られないため
安易な一般化は避けるべきだが、目上の人物や疎遠な人物へ向けて書く改
まった文章に比べ、普段から親しく接している人物へ向けて書くくだけた文

章の方が、学習者にとって母語話者と同様の語彙運用を行うのが難しい可能性を指摘できる。

5.2. タスク2における助詞同士の類似度の特徴とその考察

　続いて、表3に見られたタスク2の数値を解釈するために、その数値に対応する具体的言語事象の特徴を考察する。表3のタスク2では、「は・が」「は・を」「は・に」の助詞同士における名詞との共通性が母語話者に全く見られないという点を学習者との違いとして挙げることができる。これは、友人に図書を借りるという文脈の文章であるタスク2で、母語話者が「は」による名詞の主題化をほとんど行っていない一方で、学習者はそのような名詞の主題化を行っていることを意味する。なお、タスク2の場面での母語話者の「は」は、以下の (3) の下線部に見られるように、文章中でくり返し用いることがないであろう定型的に表現された語・文との関係で用いられている。なお、以降の用例末尾に記される「J」「C」「K」はそれぞれ「日本語母語話者」「中国語母語話者」「韓国語母語話者」を指し、続く3桁の数字は書き手の識別番号である。詳細は金澤 (編)(2014) を参照されたい。

(3) a. この前は授業のレポート代わりに提出してくれてありがとう〜。

(J010)

　　 b. 今日は頼みたいことがあってメールしました。

(J016)

　学習者の場合は「は」の使用が母語話者よりも広く見られ、以下の (4) に挙げるように、「は」に前接する名詞も多岐に亘る。

(4) a. 卒論のほうはどう？私はまだまだ終わっていない。　　(C039)
　　 b. タイトルは「環境学入門」だけど、この本は私が論文を書くのに必要なので、借りれないかなと思って　　(C049)

　母語話者の文章の一部である (3) と学習者の文章の一部である (4) の違いを考慮すると、母語話者と学習者の語彙運用上の差異には次のようなもの

が見られると言える。

(5) 短めの文章で読み手に直接依頼を行う場面において
    a. 母語話者は文章の内容に関わる名詞を主題化しない。
    b. 学習者は文章の内容に関わる名詞の主題化を広範囲に行う。

　また、ここでの学習者の「は」の使用は、結果的に文章展開に応じた中心的名詞の変化を形作る。一例として以下の (6) を挙げる。

(6) a. 今、課題レポートで『環境学入門』という本を必要としていて、その本を鈴木さんが持っているという話を聞いたのだけど…。もしよろしければ、1週間くらい貸してもらえないかな。今鈴木さんが使ってなければでいいので。
                                                                (J016)
    b. 確か鈴木ちゃんはその本を持ってるよね？一日だけでも助かりますので、その本を貸してもらえませんか？国立図書館にもあるようだけど、論文の締切が迫ってて、なかなか探しに行く余裕がなくて、鈴木ちゃんにお願いしてみました。
                                                                (C058)

　母語話者の文章である (6a) では、「本」と「鈴木さん」は一貫して同じ助詞によって標示される。特に、亀山 (2004) や砂川 (2005) の中で情報の中心性が高いとされる主格の助詞「が」において、変更が見られない点が注目される。しかし、学習者の文章である (6b) では、「鈴木ちゃん」が、最初の文で情報の中心性が最も高くなる「は」で標示されながら、引用部の最後の文では「は」や「が」よりも中心性の低い「に」で標示し直されており、文章の内容展開に合わせて情報の中心が変化していることが見て取れる。
　すなわち、(6a) は文章中での情報の中心が動いていないことを意味し、反対に (6b) は文章中での情報の中心が動いていることを意味していると考えられる。(3)(4) も同様の解釈が可能であることから、ここまで見てきた名詞と助詞の共起関係に基づく語彙運用の差は、以下のような情報構造上の特徴を意味していると考えられる。

(7) 短めの文章で読み手に直接依頼を行う場面の内容展開において

    a. 母語話者は取り上げた内容語の中心性を維持する傾向にある。

    b. 学習者は取り上げた内容語の中心性を変化させる傾向にある。

  本章は語彙論的視座に立った分析であるため、これらの語彙運用がもたらす文章論的・文体論的意味の検討は控えるが、文章中での語彙の定量化は、以上のように、定性的分析では気付きにくい差異を見出す契機となる点で、重要な研究手法となると考えられる。

5.3.　タスク8における助詞同士の類似度の特徴とその考察

  表3と表4により、タスク8も母語話者と学習者で助詞の類似度に差が見られやすい文章であるということが分かった。具体的には、5.1節でも述べた通り、「が・を」の類似度が母語話者で高く、「は・を」「を・に」の類似度が学習者で高いという結果が得られた。本節では、これらの結果が実際の文章での語彙運用とどのように関係しているのかを考察する。

  タスク8における母語話者の「が・を」の交替は、用例の特徴からいくつかの原因が考えられるが、その一つとして、母語話者による有対動詞の両方の使用に基づく格の交替が挙げられる。具体的には、以下のように「目を覚ます」と「目が覚める」の両方が母語話者に見られる点を指摘できる。

(8) a.　次の日は普通に<u>目が覚めて</u>大丈夫だったみたいだけど…。　　　(J002)

    b.　命に別条はなくて、病院のベッドで<u>目が覚めた</u>らしいよ。　　　(J029)

    c.　救急車で運ばれて、次の日には病院で<u>目を覚ました</u>んだって　　(J006)

    d.　でも、次の日先輩無事に<u>目を覚ました</u>んだって。　　　　(J009)

  学習者の場合、「目が覚める」の用例は多々見られたが、「目を覚ます」の用例が一例も見られなかった。その点で、ここでの差異は母語話者と学習者における自他動詞の用法の多様性の差に該当すると言える。

  他方、学習者において「は・を」「を・に」の類似度が高くなることはどのような具体的言語現象と関わっているのだろうか。まず、少なくともタスク

8に取り組んだ学習者は母語話者に比べて、以下の例のように「を」に様々な名詞を割り当てるという傾向が見て取れる。

(9) a. カラオケを歌っているうちに気を失ってしまったんだって。　　(C001)
　　b. 一緒の友達が救急車を呼んで、病院まで運んだらしい。　　　(C046)
　　c. 鈴木先輩入社して新入社員歓迎会をやったの。　　　　　　(K009)
　　d. 救急車が来て、先輩を乗せてから病院に連れて行ったのぉ。　(K009)
　　e. 私も知り合いの先輩から話を聞いたんだけど　　　　　　　(C049)

　これら「を」によって導入される名詞は、学習者の文章の中で「は」や「に」によっても表現される。

(10) a. カラオケに行ってまたビールとか飲んだりして。　　　　　(K039)
　　b. 救急車に運ばれて起きたら病院だったそうだよ。　　　　　(K006)
　　c. 先輩こないだ新入社員歓迎会に行って　　　　　　　　　(K006)
　　d. でも幸いに先輩は無事だって！　　　　　　　　　　　　(K026)
　　e. この話は私も聞いたばかりなんだけど　　　　　　　　　(C039)

　これらのことから、起こった出来事の伝達という場面であるタスク8の文章では、同一文章内での内容展開というよりも、書き手に応じた表現の型の有無、見方を変えれば日本語の表現的多様性の有無に違いが生じると考えられる。その際には、必ずしも母語話者の方が表現的に多様であるとは限らず、「は・を」「を・に」での例のように、学習者の方が様々な表現を行うこともある。
　ここまでの考察から、タスク8における語彙運用上の特徴として次の点を指摘できる。

(11) 短めの文章で起こった出来事を伝達する場面において
　　a. 母語話者は名詞と有対動詞の連接が多様である。
　　b. 学習者は文章に導入する名詞と助詞の連接が多様である。

特に（11b）は、母語話者に比べて学習者が内容語の導入を多様な情報的位置づけのもとで行うという解釈が成り立つ。ただし、そうした解釈の適用範囲は現段階できわめて限定的である。学習者が持つ表現の多様性の実態については、さらなる調査を行っていく必要がある。

6. 終わりに

本章では、日本語母語話者と学習者が同一タスクの下で作成した文章のコーパスである『YNU書き言葉コーパス』を用いて、様々な条件下の文章に見られる母語話者と学習者の語彙運用を定量的に捉え、それを契機として実例を分析することで、日本語母語話者と学習者の語彙運用の一端を詳らかにした。具体的な研究課題として、以下の二つを取り上げた。

研究課題1　日本語母語話者と学習者では文章単位の語彙運用がどのように異なるか。
研究課題2　語彙運用上の違いは文章のどのような情報構造を反映しているか。

上に示した二つの研究課題を、特に名詞と助詞の共起関係に基づく計量分析によって考察していくことが本章の目的であったと言える。本章での分析結果と考察結果を上記の研究課題に合わせてまとめ直すと、それぞれの研究課題に対して、以下のような答えを提示できる。まず、言語形式の差異に重点を置いた研究課題1について、本章では以下の点を明らかにした。

(12) a.　短めの文章で直接依頼を行う場面において
　　　　a-1. 母語話者は文章の内容に関わる名詞を「は」で主題化しない。
　　　　a-2. 学習者は文章の内容に関わる様々な名詞を「は」で主題化する。
　　 b.　短めの文章で起こった出来事を伝達する場面において
　　　　b-1. 母語話者は名詞と有対動詞の連接が多様である。
　　　　b-2. 学習者は文章に導入する名詞と助詞の連接が多様である。

また、そうした計量の結果を文章中における情報構造と照らす研究課題2について、本章では以下の点を明らかにした。

(13) a. 全体的な傾向において
　　　「友人」という親疎関係で「親」であり、かつ上下関係において「対等」であるという、身近な相手に向けて書く文章の語彙運用で母語話者と学習者に差が生じる。
　　b. 短めの文章で直接依頼を行う場面において
　　　b-1. 母語話者は取り上げた内容語の中心性を維持する傾向にある。
　　　b-2. 学習者は取り上げた内容語の中心性を変化させる傾向にある。
　　c. 短めの文章で起こった出来事を伝達する場面において
　　　学習者は取り上げた内容語を多様な情報的位置づけで運用する。

　(13) のうち、b-2とcは学習者の言語表現の多様性が時に母語話者の多様性とは異なった形で現れることを意味している。
　以上、日本語母語話者と学習者の語彙運用に関わる事例研究を述べた。データ科学の重点がデータに基づく事象の探索的な分析にあるとして、その方法論を言語学・言語教育に落とし込もうとするならば、そこで重要なことは、探索的な計量に向いた定量化手法を提示することと、具体的な言語現象に結びつく形で結果を解釈することの二つであると考えられる。本章では、前者の側面に重点を置いた論を前半に行い、後者の側面に重点を置いた論を後半に行うことで、データ科学の言語学・言語教育への応用を図った。

──────

●さらに勉強したい人のために
森篤嗣（編）(2016)『現場に役立つ日本語教育2　ニーズを踏まえた語彙シラバス』くろしお出版
　日本語教育に資する語彙教育のあり方を具体的な形で問い直した本。日本語学習者に向けた語彙教育のシラバスの作成を目的として、「アプローチ別」と「ニーズ別」に分けながら、日本語の語彙を様々な角度で分析し直している。データ科学の考え方が随所に見られ、具体的な語彙の姿を定量的な手法で明らかにしている点でも興味深い。
斎藤倫明（編）(2016)『講座言語研究の革新と継承1・2　日本語語彙論Ⅰ・Ⅱ』ひつじ書房
　日本語の語彙そのものへの理解を言語学的に深めていくための本。語彙とそれを構成する語との関係をもとに、語彙の定性的側面と定量的側面が理論的に示されるとともに、語彙論と関わ

る文字・表記、文法、第二言語習得、文化といった様々な領域との横断的視点が具体的に論じられている。日本語語彙の定量化にあたり、日本語語彙が持つ様々な性質を学ぶのに良い。

●付記

本章は、JSPS科研費19K13176の助成のもと、バリ2016日本語教育国際研究大会での口頭発表に大幅な加筆修正を行ったものである。

●参考文献

安部清哉（2020）「佐藤喜代治」『日本語学』39(1): pp.70–73.

秋元美晴（2010）『日本語教育能力検定試験に合格するための　語彙12』アルク

石黒圭（2018）『豊かな語彙力を育てる―「言葉の感度を高める教育」へのヒント』ココ出版

石川慎一郎・前田忠彦・山崎誠（編）(2010)『言語研究のための統計入門』くろしお出版

伊藤雅光（2017）『Jポップの日本語研究―創作型人工知能のために』朝倉書店

城生佰太郎（2012）『日本語教育の語彙』勉誠出版

亀山恵（2004）「談話分析―整合性と結束性」田窪行則・西山佑司・三藤博・亀山恵・片桐恭弘『言語の科学7 談話と文脈』岩波書店、pp.93–121.

金澤裕之（編）(2014)『日本語教育のためのタスク別書き言葉コーパス』ひつじ書房

加藤恒昭（2014）『自然言語処理』共立出版

小林雄一郎（2019）『ことばのデータサイエンス』朝倉書店

前田富祺（1990）「語彙論―国語語彙論の確立と展開」『国語と国文学』67(5): pp.17–27.

水谷静夫（1983）『朝倉新日本語講座2　語彙』朝倉書店

文部科学省（2018）『中学校学習指導要領（平成29年告示）解説　国語編』東洋館出版社

森篤嗣（編）(2016)『現場に役立つ日本語教育2　ニーズを踏まえた語彙シラバス』くろしお出版

森篤嗣（編）(2018)『コーパスで学ぶ日本語学　日本語教育への応用』朝倉書店

中俣尚己（2014）『日本語教育のための文法コロケーションハンドブック』くろしお出版

奥村学（2010）『自然言語処理の基礎』コロナ社

李在鎬（編）(2017)『文章を科学する』ひつじ書房

斎藤純男・田口善久・西村義樹（2015）『明解言語学辞典』三省堂

斎藤倫明（2016）「語彙総論」斎藤倫明（編）『講座言語研究の革新と継承1　日本語語彙論Ⅰ』ひつじ書房、pp.1–31.

佐藤喜代治（1966）『日本文章史の研究』明治書院

佐藤武義・前田富祺（編）(2014)『日本語学大事典　上』朝倉書店

砂川有里子（2005）『文法と談話の接点―日本語の談話における主題展開機能の研究』くろしお出版

高崎みどり（2011）「文章論・文体論と語彙」斎藤倫明・石井正彦（編）『これからの語彙論』ひつじ書房、pp.113–124.

田中章夫（2002）『近代日本語の語彙と語法』東京堂出版

山崎誠（1983）「文章の話題の展開を計る尺度―用語類似度Dの1利用法」『計量国語学』13(8): pp.346–360.

山崎誠編（2014）『講座日本語コーパス2　書き言葉コーパス―設計と構築』朝倉書店

安江佐和子（1981）「行文を追った異なり語数の動き」『東京女子大学日本文学』56: pp.32–45.

10 日本語接続表現の計量的分析に基づく指導法の提案

阿辺川武　仁科喜久子
八木豊　ホドシチェック・ボル

概要

　本章では、日本語学習者の接続表現の使用傾向の分析から、接続表現の使い方の問題点を見つけ出し、適切な指導法の提案をおこなう。分析手法として大規模コーパスから作成した接続表現リストを用いて、(1) 形態的特徴、(2) 指示語との結合の有無、(3) 辞書記載の有無という3つの観点から接続表現を分類し、学習者論文や学習者作文を含む5つのコーパスの接続表現の使用傾向を比較する。分析の結果、学習者作文での接続表現の使用頻度が最も高く、接続表現の使用を抑制する指導法が有効であることを明らかにする。

キーワード　接続詞／接続表現／レジスター／学習者作文／学習者論文

1.　はじめに

　日本語を第二言語として使用する日本語学習者は、学習が進むにつれアカデミックな場面でレポートや論文を作成する機会が生じる。我々は学習者のアカデミック・ライティングを支援するために特にレジスターという視点で作文支援システム構築に向けて研究を進めている。学習者実験を行った結果、特に副詞、接続表現の機能表現において不適切な表現が多いことが明らかになり、副詞に次いで接続表現の分析を進めている（Hodoscek 他 2011、八木他 2014、仁科他 2017）。

　他人が理解できる文章を論理的に組み立てるためには接続詞の適切な使用

が不可欠であるが、日本語の接続詞は多様で類似した形の表現や些細な意味の違いが数多く存在する。したがって、学習者がそれぞれの意味や使い方を十分理解した上で接続詞を使いこなすようになるには相当の時間がかかる。

　日本語の接続詞は、初級日本語で学習する「しかし」「また」「そして」といった基本的な接続詞が使用例の大半を占める (国際交流基金2002)。その一方で、アカデミックな文章を見ると「いずれにしても」「以上のように」など従来の接続詞の範疇には収まらない連語が文間の関係を示し、全体として論理的な文章を構成している (石黒2008、浅井2003)。

　本章ではこれらの連語を含めて「接続表現」と呼称するが、連語の多くは辞書に記載されていない (阿辺川他2020)。学習者が辞書に記載されていない表現の意味を捉えるためには各構成要素の意味から類推するか、あるいは多くの文章を読みこなして前後の文脈からその表現のニュアンスを獲得しなければならない。

　接続表現を効率的に学習するためには、あらかじめ把握しておくべき接続表現のリストがあることが望ましい。また、接続表現を分析する研究者にとっても、対象となる接続表現の集合が規定されていないと、接続表現全体の傾向や、ジャンルごとの使用傾向の差異をつかむことができない。

　しかし、我々の定義する接続表現はその構成要素の組み合わせや語数に制約を設けていないため、すべての接続表現をあらかじめ用意しておくことは困難である。そこで最初に、接続表現の多くが文頭かつ読点を後接して出現する特徴を利用し、大規模コーパスから高頻度で出現する接続表現のリストを構築する。

　次いで、この接続表現リストを利用し、学習者の接続表現の使用傾向に問題点があることを示し、アカデミック・ライティングの場でその問題を解消するための指導法を提案する。

2.　先行研究

　本節では先行研究において「接続詞」「接続語」が指し示すものが言語要素としてどのように考えられ、本章で対象とする「接続表現」との関係を紹介するとともに、アカデミック・ライティングにおける機能として、語彙研究

および文章研究でどのように扱われてきたかを概説する。

2.1. 国語学

　木枝 (1936) は、「接続詞」は品詞名であるのに対し、「接続語」は文章論の中で主語・述語・修飾語・独立語という文の成分中、独立語の1つであり、接続詞さらに接続助詞を含む語句からなるとしている。これに対して橋本 (1939) は、「文の成分の独立語の中から接続語を別の成分として立てるものもあるが、あえてその必要はない」とし、「接続語」の導入を否定している。しかしその後、永野 (1958) らにより、学校教育における文章理解のための文法論を導入する動きがあり、今日まで「接続語」は定着している。
　以上から「接続詞」は構文レベルで必要な品詞体系であり、「接続語」は文章論を踏まえた機能語と理解できる。このように「接続語」は文章レベルでの接続関係を意識していたが明示的ではなかった。本章で扱う接続表現は、文章全体の視点からの接続関係を扱うため「接続語」の考え方に近い。

2.2. 日本語学：接続表現という視点から

　時枝の『文章研究序説』(1960) に始まる文章論研究は、永野、市川らの研究を通して、佐久間まゆみ、石黒圭らが続く。佐久間 (1990) は、文章の成分としての単位「文段」の設定基準を定めるために、言語形態的指標として「接続表現」を用いている。「接続表現」とは「接続詞」「接続助詞」「接続連語」などの総称であるとし、文章展開の中で接続表現の働きを、論理的結合関係（「従って」「しかし」など）、多角的連続関係（「そして」「または」など）、拡充の結合関係（「すなわち」「なお」など）に分類し、これらの接続表現が文段をまとめる機能を果たしていることを述べている。
　石黒他 (2009) はジャンル別のコーパスを用いて、現在使用されていると考えられる137項目の接続表現を抽出した。このデータに対して、①総文数にたいして何％ぐらい接続表現が用いられているか、②個々の接続表現の形式がそれぞれいくつ使われているか、という2つの観点から接続表現の多寡や連接類型に現れる各ジャンルの特徴を分析した結果、どのジャンルでも逆接

表現が多く、その表現は「しかし」を除いては、「だが」「ところが」「でも」など使用頻度が異なっていることを明らかにした。

2.3. 日本語教育

『新版日本語教育事典』(2005) においては「接続詞」と「接続表現」の項目が掲載されており、「接続表現」の項目ではレジスターによる使い分けに相当する記述がわずかに見られるが、これらの用語の違いは明記されていない。また、日本語学習用教科書では、各レベルに応じて「接続詞」の意味機能として「順接、逆接」「理由、追加、譲歩」などの機能の説明が例文とともに示されることが多く、国語教育と同様に文脈を意識した「接続語」の範囲に及んで提示している。『日本語能力試験出題基準』(2002) の語彙リストには「接続詞」と明記されているのは少数である一方、「指示語」と呼称されている語も複数あり、品詞としての体系性が明確でない。

日本語教育における論文は、言語学的な分析から次第に学習者の言語行動分析の割合が増した。2010年前後に国立国語研究所において『多言語母語の日本語学習者横断コーパス』(I-JAS) の開発が始まり、日本語教育のための学習者発話・作文のコーパスが構築され、このコーパスを用いた研究成果として、迫田他 (編)(2020)、李他 (2018) などがあり、接続表現に注目した分析もみられる。

2.4. 国語辞典と電子化辞書

国語辞典で接続詞に関連する品詞付与では、接続表現に相当するもののなかに「連語」となっている場合がある。たとえば、「といっても」(格助詞＋動詞＋助詞) の表現を「連語」としているが、品詞付与において既定の品詞と「連語」の境界がどこにあるのか判断が問題となる。国語辞書の品詞は明治以来の和洋折衷の品詞分類に依拠していることが多い。辞書記述では、「接続詞」という品詞分類には収まりにくく、接続的な機能を果たす語句の扱いに苦慮していることが推測される。

日本語文章をコンピュータで分析する言語処理では、語を認定するために

品詞分類された電子化辞書が必要となる。本章の分析では国立国語研究所の現代日本語書き言葉均衡コーパスが依拠する電子化辞書UniDicを利用している。UniDicは国立国語研究所で規定した「短単位」で設計されており、語彙素・語形・書字形・発音形の階層構造を持つものである。UniDicが接続詞とする語には、「まだ、しかし、そして、なお、ただし、すなわち」などが短単位として所収されている。その一方、「で｜も、だ｜が、だ｜から、その｜ため、従っ｜て」などは短単位が複数からなる複合語として扱われる。また、我々が「接続表現」に含めている「まず、つまり、例えば」は副詞に分類されている。「接続表現」の定義および用語は以上のように品詞論と文章論の間の境界にあり、曖昧さを残している。

　以上のことを踏まえた上で、本章では次の二つを研究課題として、学習者のためのアカデミック・ライティング支援の指導方法のあり方を検討する。

研究課題1　アカデミック・ライティングにおける日本語学習者の使用は母
　　　　　　語話者とどのような違いがあるか。
研究課題2　学習者へのアカデミック・ライティングの効果的な指導方法と
　　　　　　はどのようなものか。

　研究課題1については、3節で学習者コーパス、2種の学術論文コーパス、比較対象としては日本語均衡コーパスから523項目の「接続表現」リストを作成する方法を述べ、4節で各3つの観点すなわち（1）各項目の形態素数、（2）指示語系語彙との結合の有無、（3）各項目が辞書に掲載されているかどうかについて頻度値を示す。

　研究課題2については、5節で各コーパスを比較し、学習者の使用傾向と学術論文コーパスの使用の差異を示す。6節でその理由を考察し、アカデミック・ライティングの手本としての学術論文に近づくための方策を検討する。

3. コーパスと接続表現リスト

3.1. 分析に使用したコーパス

接続表現の出現頻度の集計と分析において、次に説明する5つのコーパスを使用した。

- **「現代日本語書き言葉均衡コーパス」の一部「BCCWJ*」**

  BCCWJは日本語書き言葉全体を代表するようにバランスを取って構築したコーパスであることから、特定のコーパスを観察するときに、比較対照することで、その特定のコーパスが標準的な日本語書き言葉とはどのように違った特徴を持っているかを知ることができる。本研究ではこのうち校正の入っていると思われる書き言葉の文章のみに限定するため、Yahoo!知恵袋、Yahoo!ブログ、国会会議録、および韻文のジャンルを除いたサブコーパスをまとめて「BCCWJ*」として扱う。

- **人文・社会科学論文**

  総合学術電子ジャーナルサイトJ-STAGEにおいて分野を「人文・社会科学系」に指定して得られた学会誌から、各学会20論文を上限に我々が独自に収集した。論文数は1,508論文。

- **科学技術論文**

  「言語処理学会」「土木学会」「日本化学会」「日本医科大学会」「環境資源工学会」「電気学会」から独自に我々が収集したデータで、「言語処理学会」は論文と年次大会の予稿集、それ以外の学会誌は論文である。文献数は4,865文献。

- **学習者論文**

  ベトナムのハノイ貿易大学日本語学部の卒業論文を収集したコーパスで、分野は主に人文社会である。論文を執筆した卒業生の多くは「日本語能力試験」N1、N2を取得している。収集した論文数は53論文。

- **学習者作文**

  5つの日本語学習者作文コーパス「JCK作文コーパス」「日本語学習者コーパス」「学生の日本語意見文」「なたね」「Hinoki作文実験[1]」を1つのコーパス

としてまとめた。平均的な学習者レベルは日本語能力試験N1程度。中国語、韓国語を母語とする学習者が多い。収集した作文数は847編。

各コーパスの文字数、文数、平均文長 (1文あたりの平均文字数) を表1に示す。

[表1] 各コーパスの文字数、文数、平均文長

コーパス	文字数	文数	平均文長
BCCWJ*	138,883,329	3,979,682	34.9
人文・社会科学論文	24,560,619	368,882	66.6
科学技術論文	37,279,319	1,187,760	31.4
学習者論文	1,609,447	35,021	46.0
学習者作文	687,046	19,821	34.7

3.2. 本章で対象とする接続表現

　一般に接続詞は「要素と要素をつなぐ言葉」と定義され、文と文、句と句、語と語をつなぐ機能を持つ。その中で本章では、おもに文頭におかれ、前文脈を踏まえて後文脈に来る内容を予告し、読み手の理解を助ける機能を持つ表現に限定する。接続詞は品詞論上の概念であり、他の隣接する品詞 (例えば副詞) との境界を定義するには厳密な議論が必要なため、我々は石黒他 (2009) と同様にこれを「接続表現」と呼称する。

　接続表現には「しかし」「まず」といった誰もが接続詞と認める表現の他に、「結果として」「だからこそ」のような複数の形態素から構成される複合表現も含める。複合表現では「結局」を基本要素とすると、後ろに機能語を付けることにより「結局は」「結局のところ」と派生表現を生成することができる[2]。派生表現は機能語の組み合わせにより無数に存在し得るが、構成要素数が長くなるほど既存の接続詞の概念から逸脱し、実際の出現頻度も限られてくる。そのため紙面が限られる辞典においては、基本的な接続表現を記載する一方、多くの派生表現は記載していないのが現状である。

3.3. 接続表現リストの構築

　先に述べたように接続表現を網羅した辞書は存在していないため、我々は独自に文章中で頻出する接続表現を収集した。その収集方法について概説する。3.1節で示したコーパスのうち「BCCWJ*」および「科学技術」に対し、2.5節で述べたUniDicと形態素解析ツールMeCabを用いて形態素解析したものをデータベースとし、次の1）から4）の作業をおこなう。

　1）文において文頭から読点までの表現のうち、UniDicの定める語の単位の5単位までの表現を抽出する。2）接続表現の対象に該当しない記号、数字、アルファベットなどを排除する。3）2）で示した不要なものを排除後、表現ごとに集計し頻度順に並べ替え上位1,000番目までのリストを作成する。4）得られた表現のリストを対象に接続表現に該当するか否かを1項目ずつ筆者ら4名で検討する。検討においては、石黒（2008）など接続表現を扱った各種資料を参照するとともに、「人称代名詞」「時を表す表現」「場所を表す表現」「感情を表す表現」「感動詞」「フィラー」「副詞のみの機能と判断される表現」に該当する表現は排除する。

　その結果、1,000項目の候補リストから523項目の接続表現リストが得られる[3]。この作業により既存辞書を用いずに高頻度で出現する接続表現を網羅的に収集することができる。

4.　3つの観点による接続表現の分類

　日本語学習者が接続表現を使用する際の問題点を分析するにあたって、構築した接続表現リストに対し3つの観点から分類する。コーパス中の接続表現の出現頻度のカウントは文頭で出現し、かつ、読点が後接している接続表現に限定している。岩崎（2018）では接続詞の直後に読点が打たれる要因として、接続詞が文頭にあるときが強い指標となっていたと分析しており、本研究で読点が後接している接続表現に限定しても大まかな使用傾向を捉えられると考えている。

4.1. 接続表現の形態論的分類

　接続表現リストの中には「結果」「結果は」「その結果」「結果として」「その結果として」のように接続表現の中核をなす語基「結果」によってグループを構成する一連の表現がある。このようなグループはニュアンスが微妙に異なるもののグループ内でお互いに置換可能であるものが多い。そこで、形態論的に由来が同じであり、意味が同等な接続表現をグルーピングする。置換可能な接続表現がリスト内にない場合は1つの要素からなるグループとなる。

　次に、グループ内で次の指標をもとに基本接続表現を1つ認定する。

1) 　構成要素が単純（形態素数が少ない）
2) 　辞書記載数が多い
3) 　使用頻度が高い（中でも、BCCWJ*、学術論文での頻度が高い）
4) 　レジスター（文章語・口語・書き言葉・話し言葉）のなかで、文章語・書き言葉を優先、口語・話し言葉の優先度は低い

　上記の1）～4）の条件を勘案し判定したものを基本接続表現（以後、「基本」）とし、そのグループ内で、「基本」以外を派生接続表現（以後、「派生」）とする。「そしてまた」「まず最初に」のような複数の接続表現が連結している接続表現があり、本章ではこれらを二重接続表現（以後、「二重」）と呼ぶが、どちらを「基本」とするかは文脈に依存する場合もあり、基本・派生の分析からは除外する。分類の結果、「基本」270項目、「派生」236項目、「二重」17項目と

[表2]　基本・派生接続表現の例

基本接続表現	派生接続表現	基本接続表現	派生接続表現
以下	以下で、 以下では、 以下は、 以下に	実際	実際に、 実際には、 実際のところ、 実際は
これにより	これによって、 これによると、 これによれば	第一	第一に、第一は、 第二に、第三に、 第四に

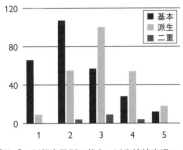

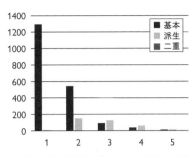

[図1] 形態素数別の基本・派生接続表現の項目数

[図2] 形態素数別の基本・派生表現の合計頻度（ppm）

なった。基本・派生グループの例を表2に示す。

　図1に接続表現を構成する形態素数別の項目数の分布を示す[4]。図1、2の横軸の1〜5は構成する形態素の数を表している。図1で「派生」の形態素数の分布が「基本」よりも多い方に偏っているのは、「基本」が接続表現の1単位として辞書に登録されやすい一方、「派生」が「基本」のヴァリエーションであるため助詞、助動詞の付加が多くなることが理由である。

　図2は形態素数別の合計使用頻度の分布である。頻度の単位は後述のコーパスごとの比較に合わせるため100万文字あたりの使用頻度（Parts-Per-Million, ppm, 百万分率）に正規化してある。図2では1形態素からなる基本接続表現の頻度が全体の半数を占めるが、ここには「また」「しかし」「そして」「たとえば」といった初級の日本語学習で学習する接続表現が含まれ、これらの頻度が圧倒的に多い。

4.2.　指示語系・非指示語系

　接続表現の中には「そうして」「こうして」「そのため」「この結果」のように指示語を含む表現が存在する。指示語単独では接続詞の機能を持たないため、必然的に指示語に助詞、補助動詞、形式名詞など品詞が後接して接続表現を構成する。指示語を含む接続表現において学習者の使用傾向が母語話者の傾向と異なることがわかっていたため、得られた接続表現リストを指示語

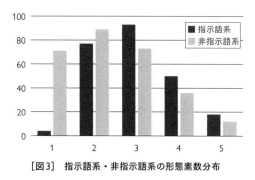
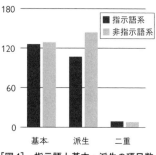

[図3] 指示語系・非指示語系の形態素数分布　　[図4] 指示語と基本・派生の項目数のクロス集計

　の有無によって分類する。指示語を含む表現を指示語系接続表現、含まない
ものを非指示語系接続表現と呼称する。分類の結果、指示語系は242項目、
非指示語系は281項目となる。
　図3に指示語・非指示語の形態素数分布を、図4に指示語系と基本・派生
の項目数のクロス集計した結果をグラフで表す。図3によると非指示語系の
形態素数は2がピークで、一方、指示語系の形態素数は3がピークであるこ
とがわかる。ちなみに指示語系で形態素数1の接続表現は「そして」「そりゃ」
「それぞれ」「このころ」の4つである。図4では基本・派生・二重接続表現そ
れぞれに、ほぼ同数の指示語系、非指示語系の接続表現が含まれており、「基
本・派生」と指示語系列はお互いに影響を及ぼしていないと考えられる。

4.3.　辞書記載の有無

　日本語学習者が未知の表現に出会ったとき、辞書を引きその意味を調べる
ことができるが、今回取得した接続表現は辞書に含まれていない複合接続表
現も多いと思われる。複合接続表現については、その表現が広く社会に認知
されているかどうかで記載の有無が決まり、認知の度合いによる判定は出版
社や辞書編纂者によって異なるため、見出し語の立項は辞書により違う。
　そこで、作成した接続表現リストがどの程度辞書に記載されているかを複
数の紙の辞典（4辞典）と形態素解析で使用される電子化辞書（3辞書）を用いて

[表3]　調査に使用した辞書と接続表現リスト（523項目中）の記載項目数

辞書	項目数
岩波国語辞典第8版	135
新明解国語辞典第7版	165
明鏡国語辞典第2版	187
三省堂国語辞典第7版	197
現代書き言葉UniDic電子化辞書（バージョン2.3.0）	81
日本語形態素解析システムJUMANに付属する電子化辞書（バージョン7.01）	156
IPA品詞体系（THiMCO97）に基づく電子化辞書（IPAdic バージョン2.7）	177

調査する。紙の辞典では見出し語として立項されているものだけでなく、語釈文中の追い込みに記述されている表現についても記載有として数え上げる[5]。なお、接続表現の中には接続詞と副詞の境界がはっきりしない表現や、名詞として品詞付けされている表現もあるが、辞書に併記されている品詞は接続詞であるかを考慮せず、単純に見出し語として立項されているかどうかで記載の有無を決定する。

　表3に調査に使用した7種の辞書と、接続表現リストの中で記載があった項目数を示す。

　図5に辞書記載数と項目数・出現頻度のグラフを掲載する。なお辞書掲載数0とそれ以外の差が大きいので、全体の傾向をつかむために縦軸は10を底

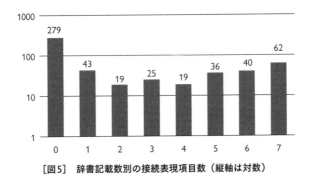

[図5]　辞書記載数別の接続表現項目数（縦軸は対数）

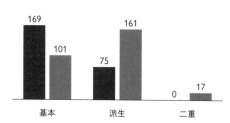

[図6] 基本・派生と辞書記載の有無の項目数のクロス集計

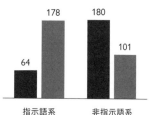

[図7] 指示語系・非指示語系と辞書記載の有無の項目数のクロス集計

とする対数で示した。辞書記載数7は全ての辞書に記載されている接続表現で62項目あり基本的な項目といえる。一方、辞書記載数0はどの辞書にも記載されていない接続表現で279項目である。全体のグラフの形を見ると左右が盛り上がったバスタブ型に近く、これはどの辞書でも記載する・しないの判断は一致する傾向にあり、立項に対する編纂方針は大まかに類似していることを示している。

　コーパス出現頻度が上位にもかかわらず全ての辞書に非記載の接続表現として「ここで」(20位)、「その結果」(21位)、「ここでは」(31位)、「このとき」(35位)、「具体的には」(36位)、「そのとき」(40位)などが挙げられ、指示語や助詞を含んでいる表現が多い。

　次に辞書記載の有無と基本・派生接続表現のクロス集計、および、指示語・非指示語とのクロス集計をおこなった結果を図6、7に示す。ここでは1つでも記載している辞書があれば辞書記載有、どの辞書にも記載されていないときは辞書記載無とする。図6より基本接続表現は記載有が多いが、逆に派生接続表現は辞書に記載が無いものが多いことがわかる。そして、二重接続表現は1つも辞書に記載がない。図7では指示語を含む接続表現は辞書記載無が多く、指示語を含まない接続表現は辞書記載有が多いことがわかる。この2つの図から「基本・派生」および「指示語・非指示語」は、それぞれ辞書記載の有無に大きく影響を及ぼしていることがわかる。

5. コーパス別の接続表現の使用傾向

本節では3.1節で説明した5つのコーパスに対しそれぞれ接続表現の出現頻度を集計し、学習者と日本語母語話者の接続表現の使用傾向を比較する。

5.1. 接続表現全体の使用傾向

各コーパスの接続表現の使用項目数を図8に示す。使用項目数は基本的にコーパスサイズが大きく内容が多様であるほど大きくなる指標で、「BCCWJ*」が最も多く、次いで「人文社会」が多い。コーパスサイズでは1.5倍近くある「科学技術」が「人文社会」の項目数よりも少ないということは、明らかに「科学技術」における接続表現の語彙は小さいことがわかる。学習者論文、学習者作文についてはコーパスサイズが小さいため、この図では語彙が小さいとはいえない。

図9は各コーパスの接続表現の合計頻度をコーパスサイズで正規化したグラフである。「学習者作文」の接続表現の使用が最も多く、次いで「学習者論文」「科学技術論文」と続き、使用項目数とは負の相関を示しており、「学習者作文」は限定された接続表現の使用域に対し、他のコーパスに比べ過剰ともいえる頻度で使用していることがわかる。

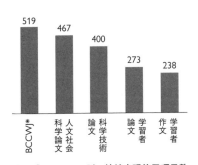

[図8] コーパス別の接続表現使用項目数

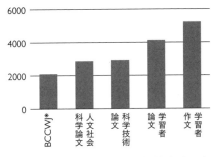

[図9] コーパス別の接続表現合計頻度（ppm）

5.2. 辞書記載の有無

　図10は辞書記載数別の各コーパスにおける項目数と出現頻度を集計し、さらに1項目あたりの出現頻度を計算したグラフである。どのコーパスでも全ての辞書に記載されている接続表現（記載数7）は特に高頻度であることがわかる。「学習者作文」に着目すると、記載数7だけでなく記載数が少ない表現でも他のコーパスより1項目あたりの頻度が高い。我々の予想では記載数7の基本的な表現のみを多用し、記載数の少ない表現ではむしろ他のコーパスより頻度が低いと想定していたが、記載数の多寡にかかわらず多用していることがわかる。

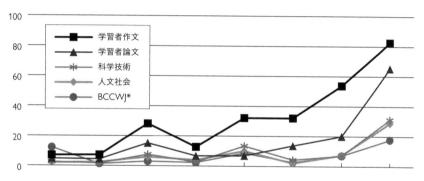

[図10]　辞書記載数別の接続表現1項目あたりの出現頻度（ppm）

5.3. 指示語系接続表現

　指示語系接続表現を構成する指示語系列はコソアドのうちソ系とコ系の2系列が大勢を占める。一般にコ系は、書き言葉の中でも現場指示に準じた用法を持ち、ソ系は文脈指示の用法を持つとされているが、日本語学習者にとってどちらを選択すればよいかの判断は難しい。三枝（1998）は、どちらかにしか使用できない例を中心に使い分けを考え、学習者に参考となる指針を提案している。

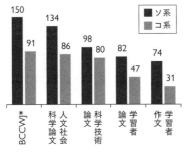

[図11] コーパス別の指示語系列項目数

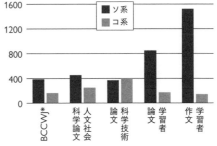

[図12] コーパス別の指示語系列合計（ppm）

　本章でもソ系とコ系に着目し、図11にコーパス別の指示語系列の項目数を、図12に合計頻度を示す。図11を見るとどのコーパスでもソ系の項目数がコ系の項目数より多い。一方、合計出現頻度を見ると、「学習者作文」のソ系の頻度が際立って高いことがわかる。「学習者作文」ほどではないが「学習者論文」もソ系がコ系よりも出現頻度が高い傾向にある。

　学習者コーパス以外で際立つ特徴として「科学技術」ではソ系よりもコ系の出現頻度が高いことがあげられる。そこで、具体的にどのような指示語系接続表現が頻出しているのかを見るために、表4にコーパスごとに頻度上位15位までをランキングした結果を示す。「学習者作文」の指示語系接続表現の頻度上位をみると「そして」「それに」「それで」「それから」「そのため」とソ系が上位を占めている。

　ソ系とコ系を区別してみると、「科学技術」では15表現中10表現がコ系であり、他のコーパスとは異なる特徴を示している。Maynard (2007: 248) はアカデミックな文章では、執筆者が分析対象に寄り添いながら執筆者自身の領域という視点で、筆を進めるためであるとしている。これに従えば、「科学技術」では、実験分析対象に寄り添って筆を進めているためと考えられる。ここでも「学習者論文」「学習者作文」ともにコ系の接続表現の使用が少ない傾向にあることがわかる。

[表4]　各コーパスの頻度上位15位までの指示語系接続表現

	BCCWJ*	人文社会	科学技術	学習者論文	学習者作文
1	そして	そして	そこで	そして	そして
2	そこで	そのため	ここで	そのため	それに
3	その後	このように	そのため	それで	それで
4	このように	そこで	そして	これにより	それから
5	このため	その結果	その結果	その後	そのため
6	そのため	その後	ここでは	その上	そのとき
7	その結果	ここでは	このように	その結果	その後
8	そのとき	このことは	このとき	それに	そこで
9	ここでは	それゆえ	このため	そこで	その上
10	それに	その際	これにより	このように	そうすると
11	それから	その上で	この場合	そのうち	その他
12	このとき	ここで	このことから	それから	その中で
13	それでも	このため	その後	その理由は	ここで
14	それが	そこでは	このことは	それだけでなく	このように
15	こうして	これに対して	これに対して	その他	これからも

※網掛けはコ系の接続表現

6.　学習者の問題点と指導法

　5節の分析結果から、学習者コーパスが母語話者コーパスと比較して使用傾向に大きく差があることがわかる。本節ではその問題点をさぐり、指導法を提案する。

6.1.　学習者の問題点

・接続表現の使用頻度が高い

　5節の分析結果より「学習者作文」の使用頻度が他のコーパスより高いが、その中でもソ系の接続表現の頻度が高く、さらに接続表現のもつ機能別に調べると「整理・並列」の頻度が高いことがわかる。「整理・並列」の接続表現

には頻度順に「そして (548ppm)」「また (340ppm)」「それに (153ppm)」「それから (102ppm)」が含まれており、浅井 (2003) などの従来の学習者作文の分析と同様の結果である。「整理・並列」の機能は共通点、類似点のある事柄を並べて書くもので、母語話者は接続表現を用いる以外の方法で文の連接関係を示せるが、学習者は安易に接続表現に頼ってしまうことが接続表現の多用につながるのではないかと考えられる。

　また、学習者が文章の組み立て方の整理ができず、読み手に連接関係を把握してもらえるか自信がないため、本来不要である接続表現を使用してしまうことも考えられる。文頭の接続表現を多用しない方法の1つとして、短文をつなげ文中で使用する書き方がある。たとえば、「～である。そして～」という2文を「～であり、かつ～」と1文にできる。実際、「人文社会」は平均文長が約67文字、「学習者作文」は約35文字で「人文社会」はほぼ2倍の文長を持つ。本研究では文頭の接続表現のみを対象としたため現象として捉えられなかったが、文中の接続表現も勘案した上で接続表現の多寡を分析する必要があるだろう。

・接続表現の使用域が狭い

　学習者作文コーパスは規模が小さく著者の人数も少ないため、出現する接続表現の項目数は少ない。機能別にみると「理解・換言」のなかでは「つまり (116ppm)」が多く「すなわち (23ppm)」「要するに (20ppm)」が少ない。同様に、「整理・並列」では「そして (548ppm)」「また (340ppm)」「それに (153ppm)」は多いが、他のコーパスで比較的頻度の高い「同時に (7ppm)」「加えて (出現なし)」の頻度が「学習者作文」では低い。

　これらのうち「そして」「それから」「それに」「また」「つまり」は、日本語教科書初級から中級までの多くの教科書に出現している表現であり、学習者には馴染みのある使いやすいものと考えられる。学習者は、初級から中級までの日本語教科書の影響が極めて強く、多くの場合、アカデミック・ライティングでの使用語彙を特段に学んでいないということが問題といえる。

・レジスターの影響による使用傾向の違い

　「学習者論文」と「学習者作文」では日本語能力レベルがほぼ同等であるにもかかわらず接続表現の使用傾向が異なり、「学習者作文」の方が接続表現を多用する傾向にあることがわかる。その原因には論理的に結論を導き出す論

文と自分の意見を記述する作文というレジスターの違いがまず挙げられる。次いで、論文は公開が前提にあり教員のチェックが2、3回入っていることに対し、作文は収集の目的が主に誤用分析にあるため学習者以外のチェックが入っていない、ありのまま文章であることも使用傾向の異なる原因であると考えられる。

6.2. 学習者への指導法

・接続表現分類の活用

　5節から学習者の語彙が母語話者に比べ少ないことがわかる。より豊富な接続表現の使用のために4節で用いた分類を使用することが有効である。基本・派生接続表現の分類を利用すれば、意味を調べようとしても辞書に記載のない「派生」に対し、辞書記載率が高い「基本」へ誘導することができる。この接続表現リストを積極的に活用することは、学習者の語彙の広がりにつながると期待できるため、現在、我々がインターネット上に公開している共起語検索システム「なつめ」(仁科他 2007) に接続表現リストを組み込むことが考えられる。このシステム内にはコンコーダンス機能もあり、学習者は豊富な例文を検討することで適切な接続表現の使用につながるであろう。

・レジスターに適した用法の確認

　アカデミック・ライティングといっても5節で見てきたように「人文社会」と「科学技術」では使用傾向に大きな差がある。このようにレジスターによる使用傾向の異なりがあることを考えると、学習者がある接続表現を用いようと思うとき、コンコーダンサなどでレジスター別の頻度を比較し、執筆しようとする分野で許容されるかを確認できれば適切な表現が選択できる。また、入力した文章について、指定したレジスターで使用できるかを自動的に計算し指摘するシステムも有用であろう。

・ソ系とコ系の使用分布の差異を用いた指導法

　5.3節で示したように「科学技術」ではコ系がソ系より高頻度であり、中でも「ここで」が145ppmと突出して多用されていることがその要因の1つである（他のコーパスでは「BCCWJ*」「人文社会」「学習者論文」「学習者作文」の順で10ppm、19ppm、8ppm、14ppm）。また、図12より合計出現頻度においても「科学技術」ではコ

系がソ系より多く、「人文社会」でも他のコーパスに比べるとコ系の使用割合が高い。これは、アカデミック・コーパスの特徴である可能性が考えられ、前のコンテクストを後ろにつなぐときに用いる接続表現は、対象が心理的に近いものを指す方法としてコ系が選ばれると思われる。

　そこで、アカデミック・ライティングを目標とする学習計画では、上記のことを実現する学習シラバスが必要となる。そのためには文章全体を視野においた接続表現の使用を訓練しなければならない。その方法としては、三枝 (1998) のように具体例を挙げながら、どのようなときにソ系あるいはコ系が使えるかを示していくことも有効である。そのためには「こうして」「そうして」のようなお互いに対応するソ系とコ系のペアの作成と、ペア間の出現傾向の違いをレジスターごとに分析しておく必要がある。

・レジスターを意識させる

　学習者論文と学習者作文で接続表現の使用傾向が大きく異なるのは、指導教官のチェックが入っていることが1つの要因ではあるが、必ずしもそれがすべてであるとは思えない。作文のテーマが主に自分の経験や意見であり心に浮かんだ内容を逐次的に記述することが多いのに対し、論文では自分の研究成果を客観的に見つめ、推敲を重ね、論理的な構造で他人にわかりやすく記述することを心がける。

　さらに、接続表現の項目数が作文より論文の方が多いことからも、執筆者自身がよりフォーマルな文体や語彙を用いようとする意識 (態度) が見られる。こうしたアカデミック・ライティングへの意識が接続表現の使用頻度の差異に表出しているのではないだろうか。このような意識を持つことが接続表現の過度な使用の抑制につながると考えられる。レジスターの違いが学習者の文章にどのような影響を及ぼすかについて、大規模な分析をおこなった研究はなく、今後、分析を深めることが期待される。

7.　終わりに

　本章では、学習者のアカデミック・ライティングを支援するシステム構築のための研究として、接続表現に焦点を当て、1) アカデミック・ライティングにおける日本語学習者と母語話者との違い、2) 効果的な指導法という研究

課題を提示した。

　大規模コーパスから作成した接続表現リストを用いて、3つの観点から接続表現を分類し、学習者論文や学習者作文を含む5つのコーパスごとに接続表現の使用傾向を分析した。その結果、従来の学習者の接続表現使用に関する研究と同様に学習者作文の頻度が高く、特に「そして」「それに」「むしろ」の日本語初級から中級で学習する表現の使用に集中し、母語話者の用いる多様な表現習得に至っていないことが明らかになった。

　また、学習者論文と学習者作文では同一日本語学習レベルであると思われる学習者によって書かれているが、その接続表現の使用傾向には大きく差があり、書き手のレジスターの違いの認識が大きな要因であることが示唆された。指導する場合には、学習者に論文レジスターで使用される接続表現リストとともに、そのコンテクストでの使用例を提示する必要がある。

　最後に、接続表現に限らず、多様なレジスターに焦点を当てた学習者による文章の分析は単一のレジスターだけでは表出しない言語現象を見つけられる可能性がある。今後は、本章で示した学習者論文のように、いままで収集された学習者作文とは異なる種類のレジスターの収集に力を入れていく必要がある。

●さらに勉強したい人のために

石黒圭（2008）『文章は接続詞で決まる』光文社新書

　　接続詞を分類、系統立てて各カテゴリーに分けて説明している。意味機能4種を「論理、整理、理解、展開」に分け、さらにこれを10類に細分化し、例を示しながら書く側の立場の読者にわかりやすく解説している。研究者にも研究指針として参考になる。同じ著者の接続表現に関する出版物が多数ある。

北原保雄（監修）、佐久間まゆみ（2003）『朝倉日本語講座7　文章・談話』朝倉書店

　　文章・談話について13章からなっている。第5章では文章・談話における文段の統括機能（佐久間まゆみ）、第13章では文章・談話研究の歴史と展望（糸井通浩）が接続表現・接続詞について、総合的観点から論じている。この2章以外の他の章もディスコース中の機能としての接続表現を知る参考になる。

●付記

本章は、阿辺川武、仁科喜久子、八木豊、ホドシチェック・ボル（2020）「日本語接続表現の計量的分析に基づく指導法の提案」『計量国語学』32(7) の内容に加筆修正したものです。また、一部の研究は、JSPS科研費18K00703の助成を受けたものです。

●注

1 我々が作成した作文支援システムの評価実験から得られた学習者作文。
2 石黒他（2009）では「異表記」と呼称している。
3 仁科他（2017）では568項目であったがルールの変更および精査の結果、523項目になった。
4 形態素はUniDicの定める1短単位語を1形態素とする。
5 語釈文中の例文のみに含まれるときは記載無とした。

●参考文献

阿辺川武，仁科喜久子，八木豊，ホドシチェック・ボル（2020）「日本語接続表現の計量的分析に基づく指導法の提案」『計量国語学』32(7): pp. 387–402.

浅井美恵子（2003）「論説的文章における接続詞について―日本語母語話者と上級日本語学習者の作文比較」『言葉と文化』4: pp. 87–98.

橋本進吉（1939）『改制新文典別記文語編』富山房

Hodoscek Bor, 阿辺川武，Bekes Andrej, 仁科喜久子（2011）「レポート作成のための共起表現産出支援―文章作成支援ツール「なつめ」の使用効果」『専門日本語教育研究』13: pp. 33–40.

石黒圭（2008）『文章は接続詞で決まる』光文社新書 光文社

石黒圭，阿保きみ枝，佐川祥予，中村紗弥子，劉洋（2009）「接続表現のジャンル別出現頻度について」『一橋大学留学生センター紀要』12: pp. 73–85.

岩崎拓也（2018）「読点が接続詞の直後に打たれる要因―Elastic Netを使用したモデル構築と評価」『計量言語学』31(6): pp. 426–442.

木枝増一（1936）『高等国文法新講文章編』東洋図書

国際交流基金（2002）『日本語能力試験出題基準』

永野賢（1958）『学校文法概説』朝倉書店

日本語教育学会（編）(2005)『新版日本語教育事典』大修館書店

仁科喜久子，八木豊，ホドシチェック・ボル，阿辺川武（2017）「作文学習支援システムのための接続表現辞典構築」『計量国語学』31(2): pp. 160–176.

仁科喜久子，吉橋健治，曹紅荃（2007）「作文支援システム「なつめ」における共起表現表示機能と評価」『日本語教育方法研究会誌』14(1): pp. 44–45.

李在鎬，石川慎一郎，砂川有里子（2018）『新・日本語教育のためのコーパス調査入門』くろしお出版

三枝令子（1998）「文脈指示の「コ」と「ソ」の使い分け」『一橋大学留学生センター紀要』1: pp. 53–66.

迫田久美子，石川慎一郎，李在鎬（編）(2020)『日本語学習者コーパスI-JAS入門』くろしお出版

佐久間まゆみ（1990）『文章構造と要約文の諸相』くろしお出版

Senko K. Maynard. (2007) Linguistic Creativity in Japanese Discourse, John Benjamins Pub Co.

時枝誠記（1960）『文章研究序説』山田書院

八木豊，ホドシチェク・ボル，阿辺川武，仁科喜久子，室田真男（2014）「作文推敲支援システムによる誤り指摘への学習者の対処に関する調査」『日本教育工学会研究報告集』14(5): pp. 151–156.

●分析に用いたコーパスと辞書

山崎誠（編）(2014)『書き言葉コーパス―設計と構築』講座日本語コーパス2，朝倉書店

学習者作文コーパス「なたね」，https://hinoki-project.org/natane/（2020年12月30日閲覧）

JCK作文コーパス，http://nihongosakubun.sakura.ne.jp/corpus/（2020年12月30日閲覧）

日本語学習者作文コーパス，http://sakubun.jpn.org/（2020年12月30日閲覧）

日本・韓国・台湾の大学生による日本語意見文データベース，http://www.tufs.ac.jp/ts/personal/ijuin/
koukai_data1.html（2020年12月30日閲覧）
北原保雄（編）(2010)『明鏡国語辞典第2版』大修館書店
山田忠雄，柴田武，酒井憲二，倉持保男，山田明雄，上野善道，井島正博，笹原宏之（編）(2011)
『新明解国語辞典第7版』三省堂
見坊豪紀，市川孝，飛田良文，山崎誠，飯間浩明，塩田雄大（編）(2014)『三省堂国語辞典第7版』
三省堂
西尾実，岩淵悦太郎，水谷静夫，柏野和佳子，星野和子，丸山直子（編）(2019)『岩波国語辞典第8
版』岩波書店
UniDic，https://unidic.ninjal.ac.jp/（2020年12月30日閲覧）
JUMAN，http://nlp.ist.i.kyoto-u.ac.jp/?JUMAN（2020年12月30日閲覧）
IPAdic，https://ja.osdn.net/projects/ipadic/（2020年12月30日閲覧）

11 学習者の話し言葉と書き言葉

村田裕美子

概要

　本章では、「多言語母語の日本語学習者横断コーパス」を用いて653名の調査対象者が同じテーマで話す課題と書く課題を行ったときの産出活動の違いによって現れる言語的特徴と習熟度の差を対応分析などの手法に基づき分析した。その結果、(1) 産出量では習熟度が上がるにつれて、話し言葉と書き言葉の差が小さくなること、(2) 産出語の特徴では習熟度が上がるにつれて、話し言葉と書き言葉が似てくること、(3) 文法知識では習熟度の違いや活動の違いだけでなく、項目によって使い方が多様であることが明らかになった。

キーワード　　学習者コーパス／話し言葉／書き言葉／対応分析

1.　はじめに

　本章では、学習者の話し言葉と書き言葉に着目し、調査対象者が同一のテーマで話す課題と書く課題を行ったときに産出される言語的特徴について調査する。具体的には、I-JAS（「多言語母語の日本語学習者横断コーパス (International Corpus of Japanese as a Second Language：以下 I-JAS)」（迫田他（編）2020）に含まれるストーリー描写課題の話し言葉と書き言葉データを比較し、産出活動の違いによって産出量や言語的特徴にどのような差が現れるのか、また習熟度によってどのような違いが生じるのかを明らかにする。

　本研究で話し言葉と書き言葉に注目する理由として、話し言葉と書き言葉

の違いには、時間的制約の有無があることをあげる。脳内の情報処理において、話し言葉はオンラインの処理であるため、基本的には時間の制約があり、書き言葉はオフラインの処理であるため、基本的には時間の制約がない。時間的制約の有無は、産出の前の「計画を立てる時間」(以下、プランニングタイム) の有無や一度産出したものを確認したり、修正したりするモニタリングの可否にも関連がある。このような違いが産出の、特に正確さや複雑さなどに影響があることがこれまでに明らかになってきている (Elis1987、松原2006、野村2010、奥野・リスダ2015、迫田2019)。しかし、話し言葉と書き言葉という2つの産出活動の違いが現れる要因は、習熟度の差や母語の影響、そして言語的特徴ごとに異なることも少しずつ明らかになっている (村田2019、徐2019、奥野他2019)。しかし、「話す」と「書く」の産出活動の違いを比較するにはデータ収集時の条件を揃え、同一調査対象者から同一のテーマを用いて採取する必要があり (Drieman1962、投野2008)、また、そのようなデータは限られていることから、未開拓な部分も多いのが現状である。そのため、本章では、先行研究を踏まえ、これまで扱われなかった言語的特徴にも焦点をあて分析する。

なお、本研究で扱う話し言葉と書き言葉については、利用するコーパスの表現に合わせ、音声データを文字化した音声言語のことを話し言葉、PC、あるいは手書きで記述した文字言語のことを書き言葉として用いる。そのため、文体差として扱われる音声媒体の話し言葉、文字媒体の書き言葉とは異なることを予め断っておく。

2. 先行研究

2.1. 話し言葉と書き言葉に関する行為と処理の違い

話し言葉と書き言葉は、その行為や処理の違いによって、産出される言語形式や言語化された情報に差異があることがこれまでの研究で明らかになっている (Drieman1962、Ochs1979、Vann1979、Chafe1982、Tannen1982、Brown and Yule1983、村田2019)。そして、その行為や処理には大きく5つの違いがある。(1) 産出行為の違い、(2) 言語処理の違い、(3) 時間的制約の有無、それによる (4) プランニングタイム、(5) モニタリングの機会の有無による差である (表1)。

[表1] 「話し言葉」と「書き言葉」の行為・処理の違い

	話し言葉	書き言葉
産出行為	リアルタイム	ノンリアルタイム
言語処理	オンライン	オフライン
時間的制約	あり	なし
プランニングタイム	なし（不十分）	あり
モニタリングの機会	なし	あり

村田（2021）

　まず、産出行為の違いであるが、話し言葉は相手に伝わるまでの行為がリアルタイムであり、仮に電話越しであっても基本的にはその場に相手がいることが前提である。一方、書き言葉はノンリアルタイムであり、基本的にはその場に読み手がいない。それは、相手が誰であるかや（イン）フォーマルな場面かどうかとは関係がない。

　次に、言語処理について、脳内で行われる情報処理のメカニズムの違いとして、話し言葉はオンライン、書き言葉はオフラインでの処理となる（Levelt1989）。話し言葉では、頭の中で伝えたいことを考え、情報を整理し、次にそれを適切な語彙、文法で言語化し、最後にそれを音声化する、というプロセスのすべてをオンラインで処理しなければならないが、書き言葉では、頭の中で伝えたいことを考え、情報を整理し、次にそれを適切な語彙、文法で言語化し、最後にそれを文字化するというプロセスで、基本的には話し言葉と同じ流れであっても、それをオフラインで処理することができる。

　そして、時間的制約の違いであるが、話し言葉では時間の制約があり、書き言葉では時間の制約がない。話し言葉は、産出の前に考えたり、構成したりできる演説のような場合を除けば、基本的には時間の制約があると考えられている。一方、書き言葉は基本的には制約がない。このような時間的制約の有無は、プランニングタイムの有無やモニタリングの可否にもつながる（Crookes1989、Foster and Skehan1996、Yuan and Ellis2003）。

　以上のような「話す」と「書く」の産出活動の違いが、産出された言語的特徴にも影響を及ぼすのである。

2.2. 話し言葉と書き言葉に関する学習者の産出の違い

　日本語教育では、これまでI-JASが公開している話し言葉と書き言葉で収集したストーリー描写課題を用いた研究が進んでいる（奥野・リスダ2015、徐2019、村田2019）。それは、先にも述べたように「話す」と「書く」の産出活動の違いを比較するにはデータ収集時の条件を揃える必要があると言われているためであり、I-JASのストーリー描写課題はこの条件に適しているからである。

　奥野・リスダ(2015)は、中級の学習者75名を対象に、学習者が産出した述部の言語形式を観察している。観察の結果、「受身文」「受身＋しまう」などの複雑な言語形式は書く課題に多く、単純な言語形式は話す課題に多く現れること、アスペクト形式「テイタ」は母語話者と学習者で使用傾向が異なることを明らかにした。さらに、異なる母語の影響として「受身文」は中国語母語話者に多く、「能動文」はそのほかの母語話者、特に英語、ドイツ語母語話者に多用されることを指摘した。

　習熟度ごとに比較したものでは、徐(2019)が、中級と上級の中国語母語話者と韓国語母語話者、合計36名の名詞修飾の使用傾向を分析した。その結果、習熟度が上がるにつれて、名詞修飾の使用が増加することを明らかにした。そして、村田(2019)が、初級(113名)、中級(426名)、上級(64名)の日本語学習者603名と日本語母語話者50名、合計653名のデータを用いて、習熟度ごとにどのような変化が現れるかを計量的に分析した。その結果、延べ語数の比較では、書き言葉のほうが話し言葉よりも産出語数が少ないこと、異なり語数では、習熟度が上がるにつれて多様に用いられるようになること、対応分析を用いた特徴語の比較では、習熟度が上がるにつれて話し言葉と書き言葉の語の使用傾向が似てくることを指摘した。

　しかし、これまでの日本語教育での研究は、学習者の習熟度や人数が限られていた。また、村田(2019)は653名のデータを用いたが、俯瞰的に捉えた分析にとどまっており、具体的にどのような特徴が出現しているのかは明らかにしていない。本章では、村田(2019)の研究を継承する形で、さらなる項目を増やし産出活動の違いと習熟度の差の影響を探っていく。

3. 本研究の研究課題

　本研究の課題は、話し言葉と書き言葉の産出語彙量と語彙知識、文法知識の関連性を明らかにする。具体的には以下の3つの課題を扱う。

研究課題1　発話量は、話し言葉と書き言葉でどう異なるか。また習熟度の差がどのように現れるか。

研究課題2　産出語彙の特徴は、話し言葉と書き言葉でどう異なるか。また習熟度の差がどのように現れるか。

研究課題3　産出される文法力の特徴は、話し言葉と書き言葉でどう異なるか。また習熟度の差がどのように現れるか。

4. 調査デザイン：データと分析

4.1. データ

　本研究では、I-JAS に含まれているストーリー描写課題、ストーリーテリング（Story Telling：以下ST）とストーリーライティング（Story Writing：以下SW）のデータを用いる。

[図1]　ST1、SW1、「ピクニック」のイラスト（迫田他（編）2020: 35）

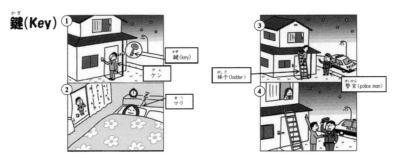

[図2] ST2、SW2、「鍵」のイラスト（迫田他（編）2020: 35）

I-JASのストーリー描写課題は「ピクニック」（図1、ST1/SW1）と「鍵」（図2、ST2/SW2）というタイトルの2種類があり、それぞれに対して「話す」課題（ST）と「書く」課題（SW）を実施し、データを収集している。STは、調査対象者がイラストを見ながら、ストーリーを話すというものである。そして、SWは同じ調査対象者がST課題の40〜50分後に行う課題であり、STと同一のイラストを見ながら、ストーリーを手書きかまたはPCに入力するというものである。

以下は、中級ドイツ語母語話者がストーリー描写を行った際の産出例である。

ST1	SW1
えっと えーピクニッキのために準備をしましたね えー、バスケットにはあーりんごとかサンドウィッチとかえー飲み物を入れました あーんえーちーずをえー見る、見ているあ見ながら犬はあーバスケットに入った、です えーマリとえケンはえー公園に行きいました バスケットをあー、あーん開く時犬は飛び出しました あーん、朝あー朝にあーりんごとサンドウィッチはあうん朝に準備したサンドウィッチはあー犬はあ食べました	マリがサンドイッチを準備して、ケンがバスケットに入れました。 2人は地図を見るとき、犬がバスケットに入りました。 マリとケンは公園に行って、きれいなところでピクニックしたかったです。 バスケットを開けて、犬が飛び出しました。 犬は、朝に準備した食べ物を食べました。

ST2	SW2
夜あーけりました あーんー鍵を忘れ、ちゃったので、マリとえーえーと呼びました でもマリは寝ていましたから聞こえませんでした あーケンは梯子をあー持って行きました あー梯子をのびるとあー警官はえー何ですのは、えーケンはえー私はあー鍵を忘れちゃたんです マリは私のーえー彼女ですが あーそれ、いいですよ	ケンは帰った時、鍵を忘れてしまったので、ドアを開けることができませんでした。 マリが寝っていましたから、けんを聞こえませんでした。 ケンは、梯子をもっていって、梯子をのぼりました。 警官がそれをみました。 「ええ、何をしてるの？」と言いました。 ケンは「私の鍵をわすれちゃったんですよ」と答えました。 「あ、いいですよ。彼女が聞きましたね。ドアをあけます。」

　STを実施した目的は、迫田他(編)(2020)によれば、対話レベルの発話ではあまり観察できない文法項目(受身や自他動詞、複合動詞など)の使用状況を観察するためである。また、SWの目的は同じ内容についての口頭産出した場合と筆記産出した場合の相違点を探る目的で実施されている。

　本章の調査では、村田(2019)と同じ合計653名分のストーリー描写課題「ピクニック」と「鍵」というタイトルの話し言葉(ST1/ST2)と書き言葉(SW1/SW2)のデータに加え、習熟度ごとの違いを調べるため、I-JASに収録されている学習者の日本語能力テスト「SPOT90」(Simple Performance-Oriented Test：以下SPOT)」の判定結果も利用する。

　習熟度と産出活動別の延べ語数は表2のとおり、話し言葉は228,505語、書き言葉は141,668語である。

[表2]　習熟度×産出活動ごとの延べ語数

総語数	初級 (*n*=113)	中級 (*n*=426)	上級 (*n*=64)	日本語母語話者 (*n*=50)	合計 (*n*=653)
話し言葉	40,369	152,987	21,129	14,020	228,505
書き言葉	20,473	93,845	15,650	11,700	141,668

4.2. 分析方法

　研究課題1では、産出語彙量が、産出活動の違い、習熟度の違いとどのような関係があるかを明らかにする。まず、全体を捉えるために「延べ語数・異なり語数・語種（漢語）」を扱う。

　延べ語数は全体の産出量をみるための指標として、異なり語数は語の多様性をみるための指標として利用した。そして、語種は話し言葉と書き言葉における語彙の質的違いをみるための指標として利用した。具体的には、名詞の漢語に着目した。その背景として、国立国語研究所（1971、1972）が行った新聞の語彙調査では新聞のようないわゆる「書き言葉」には漢語が多いことが明らかにされているからである。

　まず、I-JAS に収録されている653名分の文字化された全データを「UniDic」と形態素解析エンジンの「MeCab」を用いて、形態素解析し、短単位に区切ってから算出した。延べ語数と異なり語数の調査では、話し言葉にのみ出現する「あー」や「えー」など次の発話までの間をつなぐときに発せられるフィラーなどが含まれる「感動詞」を除いたうえで検証する。漢語の調査では、名詞を扱うが、固有名詞や数詞は対象から除外した。

　研究課題2では、産出語彙が、産出活動の違い、習熟度の違いとどのような関係があるかを明らかにする。調査ではグループ間の関係が視覚的に確認できる対応分析を行った。分析には、KH Coder Ver.2.00f（樋口2014）を用いる。KH Coder は、テキストデータを統計的に分析するためのフリーソフトウェアで、対応分析やクラスター分析、多次元尺度構成法、共起ネットワークなどの多変量解析を行う機能が備わっている。形態素解析には、茶筌を利用しているため、品詞体系は茶筌に準じている。分析には統計分析のフリーソフト「R」が組み込まれている。

　対象とする特徴語は、語彙知識を測るために「内容語」に絞り、「名詞・形容動詞・形容詞・動詞・副詞」を扱う。さらに、その中から母語話者の特徴として高頻度で用いられていた複合動詞に着目し、KH Coder の「抽出語リスト」を用いて、それぞれのグループの話し言葉、および書き言葉に含まれた複合動詞（「動詞連用形＋動詞」、「気づく」（「名詞＋動詞」）、「やってくる」（「Vテ形＋動詞」）、異形も含む）の出現頻度とその特徴を調べる。

研究課題3では、文法知識が、産出活動の違い、習熟度の違いとどのような関係があるかを明らかにする。調査では課題2同様に対応分析を行った。

　対象とする特徴語は、文法知識を測るために「機能語」に絞り、「感動詞・助詞・助動詞・接続詞、接尾辞」を扱う。

　さらに、その結果を踏まえ、5つの特徴的な文法項目に着目し、グループごとの出現頻度に対して対数尤度比検定を行い、使用頻度と産出活動との関連性を明らかにする。文法項目の抽出にはフリーソフトの「KWIC Finder3.30」を用い、異形（ている・てる）などを含み抽出した。その後、一括処理による誤り、学習者の誤用は目視で判断し対象から外した。対数尤度比検定は、「異なるコーパス間に出現する分析対象語句の出現頻度の差について検定や特徴語の抽出に用いることができ」るものである（平井（編）2018: 208）。検定には統計分析のフリーソフト「R」を用いた。

5.　結果と考察

5.1.　研究課題1

5.1.1.　延べ語数と異なり語数の変化
　まず、各グループの発話量を図3に示す。

　まず、延べ語数について見る。話し言葉の特徴でもあるフィラーを除いた

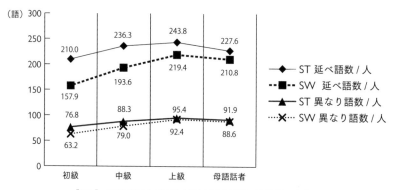

[図3]　習熟度ごとの話し言葉と書き言葉の発話量の変化

データで話し言葉と書き言葉の一人当たりの平均延べ語数を習熟度ごとに比較しても、全体的に話し言葉のほうが書き言葉よりも産出語数が多いことが確認できる。習熟度ごとの変化を見ると、産出量は増加の傾向にあるが、グラフの傾斜からは書き言葉のほうが習熟度の差がより明確に現れている。しかし、母語話者は上級の学習者よりも産出量が少ない。また、話し言葉と書き言葉を比較すると、その差は初級でおよそ52語、中級で44語、上級で24語、母語話者で16語と習熟度が上がるにつれて発話量の差が小さくなり、母語話者が一番その差が小さくなっている。

続いて、異なり語数について見る。延べ語数に比べると変化の差は小さいが、同様の増加傾向であることが確認できる。ゆるやかではあるが、習熟度が上がるにつれて異なり語数が増加するが、上級よりも母語話者のほうがやや少ない。さらに、話し言葉と書き言葉を比較すると、その差は初級で13語、中級で9語、上級、母語話者でおよそ3語と延べ語数と同様に習熟度が上がるにつれて発話量の差が小さくなっている。

量だけではなく、実際に産出される語にどのような差があるかは、研究課題2で明らかにする。

5.1.2. 漢語の使用量の変化

次に、漢語について見る。各グループの発話量を図4に示す。

5.1.1で見た延べ語と異なり語の発話量では、変化の幅に違いがあるものの、習熟度が上がるにつれて増加し、母語話者でやや減少する傾向が見られた。しかし、漢語に関しては、傾斜の程度を見ると、特に書き言葉で習熟度

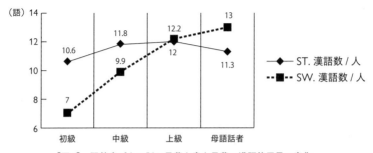

[図4] 習熟度ごとの話し言葉と書き言葉の漢語使用量の変化

が上がるにつれて、少しずつ増加し、母語話者でも増加する傾向が確認できた。話し言葉と書き言葉を比較すると、学習者の産出に関しては、習熟度が上がるにつれてその差が小さくなり、上級でほぼ同程度、母語話者の産出に関しては、書き言葉のほうがやや増える傾向が確認できた。

5.2. 研究課題2

5.2.1. 内容語に対する対応分析の結果

まず、対応分析の結果を図5に示す。

Sp. は話し言葉、Wr. は書き言葉を表す。特徴のない語は原点 (0,0) の付近に位置し、原点からそれぞれのグループの方向に離れていくほど、そのグループを特徴づける語と解釈される。

まず、原点から左下に語がやや散在している様子がみえる。特に初級から中級の話し言葉の特徴と言える。

全体的に、産出活動に関わらず、習熟度が上がるにつれて、右下方向へと

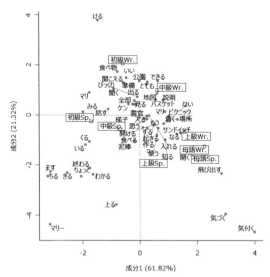

［図5］ 産出活動と習熟度ごとの対応分析結果

向かう傾向が確認できる。上級と母語話者は、近いところに位置し、特に上級の書き言葉は母語話者の特徴と近いことが確認できる。

　さらに、話し言葉と書き言葉を比較すると、初級ではその差が大きく広がっているが、習熟度が上がるにつれて、その差が小さくなり、母語話者の話し言葉と書き言葉に関しては、非常に近いところに位置していることから、習熟度が上がるにつれて、話し言葉と書き言葉の特徴が似てくるということがいえる。この結果は研究課題1の発話量の結果とも一致する。

　具体的にどのような語がどのような習熟度で出現するかをKH Coderを用いた共起ネットワークの結果で示す（図6）。共起ネットワークは、出現パターンの似通った語を線で結び、ネットワークを表すことができるという特徴がある。例えば、語と語の共起の程度や習熟度、産出活動と頻出語が互いにどのように結びついているのかを調べることが可能である。

　円の大きさは出現頻度の大きさを、線の太さは関係性の強さを表している。

　図6をみると、初級では、「ある」「いる」「見る」の出現が多く、中級になって「見る」のほかに「入る」「寝る」「思う」「行く」「食べる」「起きる」などの様々

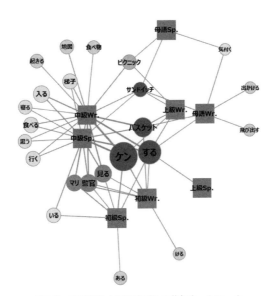

[図6]　産出活動と習熟度ごとの共起ネットワーク

な動詞の出現が多くなっていることがわかる。また、「気付く」や「出かける」「飛び出す」といった複合動詞は母語話者の特徴として出現していた。

　図5、6で母語話者の特徴として出現した複合動詞がどのように使用されていたかを具体例をあげながら見ると、次のようになる。(1) と (2) はいずれも母語話者の話し言葉の例である。(　) 内は調査対象者IDである。

(1) バスケットを開けてみると犬が中から飛び出してきました　　　(JJJ09)
(2) 妻のマリは、寝てしまい、ピンポンの音に気づきませんでした　　(JJJ07)

　頻度としては母語話者ほどではないものの、学習者のデータからも「飛び出す」「気付く」は出現している。(3) は初級ベトナム語話者、(4) は中級中国語話者の話し言葉の例である。

(3) うーん、バスケットの、あー、バスケットの、バスケットを、あー、開ける（あける）時、犬が飛び出しました、はい　　　　　　　　　(VVN17)
(4) あーマリ、マリは、あー寝ていてー、気付きませんでした　　(CCM33)

5.2.2.　複合動詞の産出活動ごとの使用傾向

　母語話者の特徴として多用されていた複合動詞に着目し、KH Coderの「抽出語リスト」を用いて、それぞれのグループの話し言葉、および書き言葉の「動詞」を抽出し、データの中に含まれていた複合動詞の使用量を調べたところ表3の結果が得られた。表3で示す数値は粗頻度と (　) 内は調整頻度（「頻度÷延べ語数×1万語」で求めた1万語あたりの出現頻度）である。

[表3]　グループ間と産出活動別の複合動詞の使用量：粗頻度（調整頻度）

	話し言葉		書き言葉	
初級	24	(5.9)	20	(9.8)
中級	370	(24.2)	402	(42.8)
上級	114	(54.0)	161	(102.9)
母語話者	203	(144.8)	236	(201.7)

表3を見ると、複合動詞の使用量は、習熟度が上がるにつれ、話し言葉と書き言葉、いずれも使用量が増加の傾向にあることがわかる。調査対象者間で比較すると、学習者よりも母語話者の使用頻度が高く、調整頻度では、母語話者の使用頻度は上級よりも、話し言葉で約3倍、書き言葉で約2倍であることが明らかになった。また、調査対象者内では、どのグループでも話し言葉より書き言葉での使用量が高いことが確認できた。

　次に、異なり語数の出現頻度を調べた結果を図7に示す。

　実際には「気づく」や「飛び出す」のほかに異なり語数として全体で80あることが分かり、産出活動別に分類すると、特に中級と上級の書き言葉で複合動詞のバリエーションが増えることが確認できた。

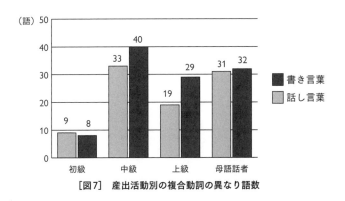

[図7]　産出活動別の複合動詞の異なり語数

　次に、実際にどのような複合動詞が多用されていたのか、グループごとに複合動詞上位10を表4で示す。

　産出活動別にみると、使用頻度の高い語は産出活動の違いにかかわらず、話し言葉と書き言葉の両方で多用されていることがわかる。

　グループ別に見ると、学習者の使用頻度は母語話者と比較すると少ないが、「気付く（気づく）」「飛び出す」「出掛ける（出かける）」などの語はどのグループでも多く用いられている。

[表4]　各グループの高頻度複合動詞（上位10）

No.	初級 ST		初級 SW		中級 ST		中級 SW	
1	飛び出す	6	飛び出す	6	気付く	115	気付く	95
2	出掛ける	5	出掛ける	5	飛び出す	65	飛び出す	84
3	見付ける	4	見付ける	4	見付ける	54	見付ける	60
4	気付く	2	気付く	1	出掛ける	33	出掛ける	40
5	思い出す	2	思い出す	1	飛び込む	30	飛び込む	24
6	飛び込む	2	飛び込む	1	思い出す	12	呼びかける	12
7	呼び出す	1	呼び出す	1	話し合う	11	思い出す	11
8	引き取る	1	見とれる	1	呼びかける	10	話し合う	9
9	聞き取る	1			入り込む	5	入り込む	7
10					やって来る	4	思い付く	5

No.	上級 ST		上級 SW		母語 ST		母語 SW	
1	気付く	38	気付く	46	気付く	61	気付く	63
2	飛び出す	22	飛び出す	30	出掛ける	32	出掛ける	36
3	出掛ける	15	出掛ける	18	飛び出す	27	飛び出す	36
4	飛び込む	9	飛び込む	12	やって来る	15	通りかかる	14
5	見付ける	7	入り込む	6	呼び止める	9	呼び止める	13
6	思い出す	3	通りかかる	5	通りかかる	7	やって来る	11
7	入り込む	3	辿り着く	4	入り込む	7	入り込む	10
8	飛び出る	3	見付ける	3	潜り込む	5	呼びかける	8
9	呼び止める	2	呼び止める	3	取り出す	4	忍び込む	6
10	呼び出す	2	通り過ぎる	3	忍び込む	4	取り出す	5

漢字表記とひらがな表記の全てを抽出

5.3.　研究課題3

5.3.1.　機能語に対する対応分析の結果

　まず、対応分析の結果を図8に示す。

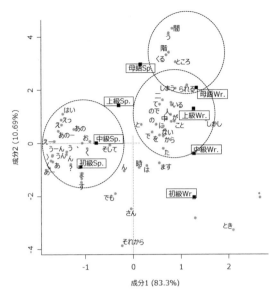

[図8] 産出活動と習熟度ごとの対応分析結果（機能語）

　原点から左に初級と中級の話し言葉の「あのー」や「えー」「うーん」など
が散在していることから、このようなフィラーの使用が初級と中級の発話の
特徴であることを示している。
　次に、原点からやや右上に中級の書き言葉、上級、母語話者の特徴として
「しまう」「られる」「(て) いる」「ので」「から」などの出現が確認できる。さら
に、その上には、「間」や「ところ」「くる」などが出現しているが、これは母
語話者の特徴であると言える。
　中級、上級、母語話者の特徴として現れた「しまう」「られる」「(て) いる」
「ので」「から」の5つの文法項目の出現頻度が産出活動によってどのように現
れるのかを対数尤度比検定を用いて調査した。表5はその結果である。
　5つの文法項目のうち、話し言葉と書き言葉の間で統計的に有意な差が見
られたのは、受け身文、または可能動詞の「られる (れる)」とアスペクト形
式の「ている (てる)」のみであった。5つのみではあるが、機能語に関して、
頻度のうえでは産出活動の差が出るものは少ないことがわかる。

[表5] 文法項目の産出活動別出現頻度 (*p < .01)

文法項目	ST	SW
られる（れる）*	400	520
ている（てる）*	1713	1763
てしまう（ちゃう）	712	656
ので	365	383
から	573	490

「て形」・「ます形」などの活用も含む

　統計的には差がないものの、「てしまう」「から」は話し言葉のほうがやや多く、「られる」「ている」「ので」は書き言葉のほうがやや多く用いられるなど、項目によって話し言葉で使われやすい傾向のものと書き言葉で使われやすい傾向のものがあることが示されている。さらに、例を見るとその使い方はより複雑であることがわかる。例えば、「ので」の使い方でも次のように異なる。
　中級学習者の場合は、(5)「忘れたので」のように用いているが、母語話者の場合は、(6)「寝てしまっているので」のように「しまう」「ている」「ので」の複数の機能語を組み合わせた表現を用いている。

(5) ケンは鍵を忘れたので、家に入れませんでした。　　　　　　　　　(SES02)
(6) しかし妻のマリは寝てしまっているのでピンポンに気づきません。(JJJ07)

　そして、受身文の「られる」の使い方でも、次のように異なる。
　初級学習者の場合は、(7)「注意されました」のように用いているが、上級学習者の場合は、(8)「誤解されてしまいました」のように「られる（れる）」「てしまう」の複数の機能語を組み合わせた表現を用いている。

(7) ケンは注意されました。　　　　　　　　　　　　　　　　　　　　(JJN36)
(8) でも、家の前にいた警官に泥棒だと誤解されてしまいましたが、ちょうどその時、起きたマリが事実を言ってくれて事件は解決できました。
　　　　　　　　　　　　　　　　　　　　　　　　　　　　　　　　　(KKD24)

もちろん、母語話者や習熟度の高い学習者も単純な使い方をする場合もあり、逆に習熟度の低い学習者でも複雑な使い方をすることはある。このような使い方は頻度だけでは確認できないため、実例を用いた分析が必要である。

5.4. 考察

5.4.1. 研究課題1：産出語彙量に関する考察

　研究課題1では、産出語彙量は、産出活動の違い、習熟度の違いとどのような関係があるかを「延べ語数・異なり語数・語種 (漢語)」の産出量から調査した。その結果、以下の点が明らかになった。

　まず、延べ語数と異なり語数の産出量では、学習者か母語話者かに関わらず話し言葉のほうが書き言葉より産出量が多いことが明らかになった。これは、Tannen (1982) の結果とも一致する。即時的な話し言葉では、考える時間であるプランニングタイムがないため、思いついたままに話したり、情報を整理せず同じ内容を繰り返したりしている可能性が示唆される。

　さらに、習熟度ごとに見ると、話し言葉と書き言葉の産出量は習熟度が上がるにつれて、その差が小さくなることが明らかになった。課題の内容にもよるだろうが、習熟度が低い学習者の場合、話せる量と書ける量には差があるが、習熟度が高くなると、話せる量と書ける量に差がなくなっていくのではないだろうか。

　そして、漢語の産出量では、特に書き言葉で習熟度が上がるにつれて増加し、母語話者の場合も増加する傾向が確認できた。話し言葉と書き言葉を比較すると、学習者に関しては、習熟度が上がるにつれてその差が小さくなるのに対し、母語話者に関しては、書き言葉のほうがやや増える傾向がある。言語を使用する際は口語体や文語体など様々な使い分けがあるが、母語話者は、書き言葉では意図的に漢語を使用した可能性があり、ここではその文体差として書き言葉の特徴が現れたものと考えられる。

5.4.2. 研究課題2：産出語彙量に関する考察

　研究課題2では、産出語彙は、産出活動の違い、習熟度の違いとどのような関係があるかを対応分析を用いて分析した。さらに、母語話者の特徴とし

て高頻度で用いられていた複合動詞に着目し、出現頻度から各グループの活動の差を調査した。その結果、以下の点が明らかになった。

　まず、習熟度が上がるにつれて、話し言葉と書き言葉の語の特徴が似てくることが明らかになった。習熟度が高い場合は、即時的であることやプランニングタイムの有無といった活動の差が影響しなくなることが示唆される。このことから、村田（2019）でも述べているように、発話の内容に関しては、習熟度が上がれば、学習者の言語処理の自動化（無意識的に知識を使えること）が進み、「書く」のと同じように「話す」ことができるようになるものと考えられる。

　次に、母語話者の特徴として、複合動詞の多用が確認できた。複合動詞は、日本語教育では体系的に学ぶ機会が少なく、習得が困難であると指摘されているため（松田2000）、習熟度の差や時間的制約の差が産出に影響したものと考えられる。しかし、産出活動の差にはあまり影響がなかった。「内容語」の出現に関しては、産出活動が異なっても登場人物や状況が変わらないため、用いられる語彙を習得していれば、活動の差が現れにくい。執筆者の思考が表れるような課題であれば、プランニングタイムの差が現れる可能性がある。

5.4.3.　研究課題3：文法知識に関する考察

　研究課題3では、文法知識は、産出活動の違いと習熟度の違いとどのような関係があるかを対応分析を用いて分析した。その結果、以下の点が明らかになった。

　まず、初級と中級の特徴では、「あのー」や「えー」「うーん」のようなフィラーが多用され、上級になると減少することが確認できた。これについては、頭の中にある伝えたい内容を言語化、または音声化するまでの言語処理の自動化が関与していると考えられる。言語能力が初期の段階では、意識的に注意しながら課題を遂行しなければならないが、発達段階が進むと、あるいは母語話者の場合は、意識的に注意を向けなくても課題が遂行できる。意識を向けなければ産出できないような習熟度の低い段階では、フィラーなどを用いて、時間を確保する必要がある。しかし、上級になるほどその必要がないため、結果的にフィラーが減少したと考えられる。

次に、母語話者と上級話者に特徴的だった5つの文法項目に焦点をあて、その使用頻度と産出活動の関連性を調査したが、文法項目に関しては、頻度では測れない複雑な使い方があることが明らかになった。これらについては一つの文法項目だけでなく、それら複数の組み合わせなども多様であり、実例を確認する必要性が示された。

　また、先にも述べたが、話し言葉と書き言葉の差が現れにくかった要因の一つにストーリー描写課題であったことがあげられる。これは描かれたものを説明するものであるため、産出活動の差が現れにくかった可能性も考えられる。意見文などであれば、述べ方や論じ方などが産出活動の違い、プランニングタイムの影響などによって、異なっていった可能性がある。

6.　終わりに

　本章では、調査対象者が同一のテーマで話す課題と書く課題を行ったときに産出される言語的特徴と習熟度の関連性について調査を行った。

　研究課題に対して得られた知見をまとめると、以下のようになる。

　まず、研究課題1の産出量の比較からは、習熟度が上がるにつれて、産出量の差が小さくなっていくことが明らかになった。次に、研究課題2の内容語の比較からは、習熟度が上がるにつれて、産出される語の特徴が似てくることが明らかになった。そして、研究課題3の機能語の比較からは、習熟度が上がるにつれて、フィラーの使用が減少すること、文法項目の使用傾向に関しては、項目によって産出活動の差が影響するものとそうでないものとがあること、さらに、その使い方は非常に多様であることが明らかになった。

　本章の調査結果をふまえ、考えられる要因として、話し言葉と書き言葉の違いであるプランニングタイムの有無が影響していること、加えて、学習者の場合は、言語処理にかかる時間、学習者の技能が完全に自動化されていないことで現れる差が影響していること、さらに、話し言葉と書き言葉の違いを明らかにするにはストーリ描写課題とは別の課題でも検証する必要があることを指摘した。

　今後の課題として、実例を確認しながら質的な調査を行うこと、回避や正確さについての検証を行うこと、ストーリー描写課題ではなく執筆者本人の

思考を表現する課題などで検証することをあげる。

●さらに勉強したい人のために
野村真理子（2010）「日本人英語学習者のスピーキングvs. ライティングパフォーマンスの比較分析のための指標—学習者コーパスに基づくアプローチ」『STEP BILLETIN』vol.22, pp. 30–46, 日本英語検定協会

英語教育の分野において、学習者コーパスを用いて話し言葉と書き言葉の言語的特徴を比較した研究の一つである。使用語彙、文法的特徴、エラー・正用率など様々な項目において統計的な手法を用いて話し言葉と書き言葉の違いによる比較測定のための有効な指標を明らかにしている。

村田裕美子（2019）「ストーリー描写課題に現れる日本語学習者の「話し言葉」と「書き言葉」の比較分析—習熟度の差はどのように反映されるのか—」『日本語教育』173: pp. 16–30, 日本語教育学会

本章の先行研究としても取り上げているが、話し言葉と書き言葉の課題の違い習熟度の差が産出される言語形式にどのような影響を及ぼしているかを653名の学習者データを俯瞰的に捉えた時に現れる言語的特徴を分散分析、対応分析などの手法を用いて定量的に分析したものである。

●付記

本章は、令和2年度に東京都立大学大学院人文科学研究科に提出した博士学位論文『「話し言葉」と「書き言葉」をめぐるコーパス研究と実践—ドイツ語圏の日本語教育を対象として』の一部に加筆・修正を行ったものです。博士論文執筆にあたりご指導くださった主査の奥野由紀子先生、副査のダニエル ロング先生、長谷川守寿先生に心から感謝申し上げます。

●参考文献

Brown, Gillian and Yule, George. (1983) *Teaching the Spoken Language*. Cambridge: Cambridge University Press.

Chafe, Wallace L. (1982) Integration and Involvement in Speaking, Writing, and Oral Literature. In Deborah Tannen (ed.) *Spoken and Written Language: Exploring Orality and Literacy*, 35–53. Norwood, NJ: Ablex.

Crookes, Graham. (1989) Planning and interlanguage variation. *Studies in Second Language Acquisition*, 11: pp. 367–383.

Drieman, G.H.J. (1962) Differences between written and spoken language: An exploratory study. In *Acta Psychologica* 20: pp. 36–57.

Ellis, Rod. (1987) Interlanguage variability in narrative discourse: Style-shifting in the use of the past tense. *Studies in Second Language Acquisition*, 9: pp. 1–20.

Foster, Pauline., and Skehan, Peter. (1996) The influence of planning and task type on second language performance. *Studies in Second Language Acquisition*, 18: pp. 299–324.

樋口耕一（2014）『社会調査のための計量テキスト分析—内容分析の継承と発展を目指して』ナカニシヤ出版

平井明代（編）(2018)『教育・心理・言語系研究のためのデータ分析』東京図書

徐乃馨（2019）「日本語学習者のストーリー描写における名詞修飾使用実態─作業課題・習熟度・母語による違いに注目して」『日本語／日本語教育研究』10: pp.133–148, ココ出版

国立国語研究所（1971）『電子計算機による新聞の語彙調査2』国立国語研究所報告38, 秀英出版

国立国語研究所（1972）『電子計算機による新聞の語彙調査3』国立国語研究所報告42, 秀英出版

Levelt, Willem. J. M. (1989) *Speaking: From Intention to Articulation*. Cambridge, MA: The MIT Press.

松田文子（2000）「複合動詞の意味理解方略の実態と習得困難点」『言語文化と日本語教育』20: pp.52–65, お茶の水女子大学日本言語文化学研究会

松原緑（2006）「学習者の口頭によるオンラインと訳出によるオフラインのパフォーマンス比較─産出量・複雑さ・文法的正確さ・カバー率の4指標を用いて」『STEP BULLETIN』vol.18, pp.50–60, 日本英語検定協会

村田裕美子（2019）「ストーリー描写課題に現れる日本語学習者の「話し言葉」と「書き言葉」の比較分析─習熟度の差はどのように反映されるのか」『日本語教育』173: pp.16–30, 日本語教育学会

村田裕美子（2021）「第二言語習得における話し言葉と書き言葉をめぐる言語研究の歴史と展望」『日本語研究』41: pp.83–96, 首都大学東京・東京都立大学日本語・日本語教育研究会

野村真理子（2010）「日本人英語学習者のスピーキングvs.ライティングパフォーマンスの比較分析のための指標─学習者コーパスに基づくアプローチ」『STEP BULLETIN』vol.22, pp.30–46, 日本英語検定協会

Ochs, Elinor. (1979) Planned and Unplanned Discourse. In T. Givon (ed.), *Discourse and Syntax*, pp.51–80. New York: Academic Press.

奥野由紀子・呉佳穎・村田裕美子（2019）「日本語学習者の能動態と受動態の使用傾向にみられる母語による違い─中国語とドイツ語での語りの比較から」『日本語研究』39: pp.79–93, 首都大学東京日本語・日本語教育研究会

奥野由紀子・リスダ, ディアンニ（2015）「「話す」課題と「書く」課題に見られる中間言語変異性─ストーリー描写課題における「食べられてしまった」部を対象に」『国立国語研究所論集』9: pp.121–134, 国立国語研究所

迫田久美子（2019）「話すタスクと書くタスクに見る日本語のバリエーション─日本語学習者コーパスI-JASの分析に基づいて」野田尚史・迫田久美子（編）(2019)『学習者コーパスと日本語教育研究』pp.151–168, くろしお出版

迫田久美子・石川慎一郎・李在鎬（編）(2020)『日本語学習者コーパス I-JAS入門』くろしお出版

Tannen, Deborah. (1982) Oral and literate strategies in spoken and written narratives. *Language*, 58(1): 1–21.

投野由紀夫（2008）「NICT JLE VS. JWFLL: n-gramを用いた語彙・品詞使用の発達」『英語コーパス研究』15: pp.119–133.

Vann, Roberta J. (1979) Oral and written syntactic relationships in second language learning. In C. Yorio, K. Perkins and J. Schachter (Eds.) *On TESOL '79* (322–329). Washington, D.C.: TESOL.

Yuan, Fangyuan and Ellis, Rod. (2003) The Effects of Pre-Task Planning and On-Line Planning on Fluency Complexity and Accuracy in L2 Monologic Oral Production. Applied *Linguistics*, 24: pp.1–27.

12 | 日本語の学術的文章を対象とした計量分析

三谷彩華

概要

　本章では、日本語学分野の研究論文の要旨全50編を対象に行った研究事例を紹介する。本研究事例は、何をどのような構造で書くのかといった論文要旨の表現特性を文章構造分析により明らかにし、要旨における各構成要素の分量を変数としたクラスター分析により類型化を試みたものである。分析の結果、日本語学分野の研究論文の要旨は、「a.概要提示型」「b.結論詳述型」「c.背景・目的詳述型」「d.方法詳述型」の4種に分類されることが明らかになったことを報告する。

キーワード　論文要旨／文章構造／クラスター分析／一元配置分散分析／多重比較

1.　はじめに

　論文要旨は、要約文の一種で、「原文の主題や議論に焦点を絞り、原文の表現形式に捕らわれずに、自分の言葉で要点をまとめたもの」(佐久間 (編著) 1994: 4) であり、研究論文や学会発表といった研究成果を発信する場で作成する技能が求められる。

　大学生、大学院生、研究者等は、専門分野の研究論文を読む時、多くの先行研究から必要な情報を入手するために、まず、論文のタイトルやキーワード、要旨を読み、自分の必要とする情報が得られると判断した論文を読み進める。しかし、自分で最後まで読もうと選んだ論文であるにもかかわらず、

自分の求めていた情報が得られない時もある。この原因としては、読者が論文の要旨から筆者の意図を汲み取れなかったこと、その論文の要旨が筆者の意図を正確に表現していなかったことの2点が考えられるだろう。

　近年、日本語のアカデミック・ライティング教育の隆盛により、論文の書き方に関する書籍が多く出版されている。また、留学生が増加傾向にあることから、例えば二通他 (2009) やアカデミック・ジャパニーズ研究会 (編著) (2016) 等の留学生を対象とした教材も出版されるようになった。しかし、その中で要旨に言及したものは少なく、言及しているものでも、要旨に関しては抽象的な記述が目立つ。論文要旨は、佐久間 (編著)(1994: 4) の定義の通り、論文の筆者にとっては、研究の内容を短くまとめるものである一方で、読者にとっては、参考にできる論文であるかを判断するためのものであり、要旨の書き方は、日本人学生、留学生を問わず、研究を行う者が身につけるべき技能の一つである。

　本章では、日本語の論文要旨には何をどのくらい、そして、どのような構造で書くのかといった表現特性を、文章構造分析とその計量的なデータ分析によって明らかにすることを目的とする。なお、本章の分析は、三谷彩華 (2018)「日本語学の論文要旨の文章構造類型—要旨における本文の要素の使用傾向—」の一部の分析を再分析し、新たに統計分析を追加したものである。

2.　先行研究と本研究の研究課題

　第2節では、本章の研究における先行研究と研究課題を述べる。2.1で日本語の研究論文に関する先行研究、2.2で本章の分析手法である文章構造分析に関する先行研究について検討する。そして、2.3で本章における研究課題を述べる。

2.1.　日本語の研究論文に関する先行研究

　日本語の研究論文の本文を対象とした先行研究には、理系分野の学術論文を対象とした村岡 (1999、2001) や深尾・馬場 (2000) 等の本文に使用される表現や語彙の研究、日本史学関連の論文の「序論」を分析した杉田 (1997)、3領

域9分野の「中間章」を分析した佐藤他 (2013) 等の本文の構成や構造に関する研究、人文系論文の引用文の文末表現を分析した清水 (2010) や引用の解釈構造を分析した山本・二通 (2015) 等の資料の引用に関する研究等がある。

　一方、日本語の研究論文の要旨を対象とした先行研究にも、表現や語彙に関する研究や構成や構造を分析した研究があるが、本文を対象とした研究に比べると少なく、研究の余地がある。

　澤田 (1993) は、「日本語に関する学術論文」の要旨全65編を対象に要旨と本文の表現を比較し、要旨の表現が本文の「序論」や「結び」の表現と一致するものが多いこと、要旨の表現は本文と同じではなく、何らかの表現に言い換えられている可能性を指摘した。しかし、表現形式のみの比較であり、記述内容の判断はなく、要旨の文章構造については言及していない。

　王他 (2009) と李・王 (2011) は、要旨の対照研究を行なっている。王他 (2009) は、台湾と日本の日本語学と日本語教育学の論文全131編の「要旨の構成」「段落」「冒頭の内容」の特徴から、日台の論文要旨の表現の異同を明らかにしている。また、李・王 (2011) は、日本と中国の日本語学、日本語教育、日本文化に関する論文全200編の「論文要旨の構成」「接続表現と指示詞」「使用頻度の高い言い方」「名詞」の特徴を明らかにした。しかし、いずれも要旨の構成と表現を分析したもので、要旨を構成する要素がどのくらい書かれているかといった点は考慮されていない。

　三谷 (2018) は、日本語学の学会誌掲載の要旨の文章構造の分析と、要旨の内容が本文中のどこから使用されているかの傾向を分析し、要旨の構成要素の展開の類型を提示した。しかし、三谷 (2018) が示した類型も、構成要素の配列のみで分類されたものであり、要旨の各構成要素がどのくらいの分量的配分で書かれているかという点は考慮されていない。要旨に書かれる構成要素は等配分でないため、何をどのくらい書くかという各構成要素の分量も踏まえた類型を知ることも、論文執筆する上での一助になると考えられる。

　そこで本章では、三谷 (2018) の要旨の文章構造の分析に加え、各構成要素の分量的配分を変数に、「データが持つ情報を手掛かりにして、距離の近いデータ同士をまとめてクラスター（群、集落）を構成する統計手法」(石川他 2010: 163) であるクラスター分析により類型化を試みる。

2.2. 文章構造分析に関する先行研究

　本章では、論文要旨に何がどのように書かれているかの文章構造を明らかにする。佐久間 (2003: 95) によれば、「文章構造の解明には、文章と文、談話と発話の間に段という単位を設けて分析することが有効である」という。「段」とは、「文段」と「話段」の総称を指すが、本章の分析対象は文章であるため、「文段」とする。市川 (1978: 126) は、「文段」の概念を以下のように規定している。

　　　「文段とは、一般に、文章の内部の文集合 (もしくは一文) が、内容上のまとまりとして、相対的に他と区分される部分である。」(中略)「文段」は、改行によってではなく、前後の文集合 (もしくは一文) が、内容上なんらかの距離と連関をもつことによって区分されることになるのである。

　佐久間 (1992: 42) は、「話段」の観点を加えて「段」と総称し、佐久間 (2003: 92–93) において、「段」という分析単位の構成要素を以下のように規定している。

　　　「段」の構成要素は、「文」よりも、むしろ、1 対の「提題表現」と「叙述表現」からなる「題―述表現」に基づく、話題の統括機能を有する「情報単位」であり、いわゆる「節」に相当する成分と考えるほうがよいだろう。

「提題表現」とは、「話題を取り上げる文の主題部」(佐久間 (編著) 2010: 78) のことで、「叙述表現」とは、「提題表現に対応し、話題を取りまとめる文の叙述部」(佐久間 (編著) 2010: 78) のことである。言語量が少ない研究論文要旨は、1 文中に複数の内容のまとまりを含む可能性があると考えられる。そこで本章では、佐久間 (2003) の「段」の規定に従い、文の下位単位によって文段を分析することとする。

　要旨は、要約文の一種であるため、本章では、従来要約文研究で用いられ、「日本語の文章・談話における情報伝達を図る尺度」(佐久間 (編著) 2010: 28) である「情報伝達単位 (CU)」を分析単位として用いる。

「情報伝達単位 (CU)」は、'Communicative Unit' の略称で、「1. 文末叙述表現」「2. 節末叙述表現」「3. 修飾表現」「4. 引用表現」「5. 提題表現」「6. 状況表現」「7. 注釈表現」「8. 接続表現」「9. 応対表現」「10. 参照表現」「11. 感応表現」「12. 反復表現」「13. 省略表現」「14. 挿入表現」「15. 転換表現」「16. 非言語表現」に分類される。「情報伝達単位 (CU)」については、佐久間 (編著)(2010: 28–44) に定義と分類が詳述されている。

日本語の文章構造に関する先行研究には、永野 (1972)、市川 (1978)、佐久間 (編著)(1989、1999) 等がある。

佐久間 (1999: 14) は、現代日本語の論説文を中心とする文章の構造原理を明らかにし、「中心段」の出現位置と頻度から、以下の6種の「文章型」を設け、論説文の要約文調査により実証している。

ア. 頭括型 (文章の冒頭部に中心段が位置するもの)
イ. 尾括型 (文章の結尾部に中心段が位置するもの)
ウ. 両括型 (文章の冒頭部と結尾部に中心段が位置するもの)
エ. 中括型 (文章の展開部に中心段が位置するもの)
オ. 分括型 (文章の2か所以上に複数の中心段が分散して位置するもの)
カ. 潜括型 (文章中に中心段がなく、主題が背後に潜在するもの)

「中心段」とは、「文章の主題をまとめて一編を完結させる統括機能を有する段」(佐久間 1999: 14) のことである。中心段を分析するためには、要旨に書かれる複数の文段相互が、どのような「統括関係」を有し、要旨を構成しているのかを明らかにする必要がある。

佐久間 (編著)(1989: 188) は、要約文の研究において、市川 (1978) の連接類型8種 ((一) 順接型 (二) 逆接型 (三) 添加型 (四) 対比型 (五) 転換型 (六) 同列型 (七) 補足型 (八) 連鎖型) について、永野 (1986: 320–322) の「連接論に関わる統括」類型を再検討している。「2文の連接関係を形成する先行文をP、後続文をQ」とし、2文の統括類型として、「a　頭括式 (先行文が後続文を統括する。) P>Q」、「b　尾括式 (後続文が先行文を統括する。) P<Q」、「c　零括式 (前後の文のどちらも統括しない。) P=Q」の3種を挙げ、連接類型8種に対する統括を以下のように分類している。

(1) 順接型 P<Q (2) 逆接型 P<Q

(3) 添加型 P=Q、P<Q (4) 対比型 P=Q

(5) 転換型 P=Q、P<Q、P>Q (6) 同列型 P=Q、P<Q、P>Q

(7) 補足型 P>Q (8) 連鎖型 P=Q、P<Q、P>Q

　本章では、文段相互の統括関係を全8種に分類し、「文章型」の認定基準の一つとして用いる。

2.3.　本章の研究課題

　本章では、要旨に何が、どのように、どれくらい書かれるかを明らかにするため、以下の3点の研究課題を設定する。

研究課題1　日本語学分野の研究論文の要旨の構成要素は何か。

研究課題2　日本語学分野の研究論文の要旨には、どのような計量的特徴が
　　　　　　あるか。

研究課題3　日本語学分野の研究論文の要旨には、どのような分量的配分の
　　　　　　類型があるか。

　課題1では、要旨の「文段」の分析とその特徴により、要旨には何が書かれるか、構成要素を明らかにする。課題2では、要旨の形式段落数、文数、「情報伝達単位 (CU)」数といった計量的な特徴と各構成要素が要旨1編あたりのどのくらいに占めているのかの分量的配分の特徴を明らかにする。そして、課題3では課題2の分量的配分を変数としたクラスター分析によって、日本語学分野の研究論文の要旨の類型化を試みる。

3.　データと分析方法

　第3節では、本章で用いたデータと分析方法について述べる。3.1では、本章で使用するデータについて述べ、3.2では、分析の手順を述べる。

3.1. 本章の分析データ

　本研究のデータは、日本語学分野の学会誌に掲載された50編の論文の要旨である。学会誌は日本語学会編の『日本語の研究』で、第9巻2号（2013）から第12巻4号（2016）までを対象とした。「『日本語の研究』投稿規程」(https://www.jpling.gr.jp/kikansi/journal/n_tokokitei/、2020.12閲覧) によると、要旨の長さは「300字–400字」に指定されている。

3.2. 分析の手順

　本章の分析は、以下の手順で行った。

1.　研究対象である全50編の要旨を改行一字下げの形式段落、文、「情報伝達単位」(CU)(全16類35種) に分類する。
2.　要旨の内容と形態的指標により、文段を分析する。本研究では、文段の形態的指標として、主に「1. 文末叙述表現」、「2. 節末叙述表現」、「5. 提題表現」、「8. 接続表現」に注目した。
3.　文段をさらに統括する「I. 開始部」、「II. 展開部」、「III. 終了部」の大文段を分析し、中心文段の出現位置と頻度から、佐久間 (1999) の6種の「文章型」に分類する。
4.　各文段のCU数が要旨1編当たりのCU数に占める割合を変数とし、階層的クラスター分析により類型化を行う。
5.　各クラスターにおける各文段の割合の平均値を算出し、平均に有意な差があるかを判断するため一元配置分散分析を行う。そして、有意な差が見られた文段については、多重比較によって、どの文段に有意な差があったのかを分析する。

　本章の階層的クラスター分析、一元配置分散分析、多重比較には、「SPSS statistics26」を用いた。

4. 結果と考察

　第4節では、日本語学の研究論文の要旨の文章構造の分析とクラスター分析を行う。そして、得られたクラスターに対して、一元配置分散分析と多重比較を行い、主効果が見られるかを確認する。4.1で文章構造分析について、4.2で要旨と各文段の計量的特徴を述べ、4.3でクラスター分析と一元配置分散分析、多重比較の結果を述べる。

4.1. 日本語学の研究論文の要旨の文章構造分析

4.1.1. 日本語学の研究論文の要旨の構成要素

　分析対象の論文要旨全50編の文段の分析をした結果、文段の種類は、「i. 研究背景」、「ii. 研究目的」、「iii. 研究方法」、「iv. 研究結果」、「v. 結論」の5種に分類された。以下、5種の文段の種類について、用例とともに述べる。なお、用例の左上の数字はCU番号、文頭の左下の丸数字は文番号を示し、（　）の記号は、文段相互の連接類型を示す。また、形態的指標は太字にした。連接類型の記号は、佐久間 (1990: 19) に従い、（一）順接型は（→）、（二）逆接型は（Z）、（三）添加型は（＋）、（四）対比型は（⇔）、（五）転換型は（↓）、（六）同列型は（＝）、（七）補足型は（←）、（八）連鎖型は（─）で示す。

　用例（1）に示すのは、要旨番号N16の文①②③である。

(1) ①**これまで**、芸術的要素を含む写本資料においては、多くの表記研究が**為されてきた。**②**その一方で、**消息・文書といった実用的な資料を対象とした表記研究は、あまり蓄積されてこなかったように**思われる。**（→）③**そこで、**鎌倉遺文所収の仮名文書を採り上げ、「とん」の表記に着目し、実用的な書記実態の一端を**明らかにする。**

　文①と文②では、N16の研究テーマである「表記研究」についてのこれまでの説明と指摘を行なっている。文③は、文②と「**そこで**」という「順接型」の接続表現で連接し、N16の論文の研究課題を述べている。文①、文②のよ

うに、研究動機や先行研究の説明や指摘を示す文段を「i. 研究背景」の文段、文③のように、論文の執筆目的を述べ、研究課題を示す文段を「ii. 研究目的」の文段とする。

　用例（2）に示すのは、N43の文②である。

(2) ②字体の出現・衰退時期を手書き文書によって調査した結果、(→)「戋」は明治5、6年頃から出現し、昭和20年代後半以降に衰退することが明らかになった。

　N43では、「銭」の異体字について、どのように調査したのかをCU7〜CU11で述べ、その結果明らかになったことを、「結果、」の後のCU12以降で述べている。CU7〜CU11のように、研究課題の調査や分析の対象・方法・手順を示す文段を「iii. 研究方法」の文段、CU12〜CU18のように、調査や分析の結果を記述したり、考察を示す文段を「iv. 研究結果」の文段とする。

　用例（3）は、N30の文④⑤である。

(3) ④以上から、「体言カナ」は様々な事象を考慮した「論理的評価の表明」の表現、「体言ヤ」はそれらを考慮しない「直感的評価の表明」の表現であると考えられる。⑤また「体言カナ」「体言ヤ」の表現性と構文とは密接な関係にあると考えられる。

　文④では、文③の分析結果を「以上から」という「順接型」の接続表現でまとめ、CU43以降で研究課題に対する結論を述べている。このように、結果や考察をまとめて、研究の意義を述べる文段を「v. 結論」の文段とする。

　なお、文段の分類を行う際に、「ii. 研究目的」と「iii. 研究方法」、「iv. 研究結果」と「v. 結論」で判定が重複することがあった。これらに関しては、該当する箇所が本文中のどの章から用いられているかを確認した。「iv. 研究結果」と「v. 結論」については、本文において研究結果の章の内容が結論の章に繰り返し述べられているため、判定が重複するものと考えられる。そこで、要旨の文段に「v. 結論」がない場合は、「v. 結論」と分類することとした。ま

た、「ii. 研究目的」と「iii. 研究方法」については、「ii. 研究目的」に「iii. 研究方法」を含めていると考えられる場合は、「ii. 研究目的」とした。

4.1.2.　日本語学の研究論文の要旨の文章構造類型

　文段を分析した結果、要旨を構成する文段は、要旨によって異なることが明らかになった。50編中、「i. 研究背景」は23編 (46.0%)、「ii. 研究目的」は42編 (84.0%)、「iii. 研究方法」は12編 (24.0%)、「iv. 研究結果」は29編 (58.0%)、「v. 結論」は47編 (94.0%) に出現している。以上から、「ii. 研究目的」と「v. 結論」が要旨に不可欠の文段となる。

　「i. 研究背景」、「iii. 研究方法」、「iv. 研究結果」が少ないのは、「i. 研究背景」は、先行研究や研究対象の既存の情報を示すため、字数の制約により省略されやすく、「iii. 研究方法」は「ii. 研究目的」に、「iv. 研究結果」は「v. 結論」にまとめられるものがあるためである。

　そして、文段相互の統括関係により、「I. 開始部」「II. 展開部」「III. 終了部」の大文段を分析し、中心文段の出現位置と頻度から、佐久間 (1999) の6種の「文章型」に分類した。

　その結果、日本語学の論文要旨の文章型は、「III. 終了部」に中心文段を述べ、「I. 開始部」と「II. 展開部」の文段を統括する「イ. 尾括型」が48編 (96.0%)、「I. 開始部」と「III. 終了部」に「v. 結論」を述べ全体を統括する「ウ. 両括型」が1編 (2.0%)、「v. 結論」の1文段で書かれた要旨が1編 (2.0%) で、「イ. 尾括型」の文章型の要旨が大半を占めることが明らかになった。なお、各要旨の文章構造図は三谷 (2018) に記述されている。本章では、要旨を構成する要素である文段の5種を以下「構成要素」と記述する。

4.2.　日本語学の論文要旨の計量的特徴

　表1に、要旨の形式段落数、文数、総CU数、4.1で示した各構成要素のCU数、各構成要素のCUが1編あたりに占める割合の記述統計量を示す。ここでいう割合とは、要旨1編あたりの総CU数を100%とした場合、各構成要素がどのくらいの分量を占めているかを算出した数値である。例えば、「9.「i. 研究背景」のCU数が要旨1編あたりに占める割合」は、「i. 研究背景」のCU

数が要旨1編あたりの総CU数に占める割合を算出したものである。また、平均値は、50編の割合の平均が0.11であることを示す。

　各構成要素のCU数の最小値が「0」になるのは、4.1で述べたように、全50編の要旨に全構成要素が出現するわけではないためである。

[表1]　要旨の記述統計量

	最小値	最大値	平均値	標準偏差
1. 形式段落数	1	5	1.28	0.73
2. 文数	2	8	5.18	1.38
3. 総CU数	34	86	64.06	11.96
4. 「i. 研究背景」のCU数	0	37	6.44	8.49
5. 「ii. 研究目的」のCU数	0	28	9.74	7.17
6. 「iii. 研究方法」のCU数	0	40	3.32	7.93
7. 「iv. 研究結果」のCU数	0	70	18.82	20.76
8. 「v. 結論」のCU数	0	86	25.72	20.17
9. 「i. 研究背景」のCU数が要旨1編あたりに占める割合	0	0.70	0.11	0.15
10. 「ii. 研究目的」のCU数が要旨1編あたりに占める割合	0	0.47	0.16	0.12
11. 「iii. 研究方法」のCU数が要旨1編あたりに占める割合	0	0.70	0.06	0.14
12. 「iv. 研究結果」のCU数が要旨1編あたりに占める割合	0	0.95	0.28	0.30
13. 「v. 結論」のCU数が要旨1編あたりに占める割合	0	1	0.39	0.28

　表1に示す平均値によると、日本語学分野の要旨は、1形式段落、5文、64CUで書かれる。なお、1文あたりの平均CU数は12.3CUであった。

　各構成要素が要旨1編あたりに占める割合の平均値によると、「v. 結論」の割合が0.39と一番高く、次いで「iv. 研究結果」が0.28である。一般に、「序論」「本論」「結論」からなる論文本文の配分は、「本論」の研究結果を述べる部分の分量的配分が最も多くなると考えられるが、要旨では、「v. 結論」の分量的配分が多いという結果になった。

4.3.　各構成要素の分量的配分によるクラスター分析

　本章では、各構成要素が要旨1編に占める割合を変数にクラスター分析を
行い、類型化を試みた。その結果、4クラスターで最適な分離が得られた。
分析結果のデンドログラムを図1に示す。

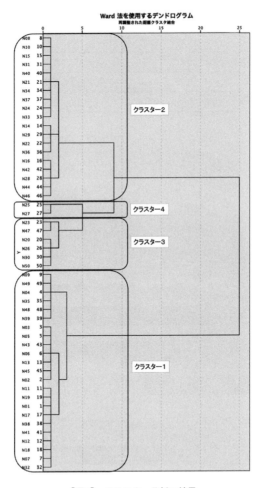

[図1]　クラスター分析の結果

また、各クラスターの各構成要素が要旨1編に占める割合の平均値と標準偏差を表2に示す。

[表2]　各クラスターの各構成要素が要旨1編に占める割合の平均値と標準偏差

	n	i. 研究背景		ii. 研究目的		iii. 研究方法		iv. 研究結果		v. 結論	
		平均値	標準偏差	平均値	標準偏差	平均値	標準偏差	平均値	標準偏差	平均値	標準偏差
クラスター1	23	0.052	0.077	0.113	0.086	0.060	0.096	0.575	0.150	0.200	0.113
クラスター2	19	0.091	0.110	0.174	0.122	0.007	0.020	0.019	0.058	0.709	0.150
クラスター3	6	0.410	0.168	0.312	0.144	0.000	0.000	0.106	0.137	0.173	0.143
クラスター4	2	0.000	0.000	0.085	0.120	0.627	0.105	0.000	0.000	0.287	0.015
全体	50	0.108	0.152	0.159	0.124	0.055	0.138	0.284	0.296	0.394	0.280

表2と図2に示すクラスターにおける各構成要素の平均値によると、クラスター1（23編）は、「iv. 研究結果」の割合が最も高く（57.5%）、各構成要素の分量的配分が本文の配分と類似している。一方、クラスター2（19編）は「v. 結論」の割合が70%を超えている。クラスター3（6編）は、「i. 研究背景」（41.0%）

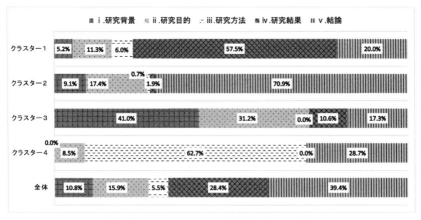

[図2]　クラスターにおける各構成要素の平均値

と「ii. 研究目的」(31.2%) の割合が高く、2構成要素が大半を占めているのが特徴的である。クラスター4 (2編) は、「iii. 研究方法」が62.7%と最も多くを占めている。

　次に、どの構成要素に有意な差があるかを明らかにするため、一元配置分散分析を行った。その結果、「ii. 研究目的」の割合と「v. 結論」の割合にクラスター間での有意差が見られた（「ii. 研究目的」($F(3,46)=5.731, p=.002$)、「v. 結論」($F(3,46)=59.559, p=.000$)）。

　さらに、この2の変数に対して、多重比較を行った結果、「ii. 研究目的」の割合については、クラスター3がクラスター1とクラスター2よりも有意に高いこと、「v. 結論」の割合については、クラスター2が他のクラスターよりも有意に高いことが明らかになった。

　以上により、本章ではクラスター1を「a. 概要提示型」、クラスター2を「b. 結論詳述型」、クラスター3を「c. 背景・目的詳述型」、クラスター4を「d. 方法詳述型」とする。各類型の計量的な特徴と文章構造をまとめると、表3の通りになる。

　文章構造図は、中心文段となる構成要素に柄を付した。文段のまとまりが大きくなるにつれ、背景の色が濃くなっている。例えば、「a. 概要提示型」の「ii. 研究目的」「iv. 研究結果」「v. 結論」からなる要旨の文章構造図は、「I. 開始

[表3]　日本語学における研究論文の要旨の類型

①要旨の類型	②計量的な特徴	③主な文章構造パターン
a. 概要提示型	構成要素数の平均は3.5で、構成要素の分量的配分が本文の構成要素の配分と類似している。「iv. 研究結果」と「v. 結論」が必須の要素である。	
b. 結論詳述型	構成要素数の平均は2.4で、「v. 結論」の分量的配分が要旨の大半を占める。	
c. 背景・目的詳述型	構成要素数の平均は3.2で、「i. 研究背景」「ii. 研究目的」が必須の要素である。「ii. 研究目的」の分量的配分が多い。	
d. 方法詳述型	平均文段数は2.5で、「iii. 研究方法」の分量的配分が多い。	

部」で「ii. 研究目的」、「II. 展開部」で「iv. 研究結果」を述べ、この2文段を、「III. 終了部」の「v. 結論」が統括している「イ. 尾括型」の文章構造を示している。

5. 終わりに

　本章では、文章構造分析とその計量的なデータ分析により、論文要旨には何を、どのくらい、どのような文章構造で書くのかといった表現特性と分量的配分による要旨の類型化を試みた。本章で明らかになったことは、以下の3点である。

1) 日本語学分野の研究論文の要旨の構成要素は、「i. 研究背景」、「ii. 研究目的」、「iii. 研究方法」、「iv. 研究結果」、「v. 結論」の5種あり、「ii. 研究目的」と「v. 結論」が多く用いられる。要旨の文章構造は、「v. 結論」を中心文段とした「イ. 尾括型」の文章型が大半を占める。
2) 日本語学分野の研究論文の要旨は、1形式段落、5文、64CU程度で書き、「v. 結論」や「iv. 研究結果」といった、研究の成果を中心に述べる。
3) 日本語学分野の論文要旨の分量的配分の類型は、「iv. 研究結果」の配分が多く、本文の構成要素の分量的配分を反映している「a. 概要提示型」、「v. 結論」の配分が多い「b. 結論詳述型」、「i. 研究背景」「ii. 研究目的」の配分が多い「c. 背景・目的詳述型」、「iii. 研究方法」の配分が多い「d. 方法詳述型」の4類型あり、「a. 概要提示型」と「b. 結論詳述型」で書く要旨が多い。

　本章の分析により、日本語学の論文要旨の文章構造と計量的な特徴が明らかになった。要旨を構成要素の分量的配分によって類型化したことが本章の意義である。何をどのように書くかといった文章構造や表現のみならず、その分量的配分の傾向を知ることは、字数制限のある要旨を書く際の手助けになると考えられる。
　今後の課題は、本研究で明らかになった要旨の文章型及び分量的類型と、論文本文の内容や本文の文章構造との関係の解明である。本章が、読み手に

配慮し、自身の意図を明確に伝える要旨作成の一助となるよう分析を深めていきたい。

●さらに勉強したい人のために

佐久間まゆみ編（2010）『講義の談話の表現と理解』くろしお出版

 本書は、日本語学的な見地から、大学の学部学生を対象とする講義の談話の表現特性を、受講者の講義理解の実態把握を踏まえて「I. 構造」「II. 表現」「III. 理解」の三つの分析観点から総合的に解明しようとするものである。本章の分析単位である「情報伝達単位（CU）」の分類や有用性についても詳述されており、日本語の文章・談話の研究、特に要約文研究を行おうとする者にとっての必読書である。

畠慎一郎・田中多恵子（2019）『SPSS超入門 第2版—インストールからはじめるデータ分析』東京図書

 本書は、SPSS statistics を用いた統計解析を、SPSS のインストールからわかりやすく解説しており、初学者にとって有難い一冊である。SPSS を用いたデータ分析について、操作方法から結果の解釈の仕方まで、PC画面の画像とともに丁寧に手順が記載されている。

●付記

本章は、三谷彩華（2018）「日本語学の論文要旨の文章構造類型—要旨における本文の要素の使用傾向」『早稲田日本語研究』27 の一部に加筆・修正を行ったものです。また、一部の分析は、JSPS 科研費 20K13090 の助成を受けたものです。投稿論文、本稿執筆の際にご指導、ご助言いただきました諸先生方に心より感謝申し上げます。また、分析資料とした『日本語の研究』の著者の皆様にも御礼申し上げます。

●参考文献

アカデミック・ジャパニーズ研究会編著（2016）『改訂版　大学・大学院 留学生の日本語 ④論文作成編』アルク

深尾百合子・馬場眞知子（2000）「農学・工学系論文に出現した「に対して」の用法分析」『専門日本語教育研究』2: pp. 14–21.

市川孝（1978）『国語教育のための文章論概説』教育出版

石川慎一郎・前田忠彦・山崎誠（2010）『言語研究のための統計入門』くろしお出版

李国棟・王晶（2011）「学術論文要旨のテクスト性についての日中対照研究」『日本語文化研究』15: pp. 33–44.

三谷彩華（2018）「日本語学の論文要旨の文章構造類型—要旨における本文の要素の使用傾向」『早稲田日本語研究』27: pp. 13–24.

村岡貴子（1999）「農学系日本語論文の「材料および方法」で用いられる文末表現と文型」『専門日本語教育研究』1: pp. 16–23.

村岡貴子（2001）「農学系日本語論文における「結果および考察」の文体—文末表現と文型の分析から」『日本語教育』108: pp. 89–98.

永野賢（1972）『文章論詳説』朝倉書店

永野賢（1986）『文章論総説』朝倉書店

二通信子・大島弥生・佐藤勢紀子・因京子・山本富美子（2009）『留学生と日本人学生のためのレポート・論文表現ハンドブック』東京大学出版会

佐久間まゆみ（1990）「接続表現（1）」寺村秀夫・佐久間まゆみ・杉戸清樹・半澤幹一編『ケーススタディ　日本語の文章・談話』pp.12–23, おうふう

佐久間まゆみ（1992）「文章と文―段の文脈の統括」『日本語学』11: pp.41–48, 明治書院

佐久間まゆみ（1999）「現代日本語の文章構造類型」『日本女子大学紀要　文学部』48: pp.1–28.

佐久間まゆみ（2003）「6.文章・談話における「段」の統括機能」佐久間まゆみ編・北原保雄監修『朝倉日本語講座7　文章・談話』pp.91–119, 朝倉書店

佐久間まゆみ編著（1989）『文章構造と要約文の諸相』くろしお出版

佐久間まゆみ編著（1994）『要約文の表現類型―日本語教育と国語教育のために』ひつじ書房

佐久間まゆみ編著（2010）『講義の談話の表現と理解』くろしお出版

佐藤勢紀子・大島弥生・二通信子・山本富美子・因京子・山路奈保子（2013）「学術論文の構造型とその分布―人文科学・社会科学・工学270論文を対象に」『日本語教育』154: pp.85–99.

澤田深雪（1993）「学術論文の要旨の表現特性」『表現研究』57: pp.18–27.

清水まさ子（2010）「先行研究を引用する際の引用文の文末表現―テンス・アスペクト的な観点からの一考察」『日本語教育』147: pp.52–66.

杉田くに子（1997）「上級日本語教育のための文章構造の分析―社会人文科学系研究論文の序論」『日本語教育』95: pp.49–69.

王敏東・趙珮君・仙波光明（2009）「学会誌の「要旨」の考察―日本と台湾における日本語学／日本語教育の論文の場合」『言語文化研究 徳島大学総合科学部』17: pp.103–122.

山本富美子・二通信子（2015）「論文の引用・解釈構造―人文・社会科学系論文指導のための基礎的研究」『日本語教育』160: pp.94–109.

●用例に用いた分析資料

堀川宗一郎（2015）「鎌倉時代における仮名文書の「とん」―固定的連綿」『日本語の研究』11(4): 18–34.（N16）

富岡宏太（2014）「中古和文における体言下接の終助詞カナ・ヤ」『日本語の研究』10(4): pp.1–15.（N30）

山下真里（2013）「「銭」の異体字「戋」の盛衰とその要因」『日本語の研究』9(4): pp.33–48.（N43）

13 | わかりやすい日本語に関する定量分析

大崎健一

概要

本章では、IT企業で使われるシステム仕様書[1]を用いて、わかりやすい日本語の文章というものを定量分析した研究事例を紹介する。本章の研究の特徴は2つある。第一は、わかりやすさというものを定量的に分析している点、第二は、わかりやすさの対象を日本人と外国人[2]に同時に調査している点である。そして、調査の結果、外国人と日本人の日本語のわかりやすさ・理解度には多くの共通点がみられたことを報告する。

キーワード わかりやすい日本語／リーダビリティ／IT日本語

1. はじめに

日本語をわかりやすくする取り組みの一つにいわゆる、やさしい日本語がある。やさしい日本語は、佐藤 (2004) や庵 (2019) らが主張する考え方で、外国人を始め、子どもやろう者など、主に日本語使用にハンディキャップを持つ人に向けてやさしい日本語を使用するという取り組みである。このやさしい日本語は、一般的な日本語母語話者であれば理解できる日本語を、ハンディキャップのある彼らにも理解可能なやさしい形に合わせてコミュニケーションを図る活動といえる。

このような日本語をわかりやすくする活動は、日本に住む外国人の増加に伴い、盛んに行われるようになってきた。多文化共生する社会において、異

なる背景を持つ多くの人のために、多くの人が理解できることばを使うという取り組みは、相互を理解するために有用な考え方であると言える。

　一方で、その取り組みの中心となる、わかりやすい日本語がどのようなものか、という定義に関する議論については、十分に行われているとは言えない。例えば、やさしい日本語は、日本語使用にハンディキャップを持つ人にとっての「わかりにくい日本語」をわかりやすくするという視点であり、また、後述する日本語のわかりやすさを定義する研究は、日本語学習者を調査の対象としたものが多い。そのため、目標とすべき「わかりやすい日本語」が、一般的な母語話者から見たとき、わかりやすいものなのか、或いはわかりにくいものなのか、という議論はなされていない。仮に、日本語母語話者から見ても、同様にわかりにくい日本語が存在するのであれば、そのような日本語自体を調整することが、より多くの人にとって、わかりやすい日本語というものに当たるのではないだろうか。

　このような背景から、本章の研究事例では、外国人にわかりやすい、日本人にわかりやすいという視点ではなく、外国人と日本人の両者にわかりやすいという視点から、日本語のわかりやすさ・理解度の調査を行っている。

2.　先行研究と問題提起

　本節では、日本語のわかりやすさを定義する研究を、文章や文の理解度に影響する要素の研究と、わかりにくいと感じる要素の研究の2つに分類し、その内容と課題について述べる。

2.1.　文章や文の理解度に影響する要素の研究

　文章や文の理解度に影響する要素の研究には、日英の文章構造の違いを調査した舘岡（1996）や、未知語率の影響を調査した小森他（2004）、語彙の難易度の影響を調査した川村（2010）などがある。

　舘岡（1996）は、文章構造の違いが日本語学習者の読解に及ぼす影響を調査した研究である。この研究では、起承転結型の原文と、起承転結の転を転じない展開に書き換えた文章を用いて①要約作成課題②段落意識調査③段落図

示課題の3つの課題を行っている。その結果、中国語・韓国語母語話者と比べ、英語母語話者は起承転結型の読解が弱いことを明らかにしている。

　小森他 (2004) は文章理解を促進する語彙の既知語率について日本語学習者を対象に調査した研究である。この研究では、被験者の所属する学部の専門科目で使われている参考文献を材料文とし、その材料文の中の語彙の既知語率と、①再生・再認課題②問題解決課題の2つの文書理解課題について調査を行っている。結果、既知語率の平均は94.71%、文章理解課題平均は11点満点中7.9点で、既知語率と文章理解課題には強い正の相関が認められている ($r=.70, p<.01$)。また、文章理解を促進する語彙の既知語率が96%程度である可能性を明らかにしている。

　川村 (2010) は、単語の難易度と構文の複雑さに注目して、日本語学習者の難易度判定実験を行った研究である。この研究は19種類の文をもとに①意識調査②翻訳調査を行い、短文より複文が難しいのか、名詞修飾節が含まれると難しく感じるのか等を調査している。結果、語彙の難易度が高い文の方が意識調査、翻訳調査のいずれも有意に難易度が高いことを明らかにした。一方で、文の長さについては短文であれば難易度が低く複文であれば難易度が高いとは一概に言えないとしている。

　これらの研究からは、日本語学習者の読解においては、文章構造の違いや語彙の難易度、既知語率といった要素が、文章の内容の理解度に影響する要素として明らかにされている。

2.2.　わかりにくいと感じる要素の研究

　わかりにくいと感じる要素を取り上げた研究には、学習者のストーリー説明文における語彙・統語・結束性を調査した田代 (2005)、同じく構成の善し悪しを調査した長谷川・堤 (2012) などがある。

　田代 (2005) は、わかりにくいと評価された日本語学習者の文章と、わかりやすいと評価された日本語母語話者及び日本語学習者の文章を比較し、問題がどこにあるかを探る研究である。この研究では、マンガのストーリーを600字程度の日本語で説明する文章を用いて、わかりやすさの評価基準 (5基準各3点の15点満点) に基づき日本語教育従事者が評価を行い、加えて量的な分析を行って

いる。結果、読み手が理解に支障をきたした部分は、語彙・表現や統語の問題が原因にあがった。また、1文レベルの1文の長さ、1文中の節の数、節の種類には、高評価群と低評価群に有意差はないが、接続詞類の使用に違いがあり、低評価群は論理関係が明示的でなく、読み手の理解の負担が高いとする。

長谷川・堤 (2012) では、日本語非母語話者のアカデミックライティングにおける「わかりにくさ」の要因を文法と構成の面から探る研究である。結果、評価の高低を決定づけているのは「文法」ではなく「構成」の善し悪しであるとし、評価の高い作文は「構成」のコメントが目立ち、評価の低い作文は「文法」のコメントが目立つとしている。

これらの研究からは、日本語学習者が書く作文においては、語彙・表現や統語の問題、文章構成などがわかりやすさの評価に影響する要素として明らかにされている。

2.3. 先行研究の課題と本章の研究課題

ここまでに見た先行研究の共通点は、わかりやすさの基準を日本語学習者の読み書きの視点から見ている点である。そのため、日本語母語話者にまで一般化した議論をすることが難しい。加えて、管見の限り、学習者と母語話者に共通してわかりやすいという視点から調査した研究は見られなかった。つまり、そもそも、外国人と日本人にとって、わかりやすい日本語が指す要素が同じなのか違うのか、という視点での議論もされていない。

本章の事例では、外国人と日本人が共通して利用しなければならない業務文書にあたるシステム仕様書を分析の対象とした。そして、このシステム仕様書の中で使われている日本語の特徴を調査し、外国人、日本人のわかりやすさ・理解度にどのような特徴があるかを分析した。具体的な研究課題は以下の2つである。

研究課題1 システム仕様書では、どのような日本語が使われているか。
研究課題2 外国人、日本人の日本語のわかりやすさ・理解度にはどのような
　　　　　特徴があるか。

3. 調査デザイン（データと分析）

本節では、本章で行った2つの調査のデザインについて述べる。

3.1. 調査1：システム仕様書の中の日本語の特徴に関する調査

調査1では、システム仕様書の中で使われている日本語の特徴を、独自に準備したコーパスから計量的に分析した。

3.1.1. 分析データ

2019年5月16日時点で、インターネット上で公開されているシステム仕様書8編（表1）を、google検索を用いて収集した。システム仕様書の8編の種類はシステム要件定義書とした。収集した仕様書からテキストを抽出した後、記号やページ番号などの分析に使わない要素を取り除き、テキスト長を50文で

[表1] 分析に利用したシステム仕様書一覧

No	名称	URL
1	動物検疫支援システムオンライン連携機能構築　システム要件定義書	http://www.maff.go.jp/aqs/sosiki/pdf/28naccskoukai-besshi1.pdf
2	ハローワークシステムの刷新に係る雇用保険サブシステム及び雇用対策サブシステム等の設計・開発等業務　要件定義書	https://www.mhlw.go.jp/sinsei/chotatu/chotatu/kankeibunsho/20170927-2/dl/20170927-02_04.pdf
3	平成29年度 国別登録簿システム 検討調査及び運用・管理委託業務　要件定義書	http://www.env.go.jp/kanbo/chotatsu/H29youkenteigisho.pdf
4	PARTNERシステム 要件定義書	https://www.jica.go.jp/announce/public/ku57pq00001la6yl-att/140114_opi_08.pdf
5	建設キャリアアップシステム　要件定義書	http://www.mlit.go.jp/common/001156807.pdf
6	容量市場システム（一次開発）　要件定義書	http://www.occto.or.jp/choutatsu/2018/files/181219_youryousystem_youkenteigi.pdf
7	佐賀市保育業務支援システム　要件定義書	https://www.city.saga.lg.jp/site_files/file/2017/201710/p1brd7cvv91eripct13p41sm31p466.pdf
8	マッチングサイト等に係る要件定義書	http://www.pref.okayama.jp/uploaded/life/611461_5139330_misc.pdf

正規化した。収集した仕様書が8編と少ないことから1仕様書から2編ずつ計16編のテキストサンプルを作成し、この16編を分析対象のコーパスとした。作成したコーパスは、延べ漢字数16,380字、延べ語数17,389字となった。

3.1.2. 分析方法

　出来上がったテキストサンプルについて、リーダビリティ、漢字、語彙の観点から、特徴の分析を行った。リーダビリティとは、文章の読みやすさ、読みにくさに対して、決められたルールに基づき尺度をつけたものである。本調査におけるリーダビリティの測定にはjReadability (https://jreadability.net/) を利用し、李他 (2016) が調査した新聞、書籍、白書、Webの4ジャンルのリーダビリティと比較した。漢字と語彙については、リーディング チュウ太 (http://language.tiu.ac.jp/) の漢字チェッカー及び語彙チェッカーを利用し、旧日本語能力試験出題基準と比較した。

3.2. 調査2：システム仕様書の中の日本語のわかりにくさに関する調査

　調査2では、システム仕様書の中の日本語のわかりにくさを、テキスト及び調査票を用いて計量的に分析した。具体的には、(1) フェイスシートの回答 (2) テキストの提示 (3) 印象評価の回答 (4) 理解度テストの順に行った。

3.2.1. テキスト及び調査票の作成

　テキストは、調査1で利用したシステム仕様書を参考に、400字程度の文章を筆者が加工し準備した。

　印象評価では①わかりやすさの評価 (四件法) ②理解度の自己評価 (0%から100%まで20%刻みの六件法) ③わかりにくいと思った部分 (文単位) の選択④わかりにくい理由の自由記述の順に調査した。

　理解度テストでは、語彙の理解度と仕様の理解度を調査した。1テキストにつき語彙問題を2問、仕様の理解問題を2問の計4問を準備し、8テキストで全32問を行った。語彙問題については、IT用語、硬い書き言葉、カタカナ語の3つの分類を割り当てた。

3.2.2. 調査方法

　調査はWebアンケート形式で、調査期間は2020年2月26日（水）から同年3月10日（火）の14日間であった。調査対象者は日本語で書かれた仕様書を利用したことのあるIT技術者、外国人26名、日本人23名とした。調査対象者の基礎情報を表2にまとめた。本調査では、外国人と日本人の双方のわかりにくさを明らかにするため、外国人と日本人の協力者を同数程度になるように調整した。また、厚生労働省（2019）による情報通信業における国籍別外国人労働者数の上位3カ国を参考に、調査協力者の母語は中国語、ベトナム語、韓国語の3言語とした。

[表2]　調査対象者の基礎情報

分類	人数	職歴年数	JLPT（人）		
			N1	N2	N3
全体	49	9.96	17	7	2
日本人（日本語母語話者）	23	11.39	-	-	-
外国人（外国語母語話者）	26	8.69	17	7	2
（うち中国語）	11	14.27	8	2	1
（うちベトナム語）	10	5.00	6	4	0
（うち韓国語）	5	3.80	3	1	1

　テキストの提示順は順序効果を考慮し、5種のランダム順を準備した。調査協力者毎に異なる順を使うことで、回答に偏りがないように調整した。印象評価と理解度テストのそれぞれについて信頼性係数を測定した。印象評価についてのクロンバックのα係数は.810となり、理解度テストについてのクロンバックのα係数は.700となった。クロンバックのα係数は、テストの信頼性分析を分析するもので、1に近いほど信頼性が高いとされている。

4.　結果と考察

　本節では、調査1で行ったシステム仕様書の特徴及び、調査2で行った印象調査と理解度テストについて、結果と考察を述べる。

4.1.　調査1：システム仕様書の中の日本語の特徴に関する調査

4.1.1.　リーダビリティ

　本調査で測定した仕様書のリーダビリティ値は、平均2.15、標準偏差0.56、中央値2.34であった。図1は、李他 (2016) による新聞、書籍、白書、Web のリーダビリティ値の箱ひげ図である。この図の4つのジャンルの中央値を見ると、Web、書籍、新聞、白書の順に数値が小さくなっていることがわかる。調査で利用したjReadabilityのリーダビリティ値は、文章内の平均文長、漢語率、和語率、動詞率、助詞率をもとに算出したものであり (李他 2016)、この数字が小さいほど難易度が高い文章であることを示している。これに、図2として仕様書のリーダビリティ値の箱ひげ図を並べた。

　図1、図2を比べると、仕様書のリーダビリティ値の中央値2.34は新聞の

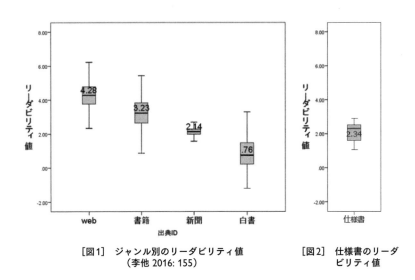

[図1]　ジャンル別のリーダビリティ値
（李他 2016: 155)

[図2]　仕様書のリーダ
ビリティ値

中央値2.14に最も近い。また、ばらつきも狭く新聞に近いものであった。つまり、リーダビリティ値から見ると、システム仕様書は新聞に近い難易度であると言える。

　また、システム仕様書の中で、難易度が低いテキストと高いテキストを比べると、難易度が低いテキストには、以下の（1）（2）のような短文が多いのに対し、難易度が高いテキストには（3）のような長文の形が多く見られた。

（1）通知方法は、メール等、リアルタイムに行えるものとする。
（2）通知内容には、結果（正常／異常）を含めることとする。
（3）このため、技能者にとっては技能を磨いてもそれが適切に評価されず報われにくいとともに、技能者の所属する事業者以外の建設事業者にとっても技能者の能力は既存の取引先からの紹介や評判等に頼らざるを得ず、適切に把握することが難しい状況となっている。

4.1.2. 漢字

　漢字については、延べ頻度16,380字、異なり頻度761字であった。表3は全761漢字を、旧日本語能力試験出題基準の級別初出漢字で分類した表である。級別の割合で見ると、旧2級初出漢字が385字50.6%で最大となり、続いて、旧1級初出漢字が196字25.8%を占めた。つまり、システム仕様書の読解には、旧1級程度の漢字力が求められていることになる。

　表4は、テキストに含まれた級外の漢字16字をまとめたものである。常用漢字の7字と、常用漢字の表外字9字が含まれていた。特に、常用漢字の表外字にあるような難しい漢字が利用された場合、外国人に限らず日本人にとっても、充分に読みにくいものであることが考えられる。

[表3]　漢字の級別頻度（異なり頻度）

	級外	旧1級	旧2級	旧3級	旧4級
頻度初出	16	196	385	114	50
割合初出	2.1%	25.8%	50.6%	15.0%	6.6%
割合累計	100.0%	97.9%	72.1%	21.6%	6.6%

[表4] 級外の漢字

	漢字数	提示例
常用漢字	7	汎用・必須・進捗・大阪・岡山・但し・且つ
表外字	9	漏洩・繋がる・跨る・脆弱・堅牢・出捐・改竄・研鑽・閾値

　仕様書作成には、通常、パソコンなどのIT機器が用いられる。パソコンには漢字変換システムがあり、過度に難しい漢字であっても漢字変換システムにより提案されてしまう。そのため、書き手が意識せずに過度に難しい漢字を利用してしまっていることが考えられる。

4.1.3. 語彙

　語彙については、延べ語数17,389語・異なり語数1,659語であった。表5は延べ語数17,389語を、旧日本語能力試験出題基準の級別初出語彙で分類した表である。級別の割合で見ると、旧4級初出語彙が6,121語35.2%で最大となり、続いて、旧2級が4,210語24.2%を占めた。

　テキストに含む語彙のカバー率（割合累計）でみると、旧2級までの語彙で69.6%、旧1級までの語彙で84.6%であった。

　文章理解のための既知語率について、小森他（2004: 83）では「96%程度の既知語率が必要」と述べており、旧1級までの語彙のカバー率84.6%では、十分に高いとは言えない。つまり、仕様書読解において、十分な既知語率を得るためには、級外の多くの語彙が必要となるということになる。

　表6は、級外となる608語を、出現したテキストの数で分類したものである。高出現のグループには、IT企業内で使われることの多い「要件」「画面」

[表5] 語彙の級別頻度（延べ語数）

	級外	旧1級	旧2級	旧3級	旧4級
頻度初出	2,675	2,610	4,210	1,773	6,121
割合初出	15.4%	15.0%	24.2%	10.2%	35.2%
割合累計	100.0%	84.6%	69.6%	45.4%	35.2%

[表6] 級外の語彙の例

出現したテキスト数	語彙の例
15–10	要件・連携・想定・画面・一覧・構築・支援・係る・更新
9–7	入力・出力・当該・表示・別紙・受託・アプリケーション
6–4	バッチ・留意・既存・稼働・実装・時点・利便・アクセス
3–1	遷移・講じる・踏襲・更改・付与・資する・有す・主たる

「更新」(表6の網掛けした語) といったIT用語が多く出現していた。それに対し、低出現のグループでは専門的な用語のほか、硬い文章などで用いられることが多い「講じる」「踏襲」「更改」「資する」「有す」「主たる」(表6の下線のある語) といった「硬い書き言葉」の表現が含まれていた。

　システム仕様書とは異なるが、岩田 (2016) は公用文が難解になる理由として「教養としての難解文書」の意識を指摘している。システム仕様書についても、同様の意識が働いていることが考えられる。つまり、システム仕様書の書き手には「難解な文書には教養がある」という意識があり、結果、過度に難解な表現が使われているということが考えられる。

4.2. 調査2：システム仕様書の中の日本語のわかりにくさに関する調査

4.2.1. 調査項目全体の分析

　図3は、印象評価と理解度テストの全体の結果を箱ひげ図にまとめたものである。印象評価のわかりやすさ評価の全体平均は2.62、日本人は2.57 (中央値2.625)、外国人は2.66 (中央値2.750) となり、いずれも選択肢「2. わかりにくい」と「3. わかりやすい」の中間となった。理解度評価の全体平均は75.26%、日本人は70.76% (中央値75.00)、外国人は79.23% (中央値82.50) となり、外国人の方が理解度をやや高く自己評価していた。

　理解度テストの正答数の全体平均は32点中22.47点で正答率に換算すると70%であった。日本人は24.26点 (中央値25点)、外国人は20.88点 (中央値21点) であった。

　3つの調査項目について t 検定を行ったところ、理解度テストについては外

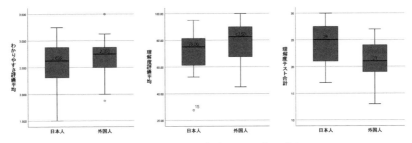

[図3]　印象調査と理解度テストの箱ひげ図

国人と日本人の間に有意な差 $t(47)=3.126$、$p=.003$ が見られた。一方、印象評価の2評価には有意な差が見られなかった。t検定とは、2つの母集団の平均値を用いて、2つの母集団が同じ母集団なのか異なる母集団なのか（差があるか）を検定する統計的手法である。

表7は、調査項目間のピアソンの積率相関係数を計算しまとめたものである。結果、印象評価のわかりやすさ評価と理解度評価の間には強い相関（$r=.731, p<.01$）が見られた。一方、印象評価の2評価と理解度テストには相関関係が見られなかった。ピアソンの積率相関係数は、2変数の相関関係をみる統計的手法の1つで、主に2変数が間隔尺度の時に利用される。

印象評価の2評価と理解度テストに相関関係が見られなかったことから、日本人・外国人別に分けて更に相関関係を確認した。

まず、理解度評価と理解度テストの相関関係については、日本人には相関関係が見られなかったが、外国人には中程度の正の相関（$r=.477, p<.05$）が見られた。つまり、外国人が自身の理解度を客観的に把握できているのに対し、日本人は自身の理解度を客観的に把握できていないということになる。これ

[表7]　調査項目間のピアソンの積率相関係数（r）

	わかりやすさ評価	理解度評価	理解度テスト
わかりやすさ評価	1.000	.731**	.214
理解度評価	-	1.000	.244
理解度テスト	-	-	1.000

（**$p<.01$）

は、外国人が日本語能力試験といった日本語能力に関する客観的な評価を受ける機会が多いことに対し、日本人は自身の日本語能力に関する客観的な評価を受ける機会が少ないことが影響していると考えられる。

　一方、わかりやすさ評価と理解度テストの相関関係については、日本人・外国人共に相関関係が見られなかった。つまり、読み手がわかりやすい、わかりにくいと感じることと、客観的な理解度は必ずしも一致していないということになる。そして、この傾向は外国人と日本人に共通していることが明らかとなった。

4.2.2. 理解度テストの分析
4.2.2.1. 理解度テスト内の語彙問題と仕様問題の相関

　語彙問題16問の正答数と、仕様の理解問題16問の正答数についてピアソンの積率相関係数を確認した。結果、語彙問題と仕様の理解問題の正答数には、中程度の正の相関 ($r= .429, p< .01$) が見られた。この結果、語彙の理解と、仕様の理解には一定の関係があることが確認できた。

4.2.2.2. 語彙問題の分類毎の正答率

　表8は、語彙問題の正答率を分類毎にまとめたものである。語彙問題の分類のうち、カタカナ語の正答率は日本人72％、外国人48％で、マンホイットニーのU検定の結果、有意な差 ($U=116.0, p= .000$) が認められた。一方でIT用語、硬い書き言葉の正答率には有意な差が見られなかった。このことから、カタカナ語については外国人の方が日本人よりも有意に理解度が低い要素であると言える。一方で、IT用語や硬い書き言葉については、外国人、日本人に差があるとは言えないことが明らかとなった。マンホイットニーのU

[表8]　語彙の分類ごとの正答率

分類	問題数	全体	日本人	外国人
全正答率	16	0.70	0.76	0.64
IT 用語	6	0.81	0.85	0.77
硬い書き言葉	4	0.68	0.68	0.68
カタカナ語	6	0.59	0.72	0.48

検定は、t検定同様、2つの母集団が同じ母集団なのか異なる母集団なのか（差があるか）を検定する統計的手法であるが、主に検定する母集団に正規性が認められない場合等に利用されるものである。

4.2.2.3.　語彙問題の正答率の散布図と相関関係

　図4は、語彙問題16問の正答数について、日本人の正答者数をX軸に外国人の正答者数をY軸に取り散布図にしたものである。この散布図は、右側にある語ほど日本人の正答率が高く、上部にある語ほど外国人の正答率が高いことになる。つまり、右上にある語彙は外国人と日本人共に正答率が高く、左下にある語彙は共に正答率が低いことになる。

　つづいて、語彙問題における外国人と日本人の正答者数のスピアマンの順位相関係数を確認した。結果、外国人と日本人の正答者数には中程度の正の相関（$r_s = .671, p < .01$）が見られた。つまり、外国人の理解度の高い語は日本人の理解度も高く、外国人の理解度の低い語は日本人の理解度も低いと言えることになる。スピアマンの順位相関係数は、2変数の相関関係をみる統計的手法の1つであるが、主に2変数が順序尺度のときに利用されるものである。

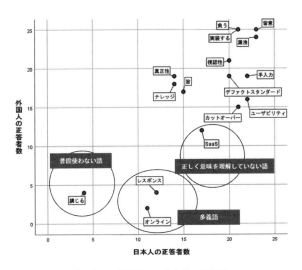

[図4]　語彙問題の正答者数の散布図

4.2.2.4. 語彙問題の誤答分析

　語彙問題について、正答率の低い問題を選び誤答分析を行った。その結果、正答率の低い語には多義語、普段使わない語、正しく意味を理解していない語といった要素が見られた。本章では、その中でも、カタカナ語における多義語の誤答分析について取り上げる。

　カタカナ語の誤答分析では、印象評価のわかりにくい理由で指摘のなかった語の正答率が低く、わかりにくい理由で指摘のあった語の正答率が高いという傾向が見られた。一般に、わかりにくい語であれば理解度が低く、わかりやすい語であれば理解度が高いことが予想される。しかし、本調査では、その逆の結果となった。

　表9に、カタカナ語の語彙問題の正答率と、その語彙をわかりにくい理由として指摘した人数をまとめた。オンラインとレスポンスは、わかりにくい理由では指摘されていないが（共に0人）、正答率は30%程度である。対して、カットオーバーやデファクトスタンダードはわかりにくい理由での指摘人数が多いが（共に11人）、正答率は70%以上と高い。

　前者のオンラインとレスポンスは、多義語の要素を含む設問であった。前後の文脈から、オンラインは「すぐに」、レスポンスは「速度」という意味を正答とした。一方、誤答では、オンラインは「インターネットで」（日本人48%、外国人85%）、レスポンスは「返信」（日本人43%、外国人77%）が多く選択された。誤答を選んだ傾向は外国人に顕著だが、日本人であっても半数近くが誤

[表9]　カタカナ語の正答率と、わかりにくい理由での指摘数

語彙	全体	日本人	外国人	わかりにくい理由 指摘人数
ナレッジ	0.65	0.61	0.69	5
オンライン	0.27	0.48	0.08	0
レスポンス	0.33	0.52	0.15	0
カットオーバー	0.73	0.91	0.58	11
デファクトスタンダード	0.80	0.87	0.73	11
ユーザビリティ	0.78	0.96	0.62	1

答を選んでいたことになる。このように、誤答が多く選択されているにもかかわらず、わかりにくい理由として指摘がなかった原因には、知っている多義語については知っている語義で読み進めており、わかりにくいと感じていない可能性が考えられる。

対して、後者のカットオーバーとデファクトスタンダードは、わかりにくい理由で最も多く指摘された語であった。にもかかわらず、正答率は73%と80%で、テスト全体の正答率の平均70%を上回るものであった。このように、理解度という点からは、わかりにくいと感じる語よりも、わかりにくいと感じない語に注意すべき語があることが示唆された。

4.2.3. わかりにくい理由の分析
4.2.3.1. わかりにくい理由の集計

わかりにくい理由の自由記述は総数392件（調査対象者49人×8テキスト）のうち、回答数は292件であった。このわかりにくい理由に対しコードをつけて分類した。コードの分類には、石黒（2016）の文章理解のプロセスを参考とし、内容が重複しないよう考慮した。1つの回答に複数の理由が書かれていた場合、複数のコードをつけて分類した。また、回答に記述はあるが、具体的な理由がないものは理由不明に分類した。結果、わかりにくい理由のコードは全32種類となった。

次に、32種類のコードの回答者数を集計し、回答者率（回答者数÷調査対象者数）を求めた。調査対象者1人毎の影響度を標準化するため、コードの出現総数ではなく、コードを回答した調査協力者の人数を数えた。

4.2.3.2. わかりにくい理由の回答者率と相関関係

表10は、わかりにくい理由の回答者率が上位12となるコードをまとめたものである。この回答者率について、スピアマンの順位相関係数を確認した。結果、外国人と日本人の回答者率には中程度の正の相関（$r_s = .514$、$p < .01$）が見られた。つまり、外国人にわかりにくいものは日本人にもわかりにくく、日本人にわかりにくいものは外国人にもわかりにくい、という一定の関係が明らかとなった。

[表10]　わかりにくい理由のコードの回答者率

わかりにくい理由	全体	日本人	外国人
カタカナ語	0.59	0.48	0.69
高度な語彙・専門用語	0.59	0.61	0.58
長い一文	0.53	0.52	0.54
背景情報の不足	0.41	0.48	0.35
IT用語	0.39	0.43	0.35
仕様詳細の不足	0.33	0.39	0.27
ふさわしくない表現	0.31	0.48	0.15
必要な情報の不足5W1H	0.27	0.48	0.08
曖昧な表現	0.27	0.48	0.08
まわりくどい文	0.27	0.30	0.23
硬い書き言葉	0.22	0.13	0.31
不要な表現・繰返し	0.20	0.39	0.04

4.2.3.3.　わかりにくい理由の散布図とグループ

　図5は、わかりにくい理由のコードを、外国人の回答者率をY軸に、日本人の回答者率をX軸にとり、散布図にしたものである。この散布図は、右側にあるほど日本人の回答が多く、上部にあるほど外国人の回答が多いことになる。すなわち、右上にある理由は、日本人、外国人に共通してわかりにくいものにあたる。

　この散布図を確認すると、5つの特徴的なグループが見られた。その5つのグループを丸枠で示した。最も右上にあるグループ1を「日本人と外国人に共通するわかりにくさ第一群」とし、中央にあるグループ2を、「日本人と外国人に共通するわかりにくさ第二群」とした。下部中央にあるグループ3を、「日本人に多い規範意識」、左部中央にあるグループ4を、「外国人に多い日本語のわかりにくさ」、最後に、左下にあるグループ5を「優先度の低いグループ」とした。

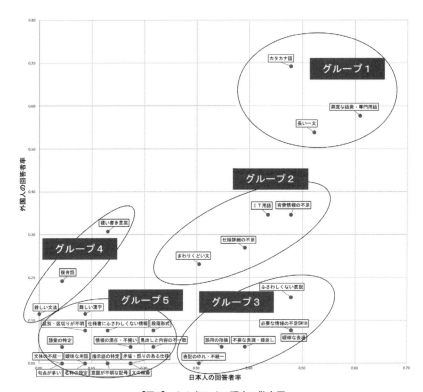

[図5] わかりにくい理由の散布図

4.2.3.4. わかりにくい理由のグループの考察

　グループ1「日本人と外国人に共通するわかりにくさ第一群」には、文の
要素である「長い一文」と、語の要素である「カタカナ語」「高度な語彙・専
門用語」という理由が見られた。

　「カタカナ語」と「高度な語彙・専門用語」は共に、全体の59%が指摘し
た理由で、それぞれ「カットオーバー、デファクトスタンダード、デグレ、
ナレッジ」や「中立性、横断、一元的」などの語が指摘された。「長い一文」
は全体の53%が回答した理由で、次の (4)(5) のように、文章の長さを直接
わかりにくいと指摘するものであった。

(4) 文章が長いです。

(5) 1つ1つの文章が長すぎて意味が把握しにくい。

　グループ2「日本人と外国人に共通するわかりにくさ第二群」には、言語のわかりにくい要素にあたる「IT用語」「まわりくどい文」と、言語以外のわかりにくい要素にあたる「背景情報の不足」「仕様詳細の不足」という回答が見られた。

　言語のわかりにくい要素である「IT用語」では、「維持開発環境、上位互換性、ASP、SaaS、真正性」などの語が指摘された。「まわりくどい文」では(6)(7) のように、直接まわりくどいという指摘や何がいいたいのかわからないというような指摘がされた。

(6) 本人確認が未確認である場合の区分のフラグ設定について、文章が周りくどい

(7)『現在』と『次期』の開発範囲については、はっきりしないでわかりづらいです。

　一方、言語以外のわかりにくい要素である「背景情報の不足」「仕様詳細の不足」では、(8)(9) のように、背景情報がわからないという指摘や、仕様詳細の不足がわからないといった指摘がされた。

(8) 背景はわからないため、言葉の意味がわかっても文章全体の言いたいことが把握できないところもあります。

(9) 具体的にどのようなオンライン連携が必要か理解できない為。

　「背景情報の不足」は、文章読解の研究でも取り上げられており読解時のわかりにくさの一つであると言える。対して、「仕様詳細の不足」は読解時のわかりにくさ、そのものではなく、読解後に行う作業を見据えた時のわかりにくさに当たる。つまり、「仕様詳細の不足」は換言すると「目的達成を想定したときのわかりにくさ」と言うことができる。

　グループ3〜5については紙面の都合上、簡単な紹介のみを行う。グループ

3「日本人が持つ規範意識」には、調査対象者が持つ日本語や仕様書の規範といったものと照らし、記述に修正を促す内容が多く見られた。グループ4「外国人に多い日本語のわかりにくさ」では、「硬い書き言葉」「複合語」「難しい文法」といった日本語に関するわかりにくさが指摘された。グループ5「優先度の低いグループ」には多くの要素が含まれていたが、この中に「難しい漢字」も含まれた。調査1の結果、システム仕様書の中の日本語の特徴として「難しい漢字」を挙げた。しかし、実際の仕様書読解の場面では、難しい漢字が読解の障害となっていない可能性が示唆された。

5.　終わりに

　本節では研究課題に対する答えと本章のまとめを述べる。

5.1.　研究課題1：システム仕様書では、どのような日本語が使われているか

　リーダビリティ値は新聞と程度で、長い一文などの特徴がみられた。漢字は、常用漢字表の表外字など難しい漢字も使われていた。語彙は、外国人が読解するには旧日本語能力試験の級外の語彙が多く必要となる。また、級外の語彙はIT用語が多い。一方で、日本人であっても通常は利用しない硬い書き言葉なども含まれた。

5.2.　研究課題2：外国人、日本人の日本語のわかりやすさ・理解度にはどのような特徴があるか

　印象評価の結果では外国人と日本人の間に有意な差はないが、理解度テストの結果では有意な差がみられた。また、印象評価のわかりやすさ評価と理解度評価の間には強い相関が見られた一方で、理解度テストと印象評価の2評価との間には相関関係が見られなかった。すなわち、読み手がわかりやすい、理解できたと感じることと、客観的な理解度が必ずしも一致していないという結果であった。この傾向も外国人、日本人共に共通していた。

　語彙問題の正答率には、外国人と日本人で中程度の正の相関が見られた。

つまり、外国人、日本人とも同じような語彙の理解度が低くなると言える。また、カタカナ語の多義語については外国人だけでなく日本人であっても回答が割れる結果であった。さらに、多義語の問題からは、わかりにくいと指摘のない語の理解度が低く、わかりにくいと指摘のある語の理解度が高いという矛盾した結果が見られた。この傾向も外国人、日本人共に共通していた。

わかりにくいと感じる理由の回答者率には、外国人と日本人で中程度の正の相関が見られた。つまり、外国人、日本人とも同じような理由でわかりくいと感じていると言える。そして、わかりにくいと感じる日本語の特徴には、長い文や難易度の高い語を指摘するものが多かった。一方で言語以外の要素である「背景情報の不足」「仕様詳細の不足」という指摘も見られた。これらの指摘も、外国人と日本人共に共通していた。

5.3.　まとめ

調査の結果、システム仕様書には、様々なわかりにくい日本語が含まれていることが明らかとなった。そして、仕様書の中にある日本語のわかりやすさ・理解度には、外国人と日本人とで多くの共通点が見られた。

この結果は、わかりやすい日本語がどのようなものか、という定義に関して、「日本語にハンディキャップがある人にとってわかりやすい」という一視点だけではなく、そもそも「ハンディキャップのあるなしにかかわらず、多くの人にとってわかりやすい」という多くの視点の必要性を示唆するものであったと言えるだろう。

●さらに勉強したい人のために
李在鎬（編）(2017)『文章を科学する』ひつじ書房
　　文章を科学的に研究するというアプローチから、文章研究を、理論・技術・研究の3面から取り上げた書籍である。主に、文章の評価や難易度といったものを計量的に測定するための手法がまとめられている。この一冊の中で、計量的な文章研究を行うために必要な知識が網羅的に説明されているため、文章研究の入門書として読まれることをお勧めする。
野村雅昭・木村義之（編）(2016)『わかりやすい日本語』くろしお出版
　　わかりやすい日本語というものを、構造と運用からまとめた書籍である。構造面からは、日本語が持つ、わかりやすさ・わかりにくさの要素を複数取り上げ解説する。運用面からは、実際

の日本語使用場面を取り上げ、その中に見られるわかりやすさ・わかりにくさを解説する。日本語のわかりやすさに関する研究が網羅的にまとめた書籍であり、わかりやすさ研究の入門書として読むことをお勧めする。

●注
1　システム仕様書とは、IT企業で使われる専門文書の一つで、システムの構築方法などを取りまとめた文書である。日本の企業で作成されるシステム仕様書は、通常、日本語で記述される。そのため、日本企業や日本企業と取引のある企業で働く外国人にとっては、業務遂行のため日本人と同様に、読解しなければならない文書に当たる。
2　本章における、「日本人」は日本語母語話者、「外国人」は日本語非母語話者という定義のもとに用いる。

●付記
本章は、令和2年度に早稲田大学大学院日本語教育研究科に提出した修士学位論文『システム仕様書の中の日本語をわかりやすくする研究―外国人と日本人に共通するわかりやすさを目指して』の一部に加筆・修正を行ったものです。修士論文執筆にあたりご指導くださった李在鎬先生には多大なる感謝を申し上げます。

●参考文献
長谷川哲子・堤良一（2012）「意見文の分かりやすさを決めるのは何か？―大学教員による作文評価を通じて」『関西学院大学日本語教育センター紀要』創刊号：pp.7–18.
庵功雄（2019）「マインドとしての〈やさしい日本語〉―理念の実現に必要なもの」庵功雄・岩田一成・佐藤琢三・栁田直美（編）『〈やさしい日本語〉と多文化共生』pp.1–21. ココ出版
石黒圭（2016）「わかりやすい文章表現の条件」野村雅昭・木村義之（編）『わかりやすい日本語』pp.141–152. くろしお出版
岩田一成（2016）『読み手に伝わる公用文―〈優しい日本語〉の視点から』大修館書店
川村よし子（2010）「文章の難易度判定システム構築のための基礎調査」『ヨーロッパ日本語教育』15：pp.171–178.
小森和子・三國純子・近藤安月子（2004）「文章理解を促進する語彙知識の量的側面―既知語率の閾値探索の試み」『日本語教育』120：pp.83–92.
厚生労働省（2019）「「外国人雇用状況」の届出状況まとめ（本文）（平成30年10月末現在）」https://www.mhlw.go.jp/content/11655000/000472892.pdf（2020年12月18日閲覧）
李在鎬・長谷部陽一郎・久保圭（2016）「日本語コーパスの文章難易度に関する大規模調査の報告」『2016年日本語教育学会春季大会予稿集』pp.152–157.
佐藤和之（2004）「災害時の言語表現を考える―やさしい日本語・言語研究者たちの災害研究（特集　伝え方の諸相）」『日本語学』23（10）：pp.34–45.
田代ひとみ（2005）「日本語学習者のストーリー説明文の問題点―わかりにくさという観点から」『言語文化と日本語教育』30: pp.1–10.
舘岡洋子（1996）「文章構造の違いが読解に及ぼす影響―英語母語話者の日本評論文の読解」『日本語教育』88: pp.74–90.

14　接続詞の直後の読点を
どう指導すべきか

岩崎拓也

概要

　本章では、日本語母語話者でも傾向がわかれる読点として接続詞の直後の読点を取りあげ、量的な分析からその傾向を明らかにすることを試みる。具体的には、岩崎 (2018) で行った書き言葉コーパスをもとにして作成したElastic Net を用いた正則化付きの一般化線形モデルをもとに行った分析を再検証する。その後、分析から明らかになった接続詞の直後に読点が打たれる強い指標と弱い指標をもとに、どのような場合に接続詞直後に読点を打つ／打たないのかを考察し、日本語学習者への接続詞の直後の読点指導をどうすべきか提案した。

キーワード　接続詞／句読点／読点／一般化線形モデル／BCCWJ

1.　はじめに

　日本語の句読点には、文部省教科書局調査課国語調査室 (1946)「句切り符号の使ひ方〔句読法〕(案)」という一応の規則が存在している。しかしながら、「一応」とあるように、この規則は一般には浸透していない。このような状況にある日本語の文において、読点を打つ・打たないということは恣意性の高い選択である。また、この規則自体にも曖昧な記述が見られることも問題の一つとして挙げられる。例えば、接続詞においては以下のように、その直後に読点が打たれている場合と打たれていない場合の例がそれぞれ記されてお

り、どちらがより使用されるのかといった言及は見られない（文部省教科書局調
査課国語調査室 1946: 3）。

(1)　しかし私は、
(2)　しかし、私は……

　句読点（特に読点）の研究は、大別すると文学作品などの筆者の識別といっ
た書き手の個性を調べる研究と、読点をどのように打つべきなのかという規
範の作成を試みる研究に分けられる。本章では、前者の研究で行われてきた
アプローチを用いる一方、網羅的かつ規範を作成するための分析ではなく、
接続詞の直後に打たれる読点の有無について分析を行う。この手法により、
経験知による分析ではなく、計量的なアプローチを用いた科学的な結果が見
込まれる。
　本章では、接続詞を取りあげ、どのような要因が直後の読点の有無に関係
するのかを明らかにする。

2.　先行研究と本章の研究課題

　ここでは国語教育と日本語教育における句読点の取り扱われ方、日本語学
と計量国語学における句読点の取り扱われ方を概観し、本章の研究課題を述
べる。

2.1.　国語教育と日本語教育における句読点

　まず、国語教育における句読点の取り扱いについて見ていく。日本語を母
語とする子どもが句読点について学ぶのは、小学校の国語科である。文部科
学省（2017）の『小学校学習指導要領解説　国語編』の中の「各学年における
言葉の特徴やきまりに関する事項」の一覧では「句読点を適切に打つ」こと
が求められている。しかしながら、その句読点の適切さの基準については明
言されていない。
　つぎに、日本語教育に関する研究を見てみると、日本語学習者の母語に

よって日本語作文における句読点の使用が異なることが北村 (1995) や薄井・佐々木 (2013)、岩崎 (2016) で示されている。北村 (1995) では、日本語と中国語における「文」の考え方が異なるため、中国語を母語とする日本語学習者が日本語の作文において、句点 (。) で終わるべきところに読点 (、) を打ち、文を続けて書いてしまうことがあると指摘している。薄井・佐々木 (2013) と岩崎 (2016) においてもこれと同様の指摘がされている。しかしながら、通常の授業や作文の授業において句読点を指導項目として取り扱うことは少ないという指摘がある (岩崎2017a)。

　日本語学習者が作文を書く際の自己修正プロセスを分析した布施・石黒 (2018) では、句読点などの記号の指導は日本語教育においてあまり重要視されていないことを指摘している。一方で、日本語母語話者の読点の使い方にはゆれが存在しており、日本語母語話者の直観による指導がされたとしても問題があると言える。

2.2.　日本語学と計量国語学における句読点

　日本語学の中でもいくつかの研究があるが、ここでは句読点の規範について網羅的に記述している石黒 (2011) を例として取りあげる。石黒 (2011) は『日本語文章・文体・表現事典』の「14 句読点のルール」において、読点は意味、長さ、構造、表記、音調、リズム、強調などの要因が複雑に絡みあって打たれるものであると指摘している。また、誰もが読点を打つ箇所には意味と長さ、構造が関わっており、人により異なる箇所は表記と音調、リズムが関わっているとしている。また、一部の人が打つ読点として強調を挙げている。

　計量的な視点から行われた研究の代表例として、金他 (1993) が挙げられる。金他 (1993) では、文学作品と科学技術論文をそれぞれ対象とし、読点の打ち方により書き手の個性が判断できるか、読点とその直前の一文字を抽出してその文字の差異から分析を行っている。その結果、読点の前の文字や読点の前の文字の品詞、読点を打つ間隔に関する情報の有効性について作家ごとに特徴が見られると述べている。

　本章とも関わりが深い岩崎 (2017b) と岩崎 (2017c) を取りあげる。岩崎 (2017b)

では一般化線形モデルを、岩崎 (2017c) では決定木と Random Forest を使用して、接続詞の直後の読点の有無に関わる要因を分析・考察している。その結果、それぞれ接続詞後の文の長さ、接続詞の文字数、接続詞の連接類型、接続詞が文頭にあるかどうかが接続詞の直後に読点が打たれるかどうかに影響を及ぼす要因であると指摘している。

　先行研究を概観すると、従来の句読点研究では、意味や構造という視点から分析・考察が行われることが多く、その他の変数を取り上げて分析することは少ないことがわかる。岩崎 (2017b) では、stepAIC関数を用いてモデルを構築しているが、過分散を起こしたために、変数の一つであるレジスターを削除してしまっている。また、stepAIC関数を使用した分析は一般に推奨されなくなってきているという指摘もある (Lander 2017: 271)。

　そのため、岩崎 (2018) では、石黒 (2011) のような従来の文章術的なアプローチではなく、言語使用の実態に基づき、意味や構造以外の複数の変数を考慮した予測モデルを構築することを試みている。岩崎 (2017b) では削除されていたレジスターを含めた分析が可能な新たな手法を採用し、モデル構築後は、そのモデル内の再現率を確認した上で、係数を見ることで接続詞の直後の読点使用にどのような変数が影響を与えているのか明らかにしている。

2.3.　本章の研究課題

　本章の研究課題は以下の２点である。

研究課題1　接続詞の直後に読点を打つ要因と打たない要因はなにか。
研究課題2　日本語教育（作文教育）において、接続詞直後の読点をどのように
　　　　　　指導することが望ましいか。

　本章では、岩崎 (2018) の分析をなぞりつつ、岩崎 (2018) では紙幅の都合上考察することができなかった、読点を打たない要因にも焦点をあてる。その後、日本語教育（とくに作文教育）において、日本語学習者にどのようなときに読点を打ち、どのようなときに読点を打たなくてもよいかという規範意識の一端を計量的なアプローチを用いた分析結果から示すことを目的とする。

3. 調査デザイン

ここでは、本章で扱うデータと分析方法について説明する。

3.1. 本章で扱うデータ

本章では、「現代日本語書き言葉均衡コーパス」(Balanced Corpus of Contemporary Written Japanese: BCCWJ)（https://pj.ninjal.ac.jp/corpus_center/bccwj/、2017.6閲覧）のコアデータを使用した。BCCWJのコアデータは、自動解析後に人手修正が行われており、MeCabなどによる自動解析よりも解析精度が高い（99%以上）高精度なデータであるため（小椋・冨士池2015）、今回はコアデータのみを対象とした。

検索系には、コーパス検索アプリケーション『中納言』(https://chunagon.ninjal.ac.jp/、2017.6閲覧）を用いた。キーに「品詞—大分類—接続詞」を選択、前後文脈の語数は500文字、検索対象は固定長と可変長の両方を選択、文脈中の区切り記号はなしに設定し、長単位検索を行い、ダウンロードした。その後、接続詞ではないものを目視にて除外し、今回の分析データとした（5,547例）。なお、本章の接続詞は『中納言』の長単位検索による検索結果に依存している。そのため、接続詞の定義についての議論は行わない。また、「されば」「じゃあ」「では」については、順接型と転換型の二種類の用法が存在する。今回のデータでは、判断しがたい例が多く見られたため、考察の対象から除外した。

まず、接続詞直後の読点の有無は、BCCWJコアデータから抽出したデータの後文脈から空白を削除したうえで、一文字目を抽出して確認した。接続詞の直後に読点がない例は、2,844例（51.3%）、接続詞の直後に読点がある例は2,703例（48.7%）であった。今回の分析では、読点が打たれた場合を1、読点が打たれていない場合を0として応答変数とした。説明変数としては、以下の8個の指標を抽出した。これらの指標がどのような傾向を持っているかについては、岩崎（2018）を参考にされたい。

1. 接続詞の連接類型
2. 接続詞（語彙素）

3.　接続詞の語種

4.　接続詞自体の文字数

5.　接続詞の最後の一文字とその直後の一文字目の文字種の組み合わせ

6.　接続詞が文頭にあるか否か

7.　接続詞が使用された直後の文の長さ (文字数)

8.　レジスター情報

3.2.　分析方法

　この節では、これまで概観してきた分析データをもとに、予測モデルを構築して、その再現度から評価を行う。また、構築したモデルで得られた係数から接続詞の直後の読点使用に影響を与えている変数を考察する。まず、以下では今回選択した分析手法について説明する。なお、分析は全て R (ver. 4.0.2) を使用して行った。

　本章で採用したのは、Elastic Net というモデルである。

　今回、Elastic Net を採用した理由は、これまでの先行研究の分析手法では限界があったためである。例えば、岩崎 (2017b) では一般化線形モデルを用いた分析を行っている。しかし、このモデルでは、語彙素とレジスターの変数を考慮した場合に過分散が起きるために、考慮すべき変数を削除した上での分析であった。

　また、岩崎 (2017c) では視覚的にもわかりやすい決定木と Random Forest を採用し、分析を行ってはいるものの、その分析には元となるデータの指標の数の正の平方根をサンプル数としてランダムサンプリングが行われるため (金 2017)、今回のような指標の数が少ない場合には、十分なランダムサンプリングが行われず、その分析に限界があった。

　このような先行研究における問題を避けるためには、正則化項を加味することが一つの手法であるといえる。この正則化には、例えば L1 正則化 (Lasso 回帰) と L2 正則化 (Ridge 回帰) といったものがある。Lasso 回帰では L1 罰則により変数選択と次元削減を行うことができ、Ridge 回帰では L2 罰則により係数を縮小して過学習を抑えることができるとされている。今回採用した Elastic Net では、Lasso 回帰と Ridge 回帰を線形結合したモデルで、Lasso 回帰と

Ridge回帰の両方の性質を持っている。今回取り扱う8個の指標はいずれも相関性の高い変数であり、このような変数が複数存在する場合は Elastic Net が適切であるという指摘もある (Lander 2017)。

　Elastic Net では、正則化項の度合いを λ（$\lambda \geqq 0$）で決定する。λ の適切な値は、交差検証をもとに判断する。Rにおける分析では、cv.glmnet () という関数を使用することで自動的に決定することができる。この交差検証は、クロスバリデーション (cross-validation) とも呼ばれるモデル検定の一種である。今回の分析では、k-分割交差検証 (k-fold cross-validation) を採用し、k=10（10分割）に設定して分析を行った。今回のモデリングで使用する Elastic Net の Lasso と Ridge の混合比率は α（$0 \leqq \alpha \leqq 1$）の値で決定される。Rの cv.glmnet () という関数では、適切な α を自動的に決定できないため、α を0.5間隔で代入して cv.glmnet () を実行し、適切な α の値を決定した上で、その適切な α の値をモデルに適合させた。この Elastic Net についての解説は、Lander (2017) が詳しいため、別途参考にされたい。また、今回の Elastic Net を実行するにあたって使用したRのスクリプトは、出版社のWebサイトに公開しているので参照されたい (http://www.hituzi.co.jp/hituzibooks/ISBN978-4-8234-1099-4.htm)。

4. 結果と考察

4.1. 分析結果

　図1は、分析の結果から得られた係数を図示したものである。

　今回作成したモデルを用いて、同じ分析データに対して再分類を行った。その結果、得られた再現率 (Recall) は0.7903371であり、約80%の確率で正しく分類できることがわかった。

　図1において、横軸の0より大きい（右側にある）の係数 (Coefficient) が読点が打たれやすい係数、逆に0より小さい（左側にある）のが読点が打たれにくい係数である。つまり、図1で上に配置されているものほど接続詞の直後に読点が打たれやすく、下に配置されているものほど読点が打たれにくいことを示している。

　表1と表2は、今回の分析結果から明らかになった読点が打たれやすい（打

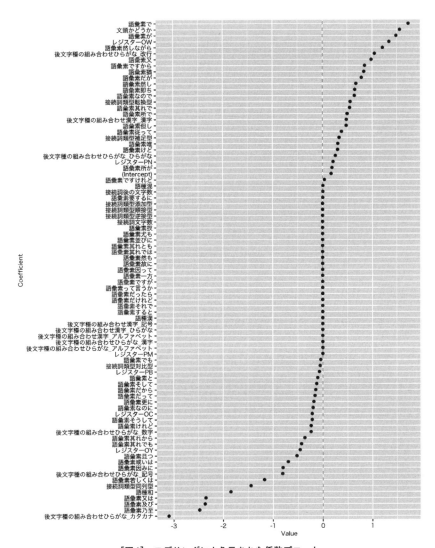

［図1］ モデリングにより示された係数プロット

たれにくい）係数をそれぞれ10個ずつまとめたものである。次節では、これら
の係数の中から、接続詞とそれ以外の要素に分類し、それぞれ読点が打たれ
やすい理由と打たれにくい理由を探る。

[表1]　接続詞の直後に読点が打たれやすい上位10個の係数

1	語彙素「で」	6	文字種「ひらがな＆改行」
2	接続詞が文頭にあるとき	7	語彙素「又（また）」
3	語彙素「が」	8	語彙素「ですから」
4	レジスター「OW（白書）」	9	語彙素「猶（なお）」
5	語彙素「然しながら（しかしながら）」	10	語彙素「だが」

[表2]　接続詞の直後に読点が打たれにくい下位10個の係数

1	文字種「ひらがな＆カタカナ」	6	連接類型「同列型」
2	語彙素「乃至（ないし）」	7	語彙素「若しくは（もしくは）」
3	語彙素「及び（および）」	8	文字種「ひらがな＆記号」
4	語彙素「又は（または）」	9	語彙素「因みに（ちなみに）」
5	語種「和語」	10	語彙素「或いは（あるいは）」

4.2.　考察：接続詞直後に読点が打たれやすい場合

4.2.1.　文頭にあるとき

　接続詞が文頭にあるとき読点が打たれやすいのは、岩崎（2018）でも示された通りである。今回の分析の結果からは、文頭の接続詞は他の係数と相対的に見ても基本的に読点が直後に打たれやすいことがわかった。市販されている公用文の書き方に関する書籍（大島1985、磯崎2010）においても、文頭にある接続詞の後には読点を打つとあり、この場合の読点は広く使用されていることがわかる。

4.2.2.　レジスター「OW（白書）」

　レジスターの中でも、特にOW（白書）で使用される接続詞は直後に読点が打たれやすいことがわかった。OW（白書）はレジスターの中で最も打たれやすい。今回の分析の結果、他の変数を考慮した場合でも比較的打たれやすいということが言える。（1）は、白書で使用されている接続詞を含む文の一例

である。公文書の書き方を定めている「公文書作成の要領」(文部省1952) では、「句読点は横書きでは「、」および「。」を用いる。物事を列挙する時には「・」(なかてん) を用いることができる。」(p.7) と注に書かれているだけで、句読点についての細かな記述はない。しかし、上述した公用文の書き方に関する書籍 (大島1985、磯崎2010) には、接続詞の後には読点を打つことを明記しており、これが反映されているためだと考えられる。

(1) また、災害弱者 (高齢者等) が入所・入院する施設に係る急傾斜地崩壊対策事業を採択基準を拡充し重点的に実施する。

(BCCWJ サンプル ID: OW6X_00069 防災白書 内閣府 財務省印刷局 (2001))

4.2.3. 文字種「ひらがな&改行」

つぎに、文字種「ひらがな&改行」について見ていく。まず、どのようなレジスターで出現するかを見るために、レジスター別の頻度と読点の有無を表にした (表3)。

[表3] 文字種「ひらがな&改行」のレジスター別による読点の有無

	特定目的			出版			合計
	Yahoo!知恵袋 (OC)	白書 (OW)	Yahoo!ブログ (OY)	書籍 (PB)	雑誌 (PM)	新聞 (PN)	
読点なし	0	0	1	1	0	2	4
読点あり	2	0	2	5	1	3	13
合計	2	0	3	6	1	5	17

(2) 「あっ、きみは、さっきの子どもだな。なにしに来たんだっ」
たけしくんが、ゆうきを出して、どなりつけました。すると、
「へへへへ……」
ロボット小ぞうは、へんな声でわらいました。

(BCCWJサンプルID: PB29_00013江戸川乱歩 (著) 少年探偵王 鮎川哲也監修; 芦辺拓編 光文社 (2002))

表3を見ると、白書 (OW) では、文字種「ひらがな＆改行」が使用されていないことがわかる。全ての実例を観察したところ、改行後の最初の一文は (2) のようにかぎカッコであることが多かった (17例中12例)。また、中点「・」と括弧「( )」が使用されていた例が1例ずつ見られた。

この結果は、文内に会話や箇条書きが入るときと括弧による注釈が入るときに改行が行われていることを示している。(2) の「すると、」は、「ロボット小ぞうは、へんな声でわらいました。」と係り受けの関係にあると考えた場合、これらは共に文頭にある接続詞であると言える。つまり、他の符号による影響から改行が行われる場合においても、文頭の接続詞である場合は、接続詞の直後の読点は必須であることがうかがえる。また、白書のような硬い文章では、このような形式を用いた文を書かないため、観察されなかったと考えられる。

4.2.4. 直後に読点が打たれやすい接続詞

高い係数として示された接続詞の語彙素 (「で」「が」「然しながら (しかしながら)」「又 (また)」「ですから」「猶 (なお)」「だが」) については、まとめて考察を行う。

接続詞の文字数について考えてみる。今回強い指標として確認された語彙素は、一文字から六文字まで全ての範囲の字数が確認された。つまり、接続詞の文字数については相関がないと考えられる。つぎに、接続詞の類型を見てみると、順接型 (「で」「ですから」)、逆接型 (「が」「だが」「然しながら (しかしながら)」)、添加型 (「又 (また)」)、補足型 (「猶 (なお)」) の4類型であった。これは、対比型と同列型が低い指標として現れている (岩崎2018) ことと相関があると考えられる、そのほかに基準となる指標として、レジスターを採用して分類を行った。表4は、強い指標として現れた語彙素を出現したレジスターごとにまとめた頻度表である。

表4を見ると、全ての語彙素において、読点が打たれる割合が高いことがわかる。また、語彙素「が」「だが」「で」は読点の有無にかかわらず「白書」において観察されないことがわかる。これらの語彙素は、全て話し言葉的な接続詞であるためだと考えられる。

表4を見ると、全ての語彙素において、読点が打たれる割合が高いことがわかる。また、語彙素「が」「だが」「で」は読点の有無に関わらず「白書」に

[表4]　強い指標として選択された語彙素とレジスター別の読点の有無

レジスター＼読点なし	が	だが	で	ですから	然しながら	又	猶
Yahoo!知恵袋（OC）	0	0	1	0	0	21	0
白書（OW）	0	0	0	0	0	16	0
Yahoo!ブログ（OY）	5	0	10	1	0	17	0
書籍（PB）	0	8	0	3	0	55	5
雑誌（PM）	0	14	2	1	0	37	2
新聞（PN）	1	21	0	0	0	31	1
読点なし小計	6	43	13	5	0	177	8
レジスター＼読点あり	が	だが	で	ですから	然しながら	又	猶
Yahoo!知恵袋（OC）	1	0	7	2	0	37	2
白書（OW）	0	0	0	1	18	455	65
Yahoo!ブログ（OY）	8	2	25	2	0	13	5
書籍（PB）	10	23	3	12	3	57	3
雑誌（PM）	6	31	24	0	1	72	5
新聞（PN）	8	78	2	0	2	88	1
読点あり小計	33	134	61	17	24	722	81
合計	39	177	74	22	24	899	89

おいて観察されないことがわかる。これらの語彙素は、全て話し言葉的な接続詞であるためだと考えられる。実際、「Yahoo!ブログ」「書籍」「雑誌」といったレジスターで多く観察されている。その一方で、語彙素「然しながら（しかしながら）」「又（また）」「猶（なお）」は白書で多く使用されていることがわかる。このように、今回強い指標として選択された語彙素には、レジスターによる偏りが確認された。

　表5は、今回強い指標として選択された語彙素と文内位置との関係をまとめたものである。なお、文内位置とは、接続詞が文の最初（文頭）にあるのか、文の中（文中）にあるのかということを示したものである。そして、この文内位置によって接続詞直後に読点が打たれるかをまとめている。例えば、「文中読点なし」は、ある一文において、接続詞が文の途中に使用されており、その接続詞の直後に読点が打たれていないことを意味する。また、「文頭読点あ

り」は、ある一文において、文の最初に接続詞が使用されており、その接続詞の直後に読点が打たれていることを意味する。

　この表5を見ると、読点の有無にかかわらず、いずれの語彙素も文頭に出現することが多いことがわかる。これも、これらの語彙素の直後に読点が打たれやすい理由の一つであると考えられる。

[表5]　強い指標として選択された語彙素と文内位置別の読点の有無

読点なし	が	だが	で	ですから	然しながら	又	猶	小計
文中読点なし	0	1	7	1	0	80	6	95
文中読点あり	1	0	5	1	0	80	3	90
小計	1	1	12	2	0	160	9	185
読点あり	が	だが	で	ですから	然しながら	又	猶	小計
文頭読点なし	6	42	6	4	0	97	2	157
文頭読点あり	32	134	56	16	24	642	78	982
小計	38	176	62	20	24	739	80	1139
合計	39	177	74	22	24	899	89	1324

4.3.　考察：接続詞直後に読点が打たれにくい場合

4.3.1.　文字種「ひらがな&カタカナ」と「ひらがな&記号」

　まず、最も読点が打たれにくいと判断された、文字種「ひらがな＆カタカナ」を見ていく。この組み合わせは、読点ありが0例、読点なしが220例であった。この文字種で使用されていた接続詞の種類（語彙素）は31種類であり、とくに偏りは見られなかった。また、連接類型やレジスターの偏りも見られなかった。つまり、文字種の異なりで接続詞であることを明確に示すことができ、読点を使用して接続詞であることを示す必要がないという意識から読点が打たれにくいものと考えられる。実際、(3)の例のように、読点が打たれやすい接続詞である「だが」であっても、直後にカタカナ表記の語が来ることで読点が打たれなくなっている例も観察された。

(3) その価格差ほどに性能差は大きくなく、コストパフォーマンスを重視する
　　るならミドルレンジのカードの方がいいことになる。<u>だが</u>ハードなゲー
　　ムユーザーなら、この性能差にこそ、価格差を超える魅力を感じるのだ
　　ろう。

（BCCWJ サンプル ID: PM45_00056 溝口裕作（著）『ASAHI パソコン』朝日新聞社（2004））

　つぎに、「ひらがな＆記号」を見てみると読点ありが 135 例、読点なしが 64
例であった。これは、約 7 割の確率で読点が打たれないことを示している。
実例を見てみると、（4）のように記号の約 5 割がカギかっこであった。接続
詞の直後にカギかっこをつける場合、このかぎカッコで語の切れ目を示すこ
とができるため、読点を使用することが少ないと考えられる。

(4)「○○教頭先生」と書いています。<u>または</u>「○○先生」だけでもいいです
　　よ。　　　　　　　　　　　　　（BCCWJ サンプル ID: OC11_00502 Yahoo! 知恵袋（2005））

4.3.2.　語種「和語」
　接続詞の語種が「和語」である場合も読点が打たれにくいという結果となっ
た。接続詞はほとんどが和語であるが、漢語の接続詞の場合は約 90％ の確率
で、混種語の接続詞の場合は約 60％ の確率で読点が打たれる傾向にあった。
しかし、この二つに比べて和語はやや読点が打たれにくかったため、このよ
うな結果になったと思われる。
　なお、この和語の接続詞をレジスター別に読点の有無を確認したところ、
雑誌と新聞においては読点を打つ傾向が多く見られ、白書（OW）、Yahoo! ブロ
グ（OY）、書籍（PB）においては読点を打たない傾向が見られた。直感では接
続詞の語種と読点は関係がないように思われるが、このような結果が示され
たことは興味深い。

4.3.3.　直後に読点が打たれにくい接続詞
　低い係数として示された接続詞の連接類型「同列型」と接続詞の語彙素（「乃
至（ないし）」「若しくは（もしくは）」「及び（および）」「又は（または）」「因みに（ちなみに）」「或いは
（あるいは）」）については、まとめて考察を行う。

まず、連接類型「同列型」の語彙素を見ていく。表6は、同列型の語彙素ごとに読点の有無をまとめたものである。「要するに」のみ読点ありの割合が高い。これは、「要するに」が換言する機能を持つものであり、物事を並べ立てる「及び」などとはやや性質が異なるため、傾向が異なっていると考えられる。なお、読点が打たれにくい指標3位であった語彙素「及び（および）」はこの同列型である。これらの接続詞は文頭だけではなく、文中にも用いることができる接続詞である。

[表6] 同列型の語彙素と読点の有無

同列型の語彙素	読点なし		読点あり		合計
及び（および）	658	99.7%	2	0.3%	660
且つ（かつ）	138	93.9%	9	6.1%	147
即ち（すなわち）	25	65.8%	13	34.2%	38
要するに	13	44.8%	16	55.2%	29
並びに	17	89.5%	2	10.5%	19
合計	851	95.3%	42	4.7%	893

[表7] 同列型の語彙素と文内位置における読点の有無

	読点なし		読点あり		合計
文中	833	98.1%	16	1.9%	849
文頭	18	40.9%	26	59.1%	44
合計	851	95.3%	42	4.7%	893

そこで、実際に同列型の接続詞と文内位置の関係をもとに読点の有無を確認してみたところ（表7）、(5)のように文中においては約98%の確率で読点が打たれない傾向にあった。

(5) 住宅ローン減税で中古住宅の築年数制限の延長及び撤廃をするって

ニュースで今見ました！　（BCCWJ サンプル ID: OC05_00001 Yahoo!知恵袋（2005））

　つぎに「及び（および）」以外の読点が打たれにくい語彙素の連接類型を確認した（表8）。今回弱い指標として選択された語彙素の連接類型は対比型4種と補足型1種であった。また、読点の有無をみてみると、対比型においてはほとんどが90%以上、補足型においては70%以上直後に読点が打たれないことがわかる。

[表8]　弱い指標として選択された語彙素の連接類型と読点の有無

連接類型	語彙素	読点なし		読点あり		合計
対比型	又は（または）	147	97.4%	4	2.6%	151
	或いは（あるいは）	94	88.7%	12	11.3%	106
	若しくは（もしくは）	43	97.7%	1	2.3%	44
	乃至（ないし）	8	100%	0	0%	8
補足型	因みに（ちなみに）	59	74.7%	20	25.3%	79
	合計	351	90.5%	37	9.5%	388

　さらに、先ほどと同様に文内位置についても確認した（表9）。すると、今回示された対比型の接続詞は文中において読点が打たれない傾向にあることが確認された。

　なお、今回弱い指標として取り上げられなかった対比型の語彙素として「一方」と「其れとも（それとも）」があった。「一方」は9割以上が文頭かつ直後に読点が打たれることが多かった。「其れとも（それとも）」は約70%の確率で読点が打たれないが、文頭と文中のいずれにおいても使用されており、今回低い指標として示された対比型の接続詞とは使われ方が異なっていた。つまり、対比型の接続詞で文中に用いられるときには基本的に読点が打たれにくいことがわかる。これは、同列型の接続詞の傾向と同様の傾向である。表9を見ると、補足型の「因みに（ちなみに）」は対比型と異なり、文頭において多く用いられ、なおかつ読点が打たれないという傾向が見られた。実際に例文

[表9] 弱い指標として選択された語彙素の文内位置と読点の有無

連接類型	語彙素	文内位置	読点なし		読点あり	
対比型	又は（または）	文中	145	97.3%	4	2.7%
		文頭	2	100%	0	0%
	或いは（あるいは）	文中	88	93.6%	6	6.4%
		文頭	6	50.0%	6	50.0%
	若しくは（もしくは）	文中	38	100%	0	0%
		文頭	5	83.3%	1	16.7%
	乃至（ないし）	文中	8	100%	0	0%
補足型	因みに（ちなみに）	文中	3	60.0%	2	40.0%
		文頭	56	75.7%	18	24.3%
	合計		351	90.5%	37	9.5%

を見てみたところ、(6) のように一文が短く感じられた。そこで、実際に文頭読点なし「因みに（ちなみに）」の後の文の長さを調べてみると、平均29.3文字であった。今回対象となった接続詞全体における文頭読点なしの場合の文長は平均33.5文字、同じ補足型の接続詞で文頭読点なしの場合の文長は平均36.5文字であった。このことから文頭読点なしの「因みに（ちなみに）」の文長は短いことがうかがえる。この文の長さが接続詞が文頭にあっても読点が打たれにくいことと関係している可能性がある。

(6) ちなみにさいたま市でもニッポン放送の電波弱いです。

（BCCWJ サンプル ID: OC01_01729 Yahoo! 知恵袋（2005））

4.4. 考察：日本語教育（作文教育）においてどのように指導するべきか

ここでは、4.1と4.2、4.3の考察を踏まえて、日本語教育（作文教育）において、どのように接続詞直後の読点を指導していけばいいかを考えていく。

日本語学習者にもわかりやすく示すことを念頭において考えた場合、接続詞ごとに読点を打つ／打たないという指導は煩雑になる。そこで、これまで

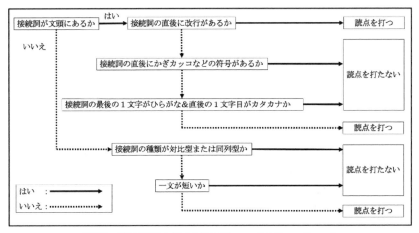

[図2] 接続詞直後の読点の打ち方についてのフローチャート

の考察をもとにしてフローチャートを作成した（図2）。

　このフローは、接続詞が置かれている位置、直後の文字種といった情報などをもとにしているもので、わかりやすさを第一にしている。そのため、当然ながらこの分類では接続詞直後の読点を完璧に分類することは不可能だが、8割程度の精度はあると思われる。

5.　おわりに

　以上、本章では、日本語の句読法の一応の規則である文部省教科書局調査課国語調査室 (1946)「付録 句切り符号の使ひ方〔句読法〕(案)」においても読点ありと読点なしの例がそれぞれ記されており、どのような基準のもとに読点を打てばよいかわからない接続詞の読点の打ち方を取りあげた。この曖昧な読点の打ち方について、大量のテキストデータをもとにどのような指標が存在するかを Elastic Net という手法を用いた統計モデリングから明らかにした。そのうえで、本章では、分析結果から接続詞直後に読点を打つ強い指標と弱い指標を取り出し、なぜこのような傾向が現れたのかを考察した。この試みは、いわば日本語母語話者がどのような基準で読点を打っているのかをボトムアップ的に発見しようとしたものである。そして、最後に日本語教育

（作文教育）における示唆をフローチャートという形で提供した。

　本章で取り扱った接続詞直後の読点は、日本語の句読法にある問題のなかの一つに過ぎない。現状、一概に句読法を定めることは建設的とはいえない。一方で、句読点（とくに読点）の打ち方は日本語母語話者にとっても内省が難しいものである。そのため、今回採用した手法のように計量的なアプローチを用いて集合知的に規範意識の一端を明らかにしていくことは建設的手法であると思われる。

───────

●さらに勉強したい人のために

大類雅敏（1990）『文章は、句読点で決まる！』ぎょうせい
　　題名からわかるように句読点に焦点をおいて書かれた本。大類氏は句読点研究の第一人者で句読点に関しての膨大な著作がある。この本では、句読点の役割と種類、原則を紹介したうえでさまざまな文章における句読点の打ち方のポイントを述べている。

石黒圭（2009）『よくわかる文章表現の技術〈1〉表現・表記編（新版）』明治書院
　　文章表現に関するシリーズ本。この本では、句読点などの表記について書かれている。読点の打ち方について、使用頻度や打つ基準といった視点から調査を行い、その結果をわかりやすく示している。

岩崎拓也（2018）「読点が接続詞の直後に打たれる要因─Elastic Net を使用したモデル構築と評価」『計量国語学』31（6）: pp. 426–442.
　　本章で使用したデータの性格についての詳細な記述はこの論文でなされている。興味を持った方は、この論文を読むことで理解できると思われる。

本橋智光、株式会社ホクソエム監修（2018）『前処理大全［データ分析のための SQL/R/Python 実践テクニック］』
　　R や Python でデータ分析をする際、最も時間がかかることはデータの整形（前処理）である。この書籍では、さまざまな前処理の方法がわかりやすく記載されている。また、非効率な例を最初に示したうえで効率的な処理方法を提示しているため、非常に勉強になる。研究の現場で役立つバイブル的な存在といえる。

●付記

本章は、岩崎拓也（2018）「読点が接続詞の直後に打たれる要因─Elastic Net を使用したモデル構築と評価」『計量国語学』31（6）と令和元年度に一橋大学大学院言語社会研究科に提出した博士学位論文『日本語における句読点使用の定量的研究』の一部を加筆・修正を行ったものです。

●参考文献

布施悠子・石黒圭（2018）「日本語学習者の作文執筆過程における自己修正理由─上級中国人学習者、上級韓国人学習者、日本語母語話者の作文の比較から」『国立国語研究所論集』15: pp. 17–42.
石黒圭（2011）「14 句読点のルール」中村明・佐久間まゆみ・髙崎みどり・十重田裕一・半沢幹一・宗像和重（編）『日本語文章・文体・表現事典』pp. 301–304. 朝倉書店

磯崎陽輔（2010）『分かりやすい公用文の書き方（改訂版）』ぎょうせい

岩崎拓也（2016）「中国人・韓国人日本語学習者の作文に見られる句読点の多寡」『一橋日本語教育研究』4: pp. 187–196.

岩崎拓也（2017a）「第5章 正確で自然な句読点の打ち方」石黒圭（編）『わかりやすく書ける作文シラバス』pp. 75–96. くろしお出版

岩崎拓也（2017b）「読点が接続詞の直後に打たれる要因について——一般化線形モデルを用いた予測モデルの構築」『言語資源活用ワークショップ2017発表論文集』pp. 55–62.

岩崎拓也（2017c）「接続詞の直後に読点が打たれる条件—決定木を用いた分析」『計量国語学会第六十一回大会予稿集』pp. 31–37.

岩崎拓也（2018）「読点が接続詞の直後に打たれる要因—Elastic Netを使用したモデル構築と評価」『計量国語学』31 (6): pp. 426–442.

Lander, Jared P. (2017) *R for Everyone: Advanced Analytics and Graphics* (*Addison-Wesley Data & Aalytics Series*) *2nd Edition*. Addison-Wesley Professional.

金明哲（2017）『Rによるデータサイエンス（第2版）』森北出版

金明哲・樺島忠夫・村上征勝（1993）「読点と書き手の個性」『計量国語学』18 (8): pp. 382–391.

北村よう（1995）「中国語話者の作文における文接続の問題点」『東海大学紀要 留学生教育センター』15: pp. 1–11.

文部省教科書局調査課国語調査室（1946）「句切り符号の使ひ方〔句読法〕（案）」

（https://www.bunka.go.jp/kokugo_nihongo/sisaku/joho/joho/kijun/sanko/pdf/kugiri.pdf）（2021年10月05日アクセス）

内閣総理大臣官房総務課（1952）「公文書作成の要領」

（https://www.bunka.go.jp/kokugo_nihongo/sisaku/joho/joho/kijun/sanko/koyobun/pdf/yoryo_ver02.pdf）（2021年10月05日アクセス）

文部科学省（2017）『小学校学習指導要領解説 国語編』

（http://www.mext.go.jp/component/a_menu/education/micro_detail/__icsFiles/afieldfile/2017/10/13/1387017_2.pdf）（2017年12月25日アクセス）

小椋秀樹・冨士池優美（2015）「第5章 形態論情報」『『現代日本語書き言葉均衡コーパス』利用の手引 第1.1版』pp. 58–90. 国立国語研究所 コーパス開発センター

大島満（1985）『地方公務員の公用文の作成要領』学陽書房

薄井良子・佐々木良造（2013）「中国人学部留学生の句読点の誤用に関する研究」『関西学院大学日本語教育センター紀要』2: p. 66.

15 日本語教育の歴史的データとしての教科書

戦後日本語教科書はいかなることばを教えてきたのか

田中祐輔

概要

　本章では、日本語教育の歴史的データとして日本語教科書を捉え、調査の手法、分析と考察の結果について述べながら戦後日本語教育が歩んだ道のりを描き出すことを試みる。具体的には、戦後に発行された初級総合教科書のうち各年代を代表する教科書の掲載語を集計し、時代ごとの変化や教科書間の類似・相違度などについて定量的な評価を行う。また、そこで明らかになった語彙選択の傾向がもたらされた要因についても考察を加える。

キーワード　初級総合教科書／語彙選択／定量分析／主成分分析／日本語教育史

1.　はじめに

　グローバル化の進展と日本のさらなる国際化の中で、日本語教育の意義や役割はますます深まっている。国内においては多文化共生社会の実現に向け、また、国外においては日本と諸外国との関係深化・相互理解のために、様々なレベル・チャンネルで日本語教育が展開されている。奇しくも令和元年である2019年は転換の年となり、新在留資格「特定技能」の創設、「日本語教育の推進に関する法律」の成立など、日本語教育に関する大きなできごとが立て続けに起きた。政府は少子高齢化対策や成長戦略の一環として外国人受け入れを進める方針を示し、社会全体のサステナビリティの観点からも外国人受け入れとそれを支える日本語教育は不可欠な要素の一つとなっている。

1.1. 転換期に求められる日本語教育の「歴史」的視座

　日本語教育の言わば転換期において、日本語教育を取り巻く環境や学習者の属性、学習目的はさらに多様化し、日本語教育関係者は、1）日本語教育に関わる課題を把握し、2）新たなビジョンとアクションプランを立て、3）内外に提案し連携を通し実現する能力が必要であるとされている（文化審議会国語文科会2018）。

　そうした中で日本語教育の「歴史」に思いを馳せることは重要である。なぜなら、今行われている日本語教育は、必ず何らかの形で過去から現在に至る人々の教育実践や学習、活動の歩みと関わりを持つからである。とりわけ、新たな教育内容や施策、今後のビジョンを検討する際には、現行の教育が形成された過程を正確に理解していなければ、有効な変化を起こすことができずに、かけ声倒れに終わる可能性もある。これから展開される日本語教育について考える場合も、「私たちはどのような歩みを経てきたのか」を理解する必要があり、歴史的な考察は日本語教育の実践や研究、将来ビジョンの構築に欠かすことができないのである。

1.2. 一次史料としての日本語教科書が示す教育実践の実態

　日本語教育の歴史的研究に用いられてきた主な史料には次のものがある。第一は、一次史料と呼ばれるもので、対象とする時期や人物、できごとに関してその当事者や当該時期に作成された公文書、教案、日記、信書、写真、録音、録画、などである。第二は、それら一次史料をもとに引用されたりまとめられたりしたものである。対象や目的にもよるが、歴史研究において一次史料は重要なものとみなされ、その発掘と分析は欠かすことのできないものとされている。本章では、次の理由から日本語教科書を日本語教育の重要な一次史料として捉え、戦後日本語教育実践の歩みを教科書データの分析から探る。

　日本語教育の現場において「教科書」の影響力は大きく、また重要な位置づけが与えられている。ある時期までは「教科書はコースデザインの全て」（岡崎1989: 45）とされるほどの役割を果たし、今日においても「教科書は作成

者の言語観や言語教育観が具現化したものでありそれが大きく指導のあり方を左右する」(丸山2008: 7) といわれている。近年では、学習者の多様化やニーズの複雑化を背景として、日本語教員に求められるスキルとしても、教材の選択・分析・開発の重要度が増していると述べられている (文化審議会国語文科会2018)。社会や時代の変化と学習者に合わせて適切な教科書・教材を利用し作成していくことが重要であり、逆に、教科書・教材からは対象とされた学習者像や時代、そして教育内容や手法が浮かび上がると考えることもできる。その意味で、教科書は最も重要な一次史料と考えることができるのである。

1.3. データとしての教科書掲載語彙の分析

教材の基本要素のうち、社会的な変化や教育内容の変遷から最も大きな影響を受けるのが「語彙シラバス」であり (日本語教育学会 (編) 2005: 897)、教師や教材開発者はどのような語彙を採用すべきかについて十分留意しなければならない。また、教材に採用されている語彙の研究は、日本語教育研究においても、教育の実態を把握し、課題や改善策を検討する上でも極めて重要である。ところが、次節で言及するように、日本語教科書の語彙シラバスに関する先行研究は分析対象が限られたものが多く、とりわけ教科書の掲載語彙全体を分析対象にした上で、多数の教科書間での共通点や相違点を分析するようなデータに基づく研究は十分に行われていない。

本研究では、個々の教師や教育機関内部において独自に作成される教材については網羅的資料収集が困難であることから、戦後に刊行された初級総合教科書のうち一定の基準を満たす21種を対象として、各教科書掲載語彙が全体としてどのような傾向を持っているのかについて定量的な分析を試みる。またその結果の解釈に当たっては、既存の文献との照合を通し教科書制作における語彙選択の要因について定性的な考察を行う。

2. 先行研究

本研究では、吉岡 (編著)(2008)、および、日本語教育学会 (編)(2005) の定義

に従い、「教科書」は「教材」の一種であると見なし、「教科書」と記す場合は、日本語教育が行われる場で、ある学習・教育目的のためにデザインされたカリキュラムに従って学習・教育する内容を編成し、出版物として発行されたものと定義する。また、「語彙」の定義として、国立国語研究所 (1988: 3) では「一定の範囲において行われる語の集合である」と述べられており、日本語教育学会編 (2005: 222) では「ある範囲のなかの語 (単語) の集合をいう」とされ、「初級日本語教科書に出てくるという基準で範囲を区切った語の集合を「初級日本語教科書の語彙」という」と述べられている。本研究でも「教科書の語彙」という場合は、「教科書に掲載された語の集合」を示すものとする。

　日本語教科書の語彙の分析は、日本語の文法研究、教授法研究、音声研究、教材研究など複数の分野において行われてきており、先行研究を分類すると大きく三つに分けられる。一つには、語彙研究の考察の着眼点として「日本語非母語話者には何がどのように指導されているか」を確認するために、日本語教科書の掲載語彙が調査されるケースがある。例えば、副詞 (藤井・佐藤 1992、大関 1993) や接続詞 (阪上 2014)、複合動詞 (曹 2011、陳 2011)、自称詞・対称詞 (大浜他 2001)、親族名称 (小森 2002)、漢字 (羽田野・田口 1994)、外来語 (稲垣 1991、山崎 2000、中山 2001)、オノマトペ (三上 2006)、待遇表現 (バルバラ 1997) に関する分析において、日本語教科書の掲載語が調査されている。

　先行研究のもう一つの流れとして、日本語教科書の内容的傾向を把握することを目的とした研究がある。例えば、教科書開発や教科書選定を行う際の参考材料として、過去の教科書掲載語の数や提出形態をまとめたものである (国際交流基金 1976、岡崎 1989、川原崎他 1992、日本語教育学会教材委員会 1992)。また、語彙や漢字について既存教科書では何が「基本」とされているかを考察したものや (加納他 1988、窪田 1989、虎尾・山元 2000)、辞書やコーパス作成の材料として調査したもの (文化庁 1971・1975、加納他 1985、野村・山下 1993、『日本語学力テスト』運営委員会 (編) 1998、寒川クリスティーナ 2012、李 2019)、国語教科書と日本語教科書との比較を行ったもの (町他 2003、大須賀 2008)、などが存在する。

　その他にも特定の目的の下、教科書で扱われている語の量や種類、提出順について複数の教科書を対象にする調査が行われており (日本語教育学会 (編) 1991、神崎・今西 2007、今西・神崎 2008、下瀬川 1979、国立国語研究所 1986・1990・1991・

1997、川口1986、専門教育出版「日本語学力テスト」運営委員会1991、日本語能力試験企画小委員会出題基準作成会議1993、山下1993、稲垣1995、饗場2006、曹2006、金他 2008、山口2008、伊藤・岡本2009、砂川2012、李2012）、様々な観点から教科書語彙の特徴が論じられている。なお、日本語教科書の語彙についての研究ではないが、関連するものとして、教育現場で用いられる教材に含まれる語の数や品詞、難易度を機械的に分析する試みもある（加納1992、平沢・渋井（編）1992、川村1998・1999、近藤他2008）。例えば、川村（1998・1999）では、ある文章に掲載された語が、『日本語能力試験出題基準（外部公開用）』（日本語能力試験企画小委員会出題基準作成会議1993）に含まれるか否かを判定する仕組みが提案されている。

　以上の先行研究は、日本語教育の現場において教材の作成や選定を行う上で有用であるばかりでなく、今日の日本語教育実践と日本語教育研究における指標ともなっている。一方で、特定のリサーチトピックに基づく教科書分析である以上、ある程度対象を絞る必要があり、既往の研究においては日本語教科書の語彙の傾向を総括的に把握するものが限られている状況である。「必ずしも現場で用いられている教科書が対象とされているわけではない実情や、調査結果が部分的に提示されるのみであるといった事情」（田中2016a: 6）も指摘され、教材の語彙の「全体」に着目した調査が求められている。1冊の教科書語彙の全体を分析したものとしては、早津（監修）・ジャクシルク他（編著）(2010) があり、複数冊扱ったものでは11冊（日本語能力試験企画小委員会出題基準作成会議1993）がある。これらの研究成果は日本語教育の実態を把握する上で重要な参考資料となるが、それぞれの調査時点で流通している比較的新しい教材のみが対象となっており、過去に遡って傾向の変遷を網羅的に確認するような研究は筆者が調査した限り田中（2016a）の他は行われていない。田中(2016a) では、対象教科書に高頻度で出現する語や、ごく少数の教科書にのみ掲載されている語に着目した語彙調査が行われているが、出現頻度が極めて高い語や逆に出現頻度が極めて低い語のみの調査では、語彙シラバスの全体像を明らかにすることはできない。また、時代ごとの変化や教科書間の類似・相違度などについての研究は未解決となっている。

　以上から、日本語教科書で扱われている語について、時代ごとの変化や教科書間の類似・相違度などについての実態解明と語彙選択の傾向を考察する必要があるのだが、そのための研究はまだ不足しているといえるのである。

3. 研究方法

　本研究では、1950年代から2000年代までに発行された初級総合教科書の掲載語を調査することで、日本語教科書における語彙選択の傾向に関する基礎的な分析を行う。

　戦後の日本語教材としては、少なくとも2,261種の存在が確認されており（田中2016b）、そのうち初級総合教科書については153種あるとされる（吉岡2012）。本研究においては、戦後に発行された初級総合教科書のうち、筆者でのデータ化が可能となった表1に示す21種（34冊）の教科書について、各教科書が扱う語彙を全て集計した。なお、戦後発行の日本語教科書を網羅的にリスト化した吉岡（2012）によると1940年代後半に発行された初級総合教科書は存在しない。

　これら21種の教科書は、複数の機関での利用が確認される教科書で、かつ、いずれかの年代に偏らないよう選定されたものである。各教科書の版について、改訂版は内容の一部に訂正や加筆があり、また、増刷版であっても時に一部修正されている場合があるため、表1に記載した教科書出版年と執筆時期との間にずれが生じることのないよう本研究では全て初版第一刷のものを対象とした。また、『しんにほんごのきそ』のように、1種の教科書に複数冊が対象とされているものが存在する理由は、初級として指導されている範囲を教科書ごとに揃えるためであり、各教科書の記述に従って選定した。

　語彙の抽出について、一般に語学教科書は、巻末などに語彙リストが掲載されているものであるが、日本語教科書も語彙リストが掲載されているものが多い。しかしながら、教科書ごとに体裁も異なり、新出語や重要語のみ記載される場合があるなど、本文に出現した語の全てが語彙リストに収録されるわけではなく、掲載基準もまちまちである。表1のT01、T02、T05、T06、T08、T11、T12、T13については注釈の形で部分的に記されるなど、語彙が網羅的にリスト化されておらず、筆者が本文を確認して全ての語（奥付や出版社名など学習に直接関わりのない記載の語は除く）を抽出した。またその他の教科書についても、付されている語彙リストは完全ではなく、本文で指導されている語彙を網羅していない場合があるため、筆者が本文を確認して補った。なお、本研究では、抽出する語は日本語教育学会（編）(2005) に従い、掲載されてい

[表1] 分析対象教科書

No	年代	教科書
T01	50s	長沼直兄（1955）『改訂標準日本語読本巻一』長風社
T02		国際学友会日本語学校（編）（1954）『日本語読本』（巻1）国際学友会
T03		国際学友会日本語学校（1954）『NIHONGO NO HANASIKATA』国際学友会
T04	60s	小川芳男・佐藤純一（1963）『日本語四週間』大学書林
T05		大阪外大留学生別科（1967）『BASIC JAPANESE 1–2』OSAKA UNIVERSITY OF FOREIGN STUDIES
T06	70s	東京外語大学附属日本語学校（1970）『日本語1』東京外語大学附属日本語学校
T07		小出詞子（1971）『Easy Japanese 1–3』LET'S COMPANY
T08		吉田弥寿夫他（1973）『あたらしい日本語』学研
T09		国際交流基金（1974）『日本語入門』国際交流基金
T10	80s	名古屋大学総合言語センター日本語学科（1983）『A COURSE IN MODERN JAPANESE 1–2』University of Nagoya Press
T11		早稲田大学語学研究教育センター（編）（1984）『外国学生用基礎日本語』早稲田大学語学研究教育センター
T12		文化外国語専門学校日本語科（1987）『文化初級日本語I』凡人社
T13		言語文化研究所附属東京日本語学校（1988）『長沼新現代日本語I』言語文化研究所
T14	90s	海外技術者研修協会（1990）『しんにほんごのきそI–II』スリーエーネットワーク
T15		国際基督教大学著（1996）『ICUの日本語　初級1–3』講談社インターナショナル株式会社
T16		スリーエーネットワーク（1998）『みんなの日本語初級1–2』スリーエーネットワーク
T17		坂野永理・大野裕・坂根庸子・品川恭子（1999）『初級日本語 [げんき] 1–2』The Japan Times
T18	00s	文化外国語専門学校（2000）『新文化初級日本語I–II』凡人社
T19		岡本輝彦・木川和子・辻本澄子・西尾節子・松井充子（2002）『【初級】語学留学生のための日本語I–II』凡人社
T20		TIJ東京日本語研修所（2006）『はじめよう日本語　初級1–2』スリーエーネットワーク
T21		山﨑佳子・石井怜子・佐々木薫・高橋美和子・町田恵子（2008）『日本語初級1–2　大地』スリーエーネットワーク

る語を内容語（語彙的意味を持つ語）と機能語（文法的意味のみを持つ語）とに分け、内容語を分析対象とする。

4. 定量分析と結果

4.1. 基本集計

　まず、21種の教科書中で扱われる語について、先に述べた基準に合致するものを全て抽出した。掲載語数は合計で8,305語（異なり語数）であり、教科書別・品詞別の内訳は表2のとおりである。

　各語の出現頻度の分布について述べておくと、21種全ての教科書に出現する語は138語、16から20種に出現する語は344語、11から15種に出現する

[表2]　教科書別品詞別単語数

品詞	T01	T02	T03	T04	T05	T06	T07	T08	T09	T10	T11
代名詞	17	19	21	25	18	20	18	24	20	20	16
副詞	70	28	50	57	89	58	46	146	28	68	32
動詞	261	100	177	168	302	240	179	352	121	234	93
名詞	767	387	667	647	2,088	671	749	2,000	439	966	452
形容動詞	48	15	26	33	73	43	31	87	13	34	23
形容詞	58	41	47	49	78	76	61	89	39	54	43
感動詞	14	5	12	20	22	21	27	40	15	34	25
慣用表現	4	0	4	2	5	2	2	17	1	4	0
接尾語	11	7	10	9	12	10	4	13	9	8	7
接続詞	17	5	13	11	18	10	8	27	8	19	8
接頭語	5	5	7	6	6	4	4	5	5	5	4
造語	20	14	23	21	30	24	14	30	19	21	28
連体詞	4	4	5	5	3	4	6	11	4	7	4
連語	10	6	7	9	12	7	9	13	5	8	8
合計	1,306	636	1,069	1,062	2,756	1,190	1,158	2,850	726	1,482	743

品詞	T12	T13	T14	T15	T16	T17	T18	T19	T20	T21	合計
代名詞	16	21	25	18	25	23	22	22	21	18	39
副詞	38	37	71	49	72	55	59	74	75	56	246
動詞	105	115	275	274	356	275	326	314	288	352	975
名詞	716	604	812	833	1,200	1,054	1,405	1,026	1,407	1,308	6,431
形容動詞	25	17	40	36	59	42	46	47	60	56	162
形容詞	47	42	75	55	82	67	71	65	92	69	144
感動詞	27	28	43	25	44	39	35	43	53	37	95
慣用表現	1	1	3	3	5	4	4	5	3	6	26
接尾語	8	8	9	9	12	11	12	8	12	8	27
接続詞	5	4	14	12	14	10	11	12	12	11	40
接頭語	5	4	5	5	5	5	5	4	5	4	7
造語	16	21	20	24	29	25	28	20	23	36	69
連体詞	3	3	6	4	8	4	5	5	4	4	14
連語	4	8	11	6	10	8	10	13	9	7	30
合計	1,016	913	1,409	1,353	1,921	1,622	2,039	1,658	2,064	1,972	8,305

語は393語、6から10種に出現する語は712語、1から5種に出現する語は6,718語であった。

4.2. 主成分分析による分類

　以下、掲載語の傾向から、21編の教科書の類似性・差異性の把握を試みる。まず、8,305の各語が21種の各教科書に出現したか否かを表現する行列（出現すれば1、出現しなければ0の値を取る）に対し主成分分析を行う。主成分分析は一般に、ある対象群を特徴づける多変量データの次元を縮減し、より少ない変量による対象群の特徴表現を得る手法である。ここでは、21種の対象（教科書）が8,305次元の変量（単語の出現有無）によって特徴付けられていることになるが、この8,305次元の変量を適切な重み付けとともに合成し、元の情報量をなるべく保持したまま、より少ない次元での特徴づけを行うのが主成分分析である。

　ところで、全ての教科書に出現する語や、ごく少数の教科書にしか出現しないような語は、教科書間の比較という意味で有益な情報を持つとはいえない。したがって本分析では、出現数が0〜3、18〜21の語は分析から除くこととする。この結果、分析に用いる語の数は1,854語となる。なおこれは、各語について各教科書への出現有無（例えば、出現すれば1、しなければ0）を成分とする21次元のベクトルについて分散を計算した場合に、分散の大きい1,854語を選抜したことと同等である。分散はデータの「バラつき」の大きさを表し、分散が大きいデータは対象間の差異を表現する情報量を豊富に有していると解釈できる。

　選抜された1,854語を用いて主成分分析を行い、第1主成分・第2主成分（PC1・PC2）をそれぞれ横軸・縦軸として各教科書をプロットしたものが図1である。なお、第2主成分までの累積寄与率は0.264であり、これは二つの主成分で、もとの1,854変量による情報の26%強が説明できていることを意味する。主成分分析は、多数の変数を集約して「少数の合成指標」を得るために使用されることがあるが、その場合は0.26では含まれていない情報が多いため、適切な指標が得られていないと判断されることがある。しかしながら、今回は、主成分分析を、変数縮約ではなく分類のために用いているため、

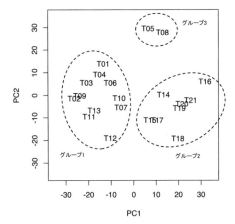

[図1]　主成分分析に基づく教科書の類似性・差異性

0.26とは教科書の特徴の差異の4分の1程度を説明できているということから重要な分類軸であると考えられる。

　図1から明らかなように、21種の教科書が大きく3グループ（第1主成分の値が低いグループ1、高いグループ2、第2主成分の値が高いT05及びT08から成るグループ3）に分類できることが分かる。

4.3.　第1主成分軸に基づく考察

　注目すべきは、第1主成分軸に沿って二つのまとまりを形成している、グループ1とグループ2である。前者はT13まで、後者はT14以降の教科書により構成されていることから、1990年代を境に発行年代によって語彙的傾向が異なっているということが分かる。

　表3は、分析対象語のうち普通名詞・固有名詞について、第1主成分得点の上位30語と下位30語を抽出したリストに、年代別の日経新聞への出現頻度を併記したものである。また表4は、第2主成分の上位30語と下位30語を抽出したリストである。分析に用いた1,854語はそれぞれ主成分得点を持ち、この主成分得点を重みとして各教科書が持っている1,854次元のデータを縮減した指標が、主成分である。

[表3] 第1主成分得点の上位語・下位語と各語の日経新聞への出現頻度

PC1得点 上位名詞	PC1得点	1980–83年 千件中頻度	2000–03年 千件中頻度	増加率	PC1得点 下位名詞	PC1得点	1980–83年 千件中頻度	2000–03年 千件中頻度	増加率
サッカー	0.0493	0.56	16.96	29.29	万年筆	-0.0345	0.40	0.18	-0.56
気分	0.0463	3.62	5.84	0.61	女中	-0.0283	0.11	0.03	-0.75
部長	0.0456	17.59	62.18	2.53	巡査	-0.0281	0.45	0.82	0.83
テーブル	0.0451	2.22	2.28	0.03	四時	-0.0265	0.54	0.42	-0.23
塾	0.0445	1.20	2.02	0.68	字引	-0.0262	0.09	0.04	-0.52
ロボット	0.0445	7.13	2.59	-0.64	背	-0.0245	3.40	4.84	0.42
カラオケ	0.0437	1.29	1.08	-0.16	甥	-0.0235	0.06	0.13	1.22
趣味	0.0436	3.90	3.05	-0.22	東京駅	-0.0218	0.71	1.15	0.61
デザイン	0.0432	5.37	9.47	0.76	木綿	-0.0216	0.18	0.11	-0.39
ドラマ	0.0422	1.38	3.52	1.55	他人	-0.0211	2.98	3.21	0.08
駅前	0.0421	1.01	1.63	0.61	三角形	-0.0207	0.23	0.25	0.07
世界	0.0423	70.66	91.20	0.29	掃除	-0.0203	1.08	1.37	0.27
毎週	0.0421	1.87	2.89	0.55	電灯	-0.0198	0.55	0.34	-0.37
旅館	0.0418	1.51	1.38	-0.09	便所	-0.0198	0.19	0.08	-0.60
エレベーター	0.0415	0.95	0.94	-0.01	お嬢さん	-0.0195	0.21	0.10	-0.53
パーティー	0.0412	2.76	2.48	-0.10	毛	-0.0189	2.33	1.54	-0.34
祭り	0.0411	1.94	2.59	0.34	戸	-0.0188	6.43	3.90	-0.39
資料	0.0412	8.49	7.89	-0.07	渋谷	-0.0187	3.51	11.55	2.29
携帯電話	0.0401	0.01	24.62	2461.00	お昼	-0.0186	0.06	0.07	0.20
北京	0.0401	8.32	10.89	0.31	自動車	-0.0180	52.49	46.52	-0.11
喫茶店	0.0409	1.12	0.85	-0.24	男	-0.0177	7.64	12.60	0.65
スイッチ	0.0404	1.27	1.21	-0.05	買い物	-0.0177	4.00	4.65	0.16
予約	0.0402	5.43	7.62	0.40	草	-0.0176	2.03	2.20	0.08
ジョギング	0.0398	0.70	0.25	-0.64	客間	-0.0174	0.03	0.02	-0.31
生活	0.0404	28.92	32.61	0.13	側	-0.0174	90.68	55.88	-0.38
会議	0.0405	69.28	49.20	-0.29	部屋代	-0.0172	0.06	0.02	-0.72
犯人	0.0397	2.62	2.79	0.06	高等学校	-0.0171	9.26	14.62	0.58
経験	0.0396	16.69	22.41	0.34	門	-0.0171	1.71	1.83	0.07
場所	0.0398	8.24	17.88	1.17	本箱	-0.0171	0.03	0.01	-0.82
必要	0.0397	3.11	4.22	0.36	居間	-0.0170	0.45	0.57	0.27

　具体的に述べると、例えば「サッカー」という語の第1主成分得点は0.0493、「コーラ」という語の第2主成分得点は−0.0523となっている。各教科書が持っているデータは0か1の値を取るので、ある教科書に「サッカー」という語が出現すると、その教科書は図1の第1主成分軸上を正の方向に0.0493移動し、「コーラ」という語が出現すると第2主成分軸上を負の方向に0.0523移動すると理解することが可能である。これらの数値を1,854語について合計し、各教科書の図1の座標上の位置が決定されている。

　表3の掲載語を名詞に限定しているのは、動詞や形容詞よりも時代性が反映されやすいと考えられるためである。「1980–83年千件中頻度」「2000–03年千件中頻度」というのは、1980年から1983年と2000年から2003年のそれぞ

れの期間における、日経新聞の記事千件中に当該語を含む記事が出現する頻度（日経テレコン21のデータベースより集計）であり、増減率が正である場合は新聞記事へのその語の出現頻度が近年になって増加したことを意味する。なお、新聞記事のデータを用いたのは、年次ごとのテキスト量に大幅な違いがないこと、訓練された書き手が一定の作法にしたがって執筆しており均質性が高いことから、経年比較の対象として適切であると考えられたためである。また、日経新聞を選択したのは、全国紙中では統合的に利用できるデータが1980年以降と最も古かったためである。

　グループ1・2の違いは、先に述べたように教科書の出版年で分かれていることから、第1主成分が時期の古さ・新しさに対応していることは明白であろう。なお、グループ3の教科書T05とT08は比較的古い教科書であるが、両教科書は掲載語彙の総数が圧倒的に多いため、新しい教科書と古い教科書の双方の特徴をともに有しており、第1主成分上の評価が中位程度となったと考えられる。ここでは確認のために、第1主成分得点の高い語と低い語のそれぞれの新聞記事への出現頻度が、近年増加しているか否かを集計してい

[表4]　第2主成分得点の上位語と下位語

第2主成分得点上位30語				第2主成分得点下位30語			
岩	0.0604	移る	0.0531	スーパー	-0.0526	スカート	-0.0431
朝日	0.0603	非常	0.0531	コーラ	-0.0523	靴	-0.0428
歌声	0.0603	今まで	0.0525	甘い	-0.0521	沖縄	-0.0425
タバコ屋	0.0595	巻く	0.0525	レストラン	-0.0471	スパゲッティ/スパゲッティー	-0.0423
暮らす	0.0593	ところが	0.0521	どうぞよろしく	-0.0466	内科	-0.0418
汽車	0.0586	部分	0.0518	ハワイ	-0.0464	骨	-0.0417
決して	0.0583	家庭	0.0515	韓国	-0.0463	新鮮	-0.0416
人たち	0.0583	けむり	0.0515	ラーメン	-0.0462	成田空港	-0.0416
利用	0.0576	石	0.0504	ハンバーガー	-0.0451	伊藤	-0.0413
戦争	0.0573	四季	0.0503	テスト	-0.0445	気温	-0.0410
隅	0.0565	発達	0.0503	宿題	-0.0442	鼻水	-0.0409
展覧会	0.0555	小説家	0.0500	家賃	-0.0439	コンサート	-0.0407
二三	0.0541	通り	0.0498	空港	-0.0437	アイスクリーム	-0.0402
人々	0.0541	評判	0.0492	不動産屋	-0.0437	くしゃみ	-0.0402
飛ぶ	0.0538	流す	0.0491	納豆	-0.0434	歯科	-0.0402

る（表3）。さほど強い傾向が見られるわけではないが、第1主成分得点の上位語は下位語に比べて、1980年代初頭よりも2000年代初頭に高頻度で用いられている語がやや多いとはいえるだろう。ただし、本結果は、主成分分析の対象とした1,854語のうちの60語を抽出したに過ぎないこと、新聞という特定の媒体における使用頻度を用いていること、利用したデータでは70年代以前の使用頻度を集計できなかったことといった制約がある点に留意が必要である。

4.4.　第2主成分軸に基づく考察

　続いて、第2主成分軸に沿って各教科書を比較すると、上記以外の傾向も見出される。第2主成分の値が高いT05、T08は、本文で扱われているトピックが、日本事情・日本文化・日本社会論に着目したもので編成されており、日本の産業や教育制度、芸術や宗教、政治問題や社会問題を解説する内

[表5]　第2主成分上位教科書と下位教科書の掲載内容比較

T08	これはさくらです。(1)／ひらがな (1,2)／わたしたちの工場 (2)／へやの中 (3)／カタカナ (3)／わたしの一日 (4)／あなたとわたし (4)／食堂で (5)／日本 (5)／ハイキング (6)／日本の行事 (6、7)／公園 (7)／夏休みの日記 (8)／日本の着物 (8)／町の中 (9)／産業 (9、14)／夏の手紙 (10)／日本の歴史 (10、16、25)／教室で (11)／マスコミ (11)／東京・京都・大阪 (12)／教育 (12)／日本語の勉強 (13)／手紙 (13)／姉と音楽 (14)／ドライブ (15)／日本の文字 (15)／老人問題 (16)／銀婚式 (17)／日本人 (17)／論文を書く (18)／日本の文学 (18、27、29)／彼のこと (19)／経済生活 (19)／わたしのふるさと (20)／日本の芸能 (20)／久しぶりの訪問 (21)／企業 (21)／冬の手紙 (22)／都市問題 (22)／文章 (23)／日本の芸術 (23)／広告・宣伝・コマーシャル (24)／公害 (24)／映画を見る (25)／ステレオを買う (26)／日本の政治 (26)／魚つり (27)／日本研究 (28)／日本の宗教 (28)／後悔 (29)／先生への電話 (30)／はぎの露―源氏物語から― (30)
T18	テストは9時10分からです。(1)／これは誰のテープですか。(2)／この大きい猫は誰のですか。(3)／広いですか。(4)／冷蔵庫の中にビールとおさしみがあります。(5)／吉田さんの一日、佐藤さんの一日 (6)／財布を落としました。(7)／天気はどうでしたか。(8)／使い方を教えてください。(9)／団体旅行 (10)／自己紹介 (11)／料理教室 (12)／留学生の生活意識 (13)／マリーさんの日記 (14)／どちらのほうが近いですか。(15)／病院 (16)／天気予報 (17)／朝食と健康 (18)／迷子 (19)／もう進路を決めましたか。(20)／訪問 (21)／アルバイト (22)／ワンさんへのプレゼント (23)／贈り物 (24)／プールへ行かない？ (25)／ふたが開かないんです。(26)／引っ越し (27)／送ってくれてありがとう (28)／お見舞い (29)／もう少し召し上がりませんか。(30)／東京発鹿児島行き623便 (31)／お祭り見物 (32)／工場見学 (33)／毎日家の手伝いをさせました。(34)／お待たせしてすみませんでした。(35)／先輩にいろいろなことをさせられました。(36)

※（　）内の数字は課番号を示す。

容が比較的多い。それに対して第2主成分の値が低いT12、T18、T15、T17、T11は、留学生目線で日本での学校生活・日常生活を描写するようなトピックが目立つといえる。この傾向を確認するための例として、第2主成分得点上位の教科書であるT08と、下位の教科書であるT18の目次に示されたトピックを表5に示す。

　両教科書を比較すると、T08は「日本の行事 (6、7)」「日本の歴史 (10、16、25)」「日本の文学 (18、27、29)」「経済生活 (19)」「都市問題 (22)」「日本の政治 (26)」など、日本の文化と社会に関するトピックが多く、それに対し、T18は「テストは9時10分からです。(1)」「留学生の生活意識 (13)」「もう進路を決めましたか。(20)」「先輩にいろいろなことをさせられました。(36)」など、留学生の日常に密着したトピックが多く見られる。

　このようなトピックを巡る第2主成分得点上位 (PC2上位) の教科書と、第2主成分得点下位 (PC2下位) の教科書との異なりの特徴をさらに詳しく見るために、第2主成分得点が正の教科書 (T01、T03、T04、T05、T06、T08、T14、T16)

[表6]　第2主成分上位教科書と下位教科書の目次の形態素解析結果

PC2上位にのみ出現
文学、日本の歴史、産業、日本の政治、夏休み、かく、近代、源氏物語、日本の宗教、文字、芸術、行事、日本人、映画、じゅう、社員旅行、ケリー、ほん、行う、おもう、おきる、着物、別々、食堂、水産業、大阪、あなたと、マスコミ、ハイキング、ドライブ

PC2上位に複数回出現
ひらがな、聞く、使う、おく、できる、くれる、いただける、ほる、とる、受ける、入る、乗る、いく、いたす、休む、しまう

両方に複数回出現
日本、行く、いい、くださる、手紙、見る、きょう、かい、もらう、訪問、買う、飲む、かける、家族、かう、カタカナ、忘れ物、書く、計画、きのう、お茶、予定、お祭り、すみません、アパート、アメリカ、デパート、工場見学、ニュース

PC2下位に複数回出現
日本語、思う、旅行、電話、へや、先生、がく、学生、りんご、勉強、病院、病気、いろいろ、あした、日記、せい、写真、教室、生活、教える、プレゼント、紹介、漢字、電車、趣味、おん、仕事、郵便局、レストラン、パーティー

PC2下位にのみ出現
作文、留学生、学校、買い物、アルバイト、自己紹介、天気予報、料理、テープ、新聞、どちら、天気、出る、どなた、ですか、富士山、友だち、あたらしい、大きい、来る、試合、降る、メアリー、あげる、はじめまして、話す、見える、きせる、ほう

※User Local, Inc.提供 テキストマイニングツール (http://textmining.userlocal.jp/) を用いた分析結果

と、負の教科書 (T02、T07、T09、T10、T11、T12、T13、T15、T17、T18、T19、T20、T21) の目次の内、タイトルを持つものを全てデータ化し、テキストマイニングツールを用いて形態素解析を行なった上で、各語の出現傾向を、表6のように取りまとめた。目次を構成する語は、その課で扱われているトピックの傾向を反映しているであろうから、目次に含まれる語の傾向から第2主成分得点がどのようなトピック傾向に対応しているかを考察することが可能であると考えられる。

　表6を見ると、第2主成分得点上位の教科書の目次にのみ出現する語が「文学・日本の歴史・産業・日本の政治・源氏物語・日本の宗教」など、第2主成分得点下位の教科書の目次にのみ出現する語が「作文・留学生・買い物・学校・アルバイト・自己紹介・天気予報・料理・テープ」などとなっており、先ほどの表5に基づく分析と整合的である。

　つまり今回の主成分分析結果及びその目次構成語との関係の分析から、教科書の語彙シラバスに着目することで、日本語教科書を「語彙が現代的であるか否か」という軸と、「日本に関する論説的な内容か、留学生の日常生活の描写か」という軸によって特徴づけられることが示唆されたといえる。

4.5.　本研究による分析の範囲と成果

　本章の分析は、特定の教科書に掲載された語の傾向をめぐる分析であり、それが各教科書出版当時の日本社会における言語的傾向や教授法の違いなどと正確に対応しているわけではないだろう。しかし以上の結果から少なくとも、日本語の初級総合教科書の語彙が時代性とともに柔軟に変化してきていることや、時代性の他に「日本社会に関する論説か、日常生活の描写か」という観点で教科書の特色にバリエーションが見られることなど、これまで明らかにされてこなかった事実をデータから読み取ることができた。既往の研究は、質問紙調査やインタビュー調査によって、教科書作成者の事後的な証言から制作の"意図"を解明するというアプローチが殆どであったが、本研究はそれとは別の、実際に教科書に掲載された語のデータ分析によって、語彙選択の"傾向"を把握するというアプローチが有効であるということを示すものといえる。

今後、追加的に行われるべき分析としては、何らかのコーパスから語のトピック分類情報を得た上で、各教科書が扱っているトピックの傾向をさらに詳細に把握するというアプローチが考えられる。そうした分析により、上述の結果におけるグループ1、グループ2、グループ3を分かつ要因について、より深い洞察が得られる可能性がある。

　また、出版年によって90年代を境に語彙シラバスの傾向が変化したことを明らかにしたのが本研究の成果の一つではあるが、「なぜ90年代に語彙的傾向の変化が起きたのか」は本研究の対象データからは確認することができないため、この点は今後の研究の課題となる。

5.　おわりに

　本研究では、21種の日本語教科書について、それぞれの教科書が扱う語彙の全てを抽出し、掲載語彙の傾向に関する教科書間比較を行った。上述のとおり先行研究では教科書が扱う語彙を全て調査した研究自体が少ないが、全ての語彙を対象とするのでなければ、学習者が学ぶ「語彙シラバス」を調査したことにはならないともいえる。20種以上という規模で語彙シラバスの全数に対する分析を行い、教科書間の類似・相違度などを明らかにした研究は管見の限り過去に例がなく、本研究は日本語教科書制作の実態の把握を、語彙シラバスという観点から一定程度進展させたものと考えられる。

　また、1950年代から2000年代までの半世紀にわたる教科書を縦断的に比較したことで、年代によって語彙シラバスの傾向に違いがあることが明らかになった。そもそも、日本語教科書制作において、語彙シラバスの観点から内容を方向づけるというアプローチは多くの場合に採られていない。「現在の日本語教科書は、どちらかといえば文型の提出順序に重きを置いていて、語彙の提出順序には配慮が十分に行き届いていない場合が多い」(浅野1987: 8)、「これまでの日本語教育、特に初級の段階においては、多くの教科書やカリキュラムが文型・文法シラバスを軸として構築されており、学習者が必要とする語彙の教育に目が向けられることが少なかった」(三上2006: 49) といった指摘があるように、日本語教科書は文型・文法を軸に編集されることが多く、語彙シラバスにまで目が届かないことが多いのである。しかしながら、今回

の結果からは、そうした中でも、初級総合教科書の語彙は結果的に90年代を境に傾向が分かれているという実態を明らかにするとともに「日本社会に関する論説か、日常生活の描写か」という視点が教科書の語彙的特徴を把握する上で重要である可能性を指摘することができた。

　本研究のように多数の教科書の語彙を比較し、分布を可視化することは、日本語教科書制作の実践に対しても様々な価値を提供し得る。これまで教科書の作成者自身ですら語彙シラバスを意識することが難しい状況の中でも、各教科書の語彙的特徴にはいくつかの傾向が存在するということが今回の分析により把握できた。このことは、学習者のニーズが多様化する中で語彙シラバスが「その教科書はどのようなニーズに適したものであるか」を考える上での検討材料となり得ることを示しており、語彙シラバスに着目した教材選定への新たな道が拓けるということでもある。また、多数の教科書を比較した語彙分布の確認からは、逆に、「どのような語彙を扱った教科書が少ないか」を把握することもでき、そうした語彙を積極的に掲載する教科書を作成することで、満たされていなかったニーズを満たすことにも繋がり得るといえるだろう。さらに、本研究が取り組んだ日本語教科書の語彙を巡る時代ごとの変化や教科書間の類似・相違度などの実態解明は、データ科学に基づいた教科書の通時的・共時的研究の新たな手法を提示するものとなり、今後の日本語教育研究の発展にも一つの貢献となり得るものと考えられる。

●さらに勉強したい人のために

森篤嗣 [編著] (2018)『日本語教育への応用』朝倉書店
　本書はシリーズ『コーパスで学ぶ日本語学』の第5巻にあたる。日本語教育を量的分析から捉える意義、談話や文章の分析手法、対照言語研究が扱われている。筆者も、第2章で、本書では紙幅の都合から触れることのできなかった教科書掲載語彙の出現頻度や提出順の分析、両者の相関をテーマに日本語教材分析方法を解説している。

南風原朝和（2002）『心理統計学の基礎―統合的理解のために』有斐閣アルマ
　統計学をゼロから学ぶ際の最初の本としておすすめする。題材は心理学であるが、基礎レベルのため、分野による違いはほとんどなく、紹介事例も興味深く汎用性が高いものとなっている。因子分析や共分散構造分析まで解説されており、いわゆる「数式」も出てくるが高校の文系コースの数学的知識があれば十分ついてゆける内容となっている。

●付記

本章は、田中祐輔・川端祐一郎（2018）「戦後の日本語教科書における掲載語彙選択の傾向とその要因に関する基礎的定量分析」『日本語教育』170の内容を筆者が情報を補い再構成したものです。また、本章の一部は、JSPS科研費18K12432の助成を受けたものです。

●参考文献

浅野百合子（1987）『教師用日本語ハンドブック5　語彙』凡人社

饗場淳子（2006）「日本語教科書語についての一考察—語彙構造の量的分析を通して」『日本語論叢』7. 日本語論叢の会

伊藤俊也・岡本輝彦（2009）「日本企業に就職を希望する学生が学ばなければならない語彙とは—APUの日本語教科書の分析から見えてくるもの」『ポリグロシア』17: pp.129–138. 立命館アジア太平洋研究センター

稲垣滋子（1991）「初級日本語教科書の外来語」『ICU日本語教育研究センター紀要』1: pp.144–154. 国際基督教大学

稲垣滋子（1995）「ゴロブニン監修の日本語教科書における語彙の特徴」『ICU日本語教育研究センター紀要』4: pp.1–20. 国際基督教大学

今西利之・神崎道太郎（2008）「日本語教育初級教科書提示語彙の数量的考察」『熊本大学留学生センター紀要』11: pp.1–16. 熊本大学

大須賀茂（2008）「日本文学や文化理解のための日本語教育を考える—日本語教科書と国語教科書の語彙比較研究から」Princeton Japanese Pedagogy Forum: pp.108–117.

大関真理（1993）日本語学習用教科書の副詞語彙『言語文化と日本語教育』5: pp.23–24. お茶の水女子大学日本言語文化学研究会

大浜るい子・荒牧ちさ子・曾儀婷（2001）「日本語教科書に見られる自称詞・対称詞の使用について」『教育学研究紀要』47(2): pp.342–352. 中国四国教育学会

岡崎敏雄（1989）『日本語教育の教材—分析・使用・作成』アルク

加納千恵子（1992）「CAIを利用した授業研究の可能性—日本語読解支援システムの開発と授業分析」『日本語教育』78: pp.131–140. 日本語教育学会

加納千恵子・清水百合・竹中弘子・石井恵理子（1988）「「基本漢字」の選定」『筑波大学留学生教育センター日本語教育論集』3: pp.75–93.

加納千恵子・藤田正春・阿部直美・ダバロス田中都紀代（1985）『997語で読める日本語』北星堂書店

川口義一（1986）「中級教科書の語彙・文型」『講座日本語教育』22: pp.14–27. 早稲田大学語学教育研究所

川村よし子（1998）「語彙チェッカーを用いた読解テキストの分析」『講座日本語教育』34: pp.1–22. 早稲田大学日本語研究教育センター

川村よし子（1999）「語彙チェッカーを用いた日本語教科書の分析」第2回「日本語教育とコンピュータ」(CASTEL/J'99) 国際会議アブストラクト

川原崎幹夫・吉川武時・吉岡英幸（1992）『日本語教材概説』北星堂書店

神崎道太郎・今西利之（2007）「日本語教育における初級語彙をめぐって—初級教科書の語彙選定に関する諸問題」『間谷論集』1: pp.29–48. 日本語日本文化教育研究会編集員会

金晟均・瀧口恵子・岸江信介（2008）「韓国の国立大学における教養科目の日本語教科書語彙分析」『言語文化研究』16: pp.253–292. 徳島大学

窪田富男（1989）「基本語・基礎語」玉村文郎編集『講座日本語と日本語教育6』pp.141–166. 明治書

第15章　日本語教育の歴史的データとしての教科書　305

院

国際交流基金（1976）『教師用日本語教育ハンドブック別巻1教科書解題』国際交流基金

国立国語研究所（1986）『日本語教育映画基礎編　総合語彙表』大蔵省印刷局

国立国語研究所（1988）『語彙の研究と教育（上）』大蔵省印刷局

国立国語研究所（1990）『日本語教科書語彙リスト（科学研究費補助金研究「パソコンによる外国人のための日本語教育支援システムの開発」報告書）』国立国語研究所

国立国語研究所（1991）『伝えあうことば―日本語教育映像教材中級編関連教材―2 語彙表』大蔵省印刷局

国立国語研究所（1997）『日本語教育映像教材 初級編「日本語でだいじょうぶ」語彙表』大蔵省印刷局

小森由里（2002）「日本語教育における親族語彙―初級日本語教科書の分析」『ICU比較文化』34: pp.73–93. 国際基督教大学比較文化研究会

近藤陽介・松吉俊・佐藤理史（2008）「教科書コーパスを用いた日本語テキストの難易度推定」『言語処理学会第14回年次大会発表論文集』pp.1113–1116. 言語処理学会

阪上彩子（2014）「話し言葉における「そして」の指導法―話し言葉コーパスと初級教科書の分析を通して」『神戸大学留学生センター紀要』20: pp.61–74. 神戸大学

寒川クリスティーナ・フメリャク（2012）「日本語教科書コーパスの構築と分析―日本語学習者のためのリーダビリティー測定に向けて」『日本語教育方法研究会誌』19(2): pp.4–5. 日本語教育方法研究会

下瀬川慧子（1979）「教科書「日本語　中級Ⅰ」の語彙について」『東海大学紀要．留学生別科』3: pp.39–109. 東海大学

砂川有里子（2012）『代表性を有する書き言葉コーパスを活用した日本語教育研究』（文部科学省科学研究費補助金による研究成果報告書）

専門教育出版「日本語学力テスト」運営委員会（1991）『品詞別・A～Dレベル別1万語語彙分類表』専門教育出版

曹大峰（2006）「日本語教科書データベースの構築とその応用研究」曹大峰（編）『日語教学与教材創新研究―日語専業基礎課程総合研究』pp.16–25. 高等教育出版社

曹大峰（2011）「日語教材中的複合動詞及其教学方略研究」『日語学習与研究』3: pp.9–14. 中国日語教学研究会

田中祐輔（2016a）「初級総合教科書から見た語彙シラバス」山内博之（監修）森篤嗣（編）（『ニーズを踏まえた語彙シラバス』pp.1–27. くろしお出版

田中祐輔（2016b）「解説 日本語教材目録データベース」吉岡英幸・本田弘之（編）『日本語教材研究の視点―新しい教材研究論の確立をめざして』pp.225–226. くろしお出版

陳曦（2011）「日本語教科書における複合動詞の扱われ方に関する一考察―コーパスによる使用実態調査との比較を通して」『ことばの科学』24: pp.119–131. 名古屋大学言語文化研究会

虎尾憲史・山元啓史（2000）「漢字による初級・中級教科書分析―日本語教育項目マトリックス作成に向けて」『筑波大学留学生センター日本語教育論集』15: pp.47–61. 筑波大学留学生センター

中山惠利子（2001）「日本語教科書の外来語と新聞の外来語」『日本語教育』109: pp.90–99. 日本語教育学会

『日本語学力テスト』運営委員会（編）(1998)『品詞別・A～Dレベル別1万語彙分類集【改訂】』専門教育出版

日本語教育学会編（1991）『日本語教育機関におけるコース・デザイン』凡人社

日本語教育学会編（2005）『新版日本語教育辞典』大修館書店

日本語教育学会教材委員会（1992）『日本語教材データファイル日本語教科書』凡人社

日本語能力試験企画小委員会出題基準作成会議（1993）『日本語能力試験　出題基準（外部公開用）』国際交流基金・日本国際教育協会

野村雅昭・山下喜代（1993）「日本語教育のための漢字・漢語データベース」『講座日本語教育』28: pp. 142–156. 早稲田大学日本語研究教育センター

羽田野洋子・田口睦子（1994）「中・上級日本語教育と漢字」『日本語教育方法研究会誌』1 (2): pp. 8–9. 日本語教育方法研究会

早津恵美子（監修）・アクマタリエワ ジャクシルク・金俸呈・辺純影（編著）(2010)『初級教科書の語彙分析―動詞編 (1) 語彙的な性質』東京外国語大学大学院総合国際学研

バルバラ・ピッツィコーニ（1997）『待遇表現から見た日本語教科書』くろしお出版

平沢洋一・渋井二三男（編）(1992)『日本語CAIの研究』桜楓社

藤井美佐子・佐藤尚子（1992）「日本語中級読解教材に使われている副詞・接続詞」『AJALT』15: pp. 46–51. 国際日本語普及協会

文化審議会国語分科会（2018）『日本語教育人材の養成・研修の在り方について（報告）』

文化庁（1971）『外国人のための基本語用例辞典』大蔵省印刷局

文化庁（1975）『外国人のための基本語用例辞典（第二版）大蔵省印刷局

町博光・内山和也・徐洪（2003）『日本語教科書と国語教科書との語彙比較』<http://homepage3.nifty.com/recipe_okiba/nifongo/hokoku.pdf>

丸山敬介（2008）「日本語教育において「教科書で教える」が意味するもの」『日本語教育論集』24: pp. 3–18. 国立国語研究所

三上京子（2006）「日本語教育のための基本オノマトペの選定とその教材化」『ICU日本語教育研究』3: pp. 49–63. 国際基督教大学

山口登志子（2008）「コミュニカティブ言語教育の時代における日本語教科書の妥当性」『国際基督教大学学報　教育研究』50: pp. 89–95. 国際基督教大学

山崎由喜代（2000）「教材に見る外来語教育に対する意識」『日本語教育方法研究会誌』7 (2): pp. 30–31. 日本語教育方法研究会

山下喜代（1993）「日本語教科書の語彙」『日本語学』12 (2): pp. 54–64. 明治書院

吉岡英幸［編著］(2008)『徹底ガイド日本語教材』凡人社

吉岡英幸（2012）『日本語教材目録及び日本語教材関連論文目録』文部科学省科学研究費補助金による基盤研究 (C)「日本語教材の史的研究」研究成果報告書

李在鎬（2019）「BCCWJの学校教科書コーパスの計量的分析―日本語教育のためのリーダビリティと語彙レベルの分布を中心に」『計量国語学』32 (3): pp. 147–162.

李楓（2012）「中国人学習者向けの日本語教科書の語彙調査―現代日本語コーパスとの比較」『電子情報通信学会技術研究報告』112 (339): pp. 53–58.

執筆者紹介

（名前、現職、主な著書・論文など　☆＝編者）

李在鎬☆
（り じぇほ）

早稲田大学大学院日本語教育研究科・教授。博士（人間環境学、京都大学）。主要業績として『日本語学習者コーパス I-JAS 入門―研究・教育にどう使うか』(2020、くろしお出版、共編)、『ICT×日本語教育―情報通信技術を利用した日本語教育の理論と実践』(2019、ひつじ書房、編)、『文章を科学する』(2017、ひつじ書房、編) 他。
本書での担当：全体企画・編集ならびに第1章、第2章

村田裕美子
（むらた ゆみこ）

ルートヴィヒ・マクシミリアン大学ミュンヘン・日本センター・講師。博士（日本語教育学、東京都立大学）。主要業績として「「書く」活動は話す能力を育成できるのか」(*Japanisch als Fremdsprache* 7、2021)、「異なる環境で習得した日本語学習者の発話に関する計量的分析―対話に現れる音声転訛（縮約形・拡張形）に着目して」(『計量国語学』32 (4)、2020)、「ストーリー描写課題に現れる日本語学習者の「話し言葉」と「書き言葉」の比較分析―習熟度の差はどのように反映されるのか」(『日本語教育』173、2019) 他。
本書での担当：第3章、第11章

玉岡賀津雄
（たまおか かつお）

名古屋大学大学院人文学研究科・名誉教授。学術博士（カナダ、サスカチュワン大学）。心理言語学者として語彙の音韻・書字・意味・統語情報、句および文構造、語用などの言語処理・理解について、母語話者（L1）および第二言語話者（L2）を対象に広範囲の研究を行っている。*Writing Systems Research* (Oxford University Press) および *The Mental Lexicon* (John Benjamin) の編集委員会の委員、*Human Behaviour and Brain* (International Society of Neuroscience) の編集委員会の3名の副編集長の1人。単著および共著論文を、心理学分野では、*Journal of Neurolinguistics*、*Journal of Psycholinguistic Research*、*Psychonomic Bulletin & Review*、*PLOS ONE*、*Journal of Experimental Psychology*、『心理学研究』、『認知科学』などに、言語学分野では、*Language*、*Lingua*、*Linguistic Inquiry*、*Journal of Japanese Linguistics*、および *Journal of Quantitative Linguistics*、『言語研究』、『計量国語学』、『日本語教育』、『日本語文法』、『レキシコンフォーラム』、『小出記念日本語教育研究会論文集』などに掲載。詳細は、ホームページ（tamaoka.org）を参照のこと。
本書での担当：第4章

小野塚若菜
（おのづか わかな）

ベネッセ教育総合研究所言語教育研究室・研究員。博士（学術、筑波大学）。主要業績として、「ビジネス日本語テストにおける DIF の分析―性別および居住地を下位集団として」(『日本言語テスト学会誌』19、2016)、『日本語教育のための言語テストガイドブック』(2015、くろしお出版、分担執筆)、『ビジネス日本語オール・イン・ワン問題集―聴く・読む・話す・書く』

(2015、ジャパンタイムズ、共著)他。
本書での担当：第5章

木下直子
(きのした なおこ)

早稲田大学日本語教育研究センター・准教授。博士（日本語教育学、早稲田大学）。主要業績として『ひとりでも学べる日本語の発音―OJADで調べてPraatで確かめよう』(2019、ひつじ書房、共著)、「気持ちを伝える音声のWeb教材「つたえるはつおん」」『ICT×日本語教育―情報通信技術を利用した日本語教育の理論と実践』(2019、ひつじ書房)、『日本語のリズム習得と教育』(2011、早稲田大学出版部)他。
本書での担当：第6章

早川杏子
(はやかわ きょうこ)

一橋大学森有礼高等教育国際流動化機構国際教育交流センター・特任講師。博士（学術、名古屋大学）。主要業績として『外国語としての日本語の実証的習得研究』(2021、ひつじ書房、分担執筆)、「漢字教育改革のための基礎的研究―漢字字形の複雑さの定量化」(『人文・自然研究』13、2019)、「第2言語における動詞特性と格助詞習得の関係―中国人日本語学習者を対象とした活動動詞におけるニとヲの習得」(*Studies in Language Sciences*, 14, 2015)他。
本書での担当：第7章

本多由美子
(ほんだ ゆみこ)

国立国語研究所・プロジェクト非常勤研究員／一橋大学・非常勤講師。博士（学術、一橋大学）。主要業績として、「現代日本語における二字漢語とその構成漢字の意味の結びつき―「仲介語」に着目して」(『日本漢字學會報』2、2020)、「二字漢語の意味と透明性はどのように関係しているか？―非漢字圏学習者と日本語母語話者の調査から」(『ことばと文字』11、2019、くろしお出版)、「二字漢語における語の透明性―コーパスを用いた語と構成漢字の分析」(『計量国語学』31 (1)、2017)他。
本書での担当：第7章

滝島雅子
(たきしま まさこ)

NHK放送研修センター日本語センター・シニアアナウンサー。修士（日本語教育学、早稲田大学）。主要業績として「敬語接頭辞〈御〉の語形と表記のゆれに関する一考察―BCCWJデータの分析から」(『東アジア日本語教育・日本文化研究』23、2020)、「話し言葉と書き言葉における敬語名詞の語彙比較―CEJCとBCCWJのデータを用いて」(『計量国語学』32 (6)、2020)、「待遇コミュニケーションにおける美化語の表現意識・理解意識―テレビにおける美化語の分析から」(『待遇コミュニケーション研究』17 (0)、2020)他。
本書での担当：第8章

鯨井綾希
(くじらい あやき)

上越教育大学大学院学校教育研究科・講師。博士（文学、東北大学）。主要業績として「日本語母語話者／学習者の文章に特徴的な語彙ネットワーク構造」(『上越教育大学研究紀要』40 (2)、2021)、「文章の内容展開に伴う語彙的結束性の形成過程―中学校教科書の「モアイは語る」を例に」(『国語学研究』59、2020)他。
本書での担当：第9章

阿辺川武
（あべかわ たけし）

国立情報学研究所コンテンツ科学研究系・特任准教授。博士（工学、東京工業大学）。主要業績として「日本語接続表現の計量的分析に基づく指導法の提案」（『計量国語学』32（7）、2020）、「QRpotato―Webから専門用語対訳対を収集する」（AAMTジャーナル『機械翻訳』(73)、2020）他。
本書での担当：第10章

仁科喜久子
（にしな きくこ）

東京工業大学・名誉教授。博士（学術）。主要業績として「作文学習支援システムのための接続表現辞典構築」（『計量国語学』31（2）、2017、共著）『初級文型で学ぶ　科学技術の日本語』（2007、スリーエーネットワーク、共著）『日本語学習支援の構築―言語教育・コーパス・システム開発』（2012、凡人社、監修）他。
本書での担当：第10章

八木豊
（やぎ ゆたか）

株式会社ピコラボ・社員。修士（工学、東京工業大学）。主要業績として「作文学習支援システムのための接続表現辞典構築」（『計量国語学』31（2）、2017、共著）、KOTONOHA: A Corpus Concordance System for Skewer Searching NINJAL Corpora（Proceedings of the 12th Language Resources and Evaluation Conference, 2020, 共著）他。
本書での担当：第10章

ホドシチェック・ボル
（Hodošček Bor）

大阪大学大学院言語文化研究科・准教授。博士（工学、東京工業大学）。主要業績として「アカデミックライティング指導のための学術論文コーパスと学習者コーパスの接続表現に見られる特徴分析」（『第11回 日本語実用言語学国際会議予稿集』、2021）、Construction of a Learner Corpus for Japanese Language Learners: Natane and Nutmeg（*Acta Linguistica Asiatica* 4（2）、2014）他。
本書での担当：第10章

三谷彩華
（みたに あやか）

江戸川大学国際交流センター・助教。修士（日本語教育学、早稲田大学）。主要業績として「日本語教育学の論文要旨の文章構造における文体特性」（『文体論研究』63、2017）、「日本語学の論文要旨の文章構造類型―要旨における本文の要素の使用傾向」（『早稲田日本語研究』27、2018）他。
本書での担当：第12章

大崎健一
（おおさき けんいち）

株式会社ドワンゴ教育事業本部・教育アシスタント／秀林外語専門学校・講師。修士（日本語教育学、早稲田大学）。主要業績として「外国人材のための「システム仕様書」の特徴把握の試み―jReadabilityと旧日本語能力試験出題基準を用いて」（2019年日本語教育学会春秋大会ポスター発表、2019）、「専門文書内のわかりにくい文の推定―多文化共生社会に向けたライティング支援のための考察」（計量国語学会第65回大会公募発表、2021）、わかりにくい文を可視化するライティング支援ツール「わかりにくさ計算機（簡易版）」（2021、https://oosakiken1.github.io/wakariyasuinihongo/calculation.html）他。
本書での担当：第13章

岩崎拓也
（いわさき たくや）

人間文化研究機構総合情報発信センター・研究員／人文知コミュニケーター、国立国語研究所日本語教育研究領域・特任助教。博士（学術、一橋大学）。主要業績として『ビジネス文書の基礎技術—実例でわかる「伝わる文章」のしくみ』(2021、ひつじ書房、分担執筆)、「記号の使用実態とその問題点—発注者と受注者をつなぐためのカッコの活用」(『ビジネス文書の応用言語学的研究—クラウドソーシングを用いたビジネス日本語の多角的分析』、2020、ひつじ書房) 他。
本書での担当：第14章

田中祐輔
（たなか ゆうすけ）

青山学院大学文学部・准教授。博士（日本語教育学、早稲田大学）。主要業績として「『日本語教育』掲載論文の引用ネットワーク分析—日本語教育研究コミュニティの輪郭描写」(『日本語教育』178、2021、共著)、「戦後の日本語教科書における掲載語彙選択の傾向とその要因に関する基礎的定量分析」(『日本語教育』170 (0)、2018、共著)、『日本語教育への応用』(2018、朝倉書店、共著)、『ニーズを踏まえた語彙シラバス』(2016、くろしお出版、共著)、『データに基づく文法シラバス』(2015、くろしお出版、共著)、『現代中国の日本語教育史—大学専攻教育と教科書をめぐって』(2015、国書刊行会) 他。
本書での担当：第15章

データ科学×日本語教育

Data Science × Japanese Language Education
Edited by LEE, Jae-ho

発行	2021年11月30日　初版1刷
定価	3000円＋税
編者	李在鎬
発行者	松本功
ブックデザイン	大崎善治
組版所	株式会社ディ・トランスポート
印刷・製本所	株式会社シナノ
発行所	株式会社ひつじ書房
	〒112-0011 東京都文京区千石2-1-2　大和ビル2F
	Tel 03-5319-4916　Fax 03-5319-4917
	郵便振替 00120-8-142852
	toiawase@hituzi.co.jp　https://www.hituzi.co.jp/

ISBN978-4-8234-1099-4

［刊行書籍のご案内］

認知言語学研究の方法　　内省・コーパス・実験
辻幸夫監修　中本敬子・李在鎬編
定価2,800円＋税

認知言語学の代表的研究法として、作例と内省による研究、コーパス研究、心理実験・調査を紹介した入門
書。各研究方法の特色や、実際の研究の進め方を具体的に解説している。また、最先端の研究を例に、実際の
研究がどのように行われたかを紹介している。卒論、修論で初めて認知言語学研究を行う学生の他、研究法の
幅を広げたいと考える研究者のニーズにも応える内容である。
執筆者：辻幸夫、中本敬子、李在鎬、黒田航、松本曜、加藤鉱三、玉岡賀津雄、大谷直輝、楠見孝

[刊行書籍のご案内]

文章を科学する

李在鎬編

定価2,600円＋税

言語教育への応用を目論んだ文章の実証的研究。「文章とはなにか」という根本的な疑問から始まり、文章の計量的分析ツール「KH Coder」の作成者自身による実践を交えた解説ほか、文章研究の理論と技術を紹介。日本語学、日本語教育、英語教育、社会学、計算言語学、認知言語学、計量国語学の専門家がそれぞれの知見から、文章研究の新たな地平を拓く。

執筆者：李在鎬、石黒圭、伊集院郁子、河原大輔、久保圭、小林雄一郎、長谷部陽一郎、樋口耕一

［刊行書籍のご案内］

ICT×日本語教育　情報通信技術を利用した日本語教育の理論と実践
當作靖彦監修　李在鎬編
定価3,000円＋税

ICTを利用した日本語教育の研究と実践の事例を紹介。研究編、実践編、ツール・コンテンツ編の3つの柱で
構成。研究編ではウェブツールを利用した日本語教育の全体図を示す論考を収録。実践編では反転授業や仮想
現実を取り入れた授業実践の具体例を紹介。ツール・コンテンツ編ではICTを利用した日本語テスト、学習支
援アプリ、eラーニングの開発プロセスを紹介。理論と実践の両面から情報通信技術を利用した新しい日本語教
育を提案する。